U0927005

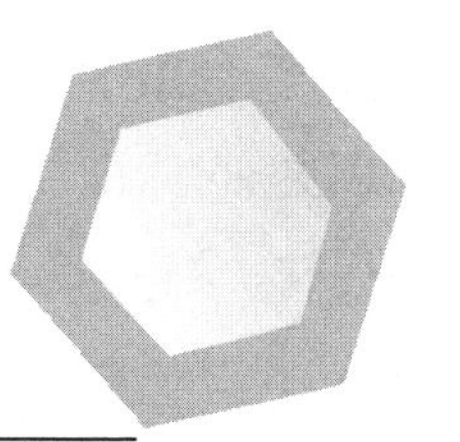

让企业培训

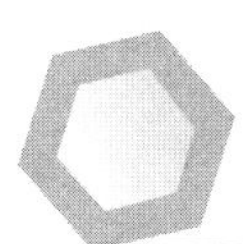

更加有效

首席培训官的第一堂课

张大成　林　俊◎著

中国财富出版社

图书在版编目（CIP）数据

让企业培训更加有效：首席培训官的第一堂课／张大成，林俊著．—北京：中国财富出版社，2016.8

ISBN 978－7－5047－6219－1

Ⅰ．①让…　Ⅱ．①张…　②林…　Ⅲ．①企业管理—职工培训　Ⅳ．①F272.92

中国版本图书馆 CIP 数据核字（2016）第 169334 号

策划编辑　刘　晗　　**责任编辑**　白　昕　杨　曦
责任印制　方朋远　　**责任校对**　梁　凡　张营营　　**责任发行**　张红燕

出版发行　中国财富出版社
社　　址　北京市丰台区南四环西路 188 号 5 区 20 楼　**邮政编码**　100070
电　　话　010－52227568（发行部）　010－52227588 转 307（总编室）
　　　　　　010－68589540（读者服务部）　010－52227588 转 305（质检部）
网　　址　http：//www.cfpress.com.cn
经　　销　新华书店
印　　刷　北京京都六环印刷厂
书　　号　ISBN 978－7－5047－6219－1/F·2631
开　　本　710mm×1000mm　1/16　**版　　次**　2016 年 8 月第 1 版
印　　张　16.25　**印　　次**　2016 年 8 月第 1 次印刷
字　　数　266 千字　**定　　价**　35.00 元

序

先换个思维和脑袋再和你谈培训

新常态和一两年前的旧常态有着极大的改变。中共十八大倡导的“经济发展模式转型”已经告诉了我们过去复制性“生产经济”发展模式，在产能过剩后已经走到了尽头，不能再延续下去。在未来新常态的剩余时代，客户会非常挑剔，竞争会非常惨烈，企业淘汰会非常残酷，环境变化也会非常剧烈。中国唯有开发具有客户口碑的创新性“品牌经济”才是企业和市场发展长治久安之道。

一、数量复制模仿的“硬实力”生产经济和质量创新差异的“软实力”品牌经济给企业培训带来的区别

过去短缺时代的“生产经济”，是以生产数量及规模大小为主，生产数量和规模大小要求的就是复制模仿成功的产品和经验。而未来剩余时代的“品牌经济”，是以生产质量差异化及效益价值创新为主，讲究的是客户口碑的满意度、竞争市场的核心竞争力，以及对市场需求变化的应变力。

数量性的复制模仿是一种“硬实力”生产经济，特别适合当时中国企业复制和模仿的培训学习方式。所以我们很快就解决了经济短缺的问题，很快成为世界工厂，但也很快进入了竞争激烈和变化莫测的买方市场。那种靠传统复制和模仿的学习和培训方式在这个当下就行不通了。

因此，未来企业要实施质量创新差异的“软实力”品牌经济，企业培训也必须以“软实力和人文软价值的创新差异、与众不同和唯一独特”为重点，要完全“以人为本”地站在客户角度、员工角度和竞争对手角度看问题。

过去的生产经济是用企业生产者角度看问题，新常态后的品牌经济是用客户消费者角度看问题。正如马云说的：“以前我们做企业以自己为中心，未来新经济下是以别人为中心，以客户为中心，以员工为中心。”市场的发展也从过去以企业为中心的卖方市场，转变成了以客户为中心的买方市场。

二、要适应从短缺卖方市场到剩余买方市场，就必须先变换思维

卖方和买方市场的变化是一种 180 度颠覆性的改变。很多以前卖方市场有效的经营管理和业务培训的看法、想法和做法，在以后的买方市场大都会有问题，都需要改变。用以前卖方市场成功的培训经验和角度来分析未来买方市场的问题，往往会失败。正如陈春花教授说的：“你不能再用你过去的经验和历史来规划你的企业。如果是那样，你被淘汰也是必然的。”

既然过去的经验不能再用来规划企业的未来，那就是过去短缺卖方市场的看法、想法、办法、做法和手法在未来剩余的买方市场不管用了，那么企业必须重新培训学习有效的看法、想法、办法、做法和手法，或者简单地说，就是必须先变换思维。

新常态的很多事情，都不是用自己过去的经验就可以想到的。因为新常态的很多改变是以前没有的，比如“互联网 +”、大数据分析、“物联网 +”、工业 4.0、O2O（线上到线下）、P2P（个人对个人）、C2M（顾客对工厂）、众筹，以及各种金融创新等模式，都是以前没有的一种完全创新性的新生事物。

那么企业如何应对这么多新的事物呢?

所谓万变不离其宗，新生事物的本质是没有改变的。我们只要了解了本质的“宗”，就能应付万变。而事物本质的“宗”，就是道家强调“道、法、术、器”中的“道、法”。

三、未来的企业培训要先了解“道、法”而后才有“术、器”的效果

新常态的政治和政策的变化很大，但“为人民服务”的宗旨是没有变的；市场和互联网电商模式的变化很大，但“客户至上”、满足客户需求的原理是没有变的；科学和信息技术的变化很大，但“科技以人为本”的为人服务的看法是没有变的；互联网时代的消费主力的变化是很大的，但“生活消费大需求”的本质是没有变的。

尽管新常态的变化是颠覆性的，但其本质的宗旨，包括基本的“经营之道”和“管理之法”是没有变的。未来企业培训如果了解“道、法”的本质就能应付万变。《易经》说："形而上者谓之道，形而下者谓之器。化而裁之谓之变，推而行之谓之通。举而措之天下之民，谓之事业。"这里说的道、变、通、举措、事业等也都是人文管理之道的本质和企业软实力的概念。

新常态，"互联网+"营商之道的本质并没有改变，改变的只是科技带来的工具、用具和模式的改变。小米天使基金投资人刘芹说过："没有改变的是商业的本质。"这也说明企业培训必须先重经营之道和管理之法的"道、法"，而后才有业务计划的"术"和一线执行的"器和技"。

雷军也说过："互联网思维就是一种用户思维、产品思维，本质上就是把传统产业做到极致的一种看法。"所以新常态下的企业培训要以目标客户、产品价值、细分定位、宏观政策、消费迭代和专业科技等内容为重点来培训。

就像自古以来战争"胜负之道"的本质没有变，变的只是武器装备等器具或工具。比如几千年来，战争的武器装备变化非常巨大，但"致胜之道"的原理是没有改变的。所以《孙子兵法》"始计篇"中的"五事、七计、致胜有五"等概念，在两千多年后的今天的高科技战场上，依然十分管用。

因此没有正确的"道、法"就没有有效的"术和器或技"。企业培训必须先正"道、法"（正确的事），后讲"术和器或技"（把事做正确）。企业亏本或业务培训无效，就是只重培训"术和器或技"，而不重"道、法"的培训结果。

四、形而上的培训思路和概念，决定了形而下的培训执行效果

新常态、新经济、新模式、新市场的变化重点在动脑筋的"心法或兵法"，而非动手的"手法或剑法"。未来企业要培训的是转型的思路，而非出路；是改变的想法，而非做法；是应变的计谋，而非技巧；是战略的布局，而非步骤；是管理的理论，而非结论；是做生意的观念，而非关系；是销售的理念，而非技巧；是诊断的确诊分析，而非开方下药的办法等。

未来企业培训要注重这些"形而上"的概念和思路，而非"形而下"的办法和手法。德鲁克说："知识工作者并不生产实物，他生产的是构想、信息和概念。"这些都是形而上的东西。全世界管理大师培训的也都是"道、法"的战略分析，而非"术、技"的战斗技巧。知名企业家的演讲，讲的也都是思路和想法，而非具体出路和办法。

但“道、法”是无形的思路和概念，是最不容易被发觉“有没有”问题的。就像“温水煮青蛙”的现象，企业极容易犯“道、法”的错误，当局者们是很难察觉出来的。尤其那些没有耐心，急功近利，想马上获得培训结果的企业，越是心急、浮躁，越想一招鲜吃遍天，通常就越是达不到培训效果。那些培训中有“拿来主义”，希望马上落地可执行的企业，也会越学越笨，越没有长期效果。

五、十年树木百年树人，提高人的意识水平比培训知识难十倍

过去短缺时代，卖方市场需要的是物理性的“数量”，所以企业培训内容也以物理性的“数量”可复制和模仿为主。未来新常态剩余买方市场，客户需要的是“质量”的一种感觉，这个就是心理性人文的感觉，就是要提高“人”的意识水平。但十年树木百年树人，提高人的意识水平要比培训物理性的知识至少难十倍。

因此，当下新常态竞争激烈买方市场的培训效果，要比过去短缺时代卖方市场的培训效果，难度起码也要大十倍。所以企业以后对培训绝对不可掉以轻心，一来培训质量（人的感觉）的难度就比过去大十倍，二来市场竞争激烈，难度又增添了不知多少倍。

企业培训成功是因为木桶原理的全局观（样样事情都做得很好没有短板），失败是因为有短板（总有几样事情无法做到位）。如果只具备了一两个好的因素（比如信心、努力、专业、正能量等）也不一定会令你成功。所以不要以为做到成功企业培训的一两个要素，自己就会成功，这个想法是错误的。

因此，我们认为：想要企业培训有效果，先换个思维和心态，再来聊聊未来的企业培训。如果还是和以往一样急功近利，有浮躁的心理，我们建议还是厘清思路后再谈。

张大成　林俊

2016 年 3 月 1 日

前　言

本书是如何诞生的

场景一：

“小林，网上找一下销售方面的培训课程，汇总发给我，我这几天要和王总沟通评估一下，可能需要安排他们部门进行培训。认真寻找一些全面的，不然我们人力资源部就白混了。”

“好的，郭经理。”

场景二：

“林经理，我们客服部门是不是需要搞点培训了？最近发现大家的士气有点低落。”

“我最近也发现有点不对劲。我们需要调研一下，看看真正的原因是什么。之后我会做详细的报告给徐总，然后我们再一起决定下一步怎么做，您看如何？”

场景三：

“林总，您觉得我们安排的这些培训课程如何？这次谭总会不会满意？怎么让接受培训的部门人员培训完后收获更多呢？”

“小杨，我不知道他们会不会满意这次的培训，但每一次我们都需要认真对待。我不知道这一次他们的收益会有多少，但我们这一次需要做得比上一次好，下一次比这一次做得更好。”

当我们拿起笔，在我们的脑海里，第一个冒出的是以往的工作场景。不知不觉，从甲方（企业）到乙方（咨询培训公司），再从乙方到甲方，工作角色来回对换了好几次。我们从一个什么都不懂的菜鸟，被磨炼成对培训工作有了自己的体会、感悟及理解的行家。

我们能感受得到，负责培训工作的HR（人力资源）或相关培训负责人的无奈和痛苦，因为国内大部分企业的HR培训负责人负责培训工作时，并没有奖励。

我们能清楚看到，当企业HR培训负责人迟迟不签合作合同时，培训公司是如何一步步逼其就范，而其他部门又是怎么冷眼相待的。

我们更能体会得到，接受培训的员工没有达到应有的效果时，领导对于HR培训负责人的工作是如何的指责。

但我们最想说的是：

一个企业，一个负责培训工作的人员，如果首先没有得到最好的培训，那么请问，怎么保证他拥有足够的专业度来帮助企业，给企业其他部门带来更多更好的培训呢？

这就是目前国内培训工作最现实的写照。企业可否想过，当负责培训工作的人员不专业时，损失最大的可能是企业。因为大部分的培训机构都会宣传，很多培训机构的网站，有图、有视频、有客户评价，更有成功案例，只为了一个目的，证明他们很专业。如果负责培训工作的人员没有练就一双火眼金睛，怎能区分他们的优劣？

大部分培训讲师都会包装。很多培训讲师简历都写有名牌大学毕业、知名公司工作经历、国家级获奖证书等，只为了一个目的，证明他们很有实力。如果负责培训工作的负责人没有专业度，怎能看透他们的虚实？

大部分的培训销售人员都会推广。查看很多培训销售人员的邮件及短信，句句真心的建议，花费时间设计好的台词，也只为了一个目的，想快点签约。如果负责培训工作的人员没有一点本领，怎能识破他们的阴谋？

其实在工作的早期，我们自己也常常困惑，也曾经感到无奈和痛苦。后来因为从事咨询工作的缘故，经常与企业HR培训负责人聊天，我们才发现不仅仅是我们有这个问题，很多HR培训负责人也有同感。因为大部分的企业只看投入产出比，不会理会其他；因为大部分的老板只看结果，过程一概不问；因为大部分的人力资源部受重视的程度偏小，只能自己想办法。

但从现在开始，我们想告诉所有的企业、所有的老板，如果今天再不重视人力资源部、再不重视人才培养、再不重视培训这回事、再不重视培训有效性，那么明天将会很危险。因为市场经营环境发生了变化：

今后的企业发展，起决定的不仅仅是财力，还有人才。

今后的员工工作，看重的不仅仅是工资，还有成长。

而把这一切连成一线，并且能够使其协调稳定的是培训。

那么，如何帮助企业把培训做好，让企业健康成长、基业常青？

如何帮助大家让培训更加有效，让老板看到真正的价值？

如何帮助负责培训工作的人员更加具有专业度，让他们把培训工作进行得更好？

这就是写作本书的主要目的。

在这里，我们唯一想说明的是，书中的所有内容都是我们个人的观点、感悟及见解，但毕竟才学有限，肯定存在不少疏漏和不足。因此如果有阐述不对的地方，还请见谅。希望这本书能够帮助大家在工作上得到一些思路和方法。

最后，感谢很多同行中的专家在我们写作本书时提供的建议，更加感谢很多企业的老板及 HR 相关培训负责人对本书的支持。

需要强调的是，企业培训的框架比较大，而本书写作重点偏于企业经营及业务方面的培训指导，也就是我们常说的软实力培训方面，特别是营销和业务类培训。而偏企业产品类的培训指导，不作为本书的重点写作部分。

测试：培训商数，决定你的培训管理悟性

○ ○ ○ ○

请站在企业培训部门（比如是 HR 部门或培训部）角度回答以下问题。一般企业对营销管理和业务相关的内训课题，是否是这么认为和要求的？（提示：答案和解释都合理正确的为正一分，反之为负一分；答案和解释只对了其中一项的为零分。五分为及格，以上为优秀，以下为勉强了解何谓营销管理培训业务。负分的属危险，不了解营销管理培训业务）。请就以下十题给出“是的、为何是”“不是、为何不是”的答案和解释。

（1）是否营销管理培训的目的就是能够学会了知识并且课后会执行就行？

（2）是否营销管理培训最重要的是学习如何获取工具、表格和技巧？

（3）是否营销管理培训就是一种知识和技能学习，其他无关紧要的可学可不学？

（4）是否营销管理培训学习就是要能学会它，所以相对越容易学的效果才越好？

（5）是否老师应该把营销管理培训内容浓缩得越简单、越容易学越好？

（6）是否培训学习营销管理实务操作的办法最重要，原理则不用学习？

（7）是否营销管理培训的案例学习比起相关理论学习重要多了？

（8）是否认为培训学习营销管理业务的可落地如何执行才是最终目的？

（9）是否对已经学过或知道的营销管理知识和技巧就不必重复培训了？

（10）是否学会如何去执行业务的效果最重要，至于过程和原因则不重要？

> 重点强调：业务培训商数测试是测试一个企业对业务培训的理解有多深、正确程度有多高。如果理解不够深，而且正确度很低，误区很多，那业务培训的效果肯定会有问题。

对业务培训的理解程度，和企业培训负责人对做业务的理解有多深有关。如果培训负责人本身不了解如何做业务和影响做业务的要素有哪些，那么自然无法安排好的业务培训。至于对业务培训了解的正确程度有多高，则和培训负责人对目前的市场了解程度有关。尤其是在当下市场的转型期，卖方市场和买方市场的业务运作是刚好 180 度的颠覆。如果用过去卖方市场的概念来培训未来的买方市场业务，那就会错误百出了。

以下是上述十条业务培训商数测试问题的答案探讨：

1. 是否营销管理培训的目的就是能够学会了知识并且课后会执行就行？

答案探讨：在新常态竞争激烈的买方市场，光学会知识和执行力是不够的。企业的业务培训还需要培训竞争意识和竞争能力。知识和执行力只在卖方市场的成长期管用，在市场成熟期的买方市场就不行了。

2. 是否营销管理培训最重要的是学习如何获取工具、表格和技巧？

答案探讨：工具、表格和技巧只是武器或招式，它需要营销业务的“武功”来活学活用地激活它。没有武功内涵的武器或招式（工具、表格和技巧）都只是花拳绣腿，毫无实战竞争力。企业业务培训如果只培训学习工具、表格和技巧，而不深入地去锻炼它们的使用水平（武功），那么在实战中做业务会是危险的、容易被淘汰的。

3. 是否营销管理培训就是一种知识和技能学习，其他无关紧要的可学可不学？

答案探讨：因为影响营销业务的要素太多了，它几乎包括了天时、地利、人和的所有与人生活有关的事情。那营销业务培训又岂是一种知识和技能的学习？其他事情的学习是影响营销业务的背后因素，如果能了解这些背后的因素，业务培训就可以做到“知其然更知其所以然”的更高境界。

4. 是否营销管理培训学习就是要能学会它，所以相对越容易学的效果才越好？

答案探讨：表面上看这个道理是对的，但越容易学的就越没有市场竞争力，越会导致企业营销实战的亏损。在过去没有竞争的卖方市场情况下是越容易、简单越有效。但在激烈竞争的买方市场则反之，越容易学的实战效果会越差。

5. 是否老师应该把营销管理培训内容浓缩得越简单、越容易学越好？

答案探讨：很多企业的培训都认为老师应该把业务培训的内容浓缩得越简单、越容易学越好。这个概念在过去的卖方市场是对的，但在未来竞争激烈斗智时代的买方市场就会产生问题。因为斗智是千变万化的，所以在买方市场，培训要学的是老师浓缩及归纳总结的本事，而不只是浓缩后的答案。

6. 是否培训学习营销管理实务操作的办法最重要，原理则不用学习？

答案探讨：营销管理实务操作都有理论依据，懂得理论才能证明实务操作的正确性。人文科学的实际业务操作都是来自理论和思路，所以很多大师都只教“思路和原理”。其实营销业务培训就是要培训学习那些原理和思路，然后自己去找适合的实务操作办法。真正业务培训的效果是出在自己会“想办法”，而非简单的学办法。

7. 是否营销管理培训的案例学习比起相关理论学习重要多了？

答案探讨：案例是情景模拟，理论是根本原因。具备了理论基础才能提升学习水平。案例学习只是“知其然”，理论学习才是“知其所以然”的彻底解决方法。而且案例不具复制性，要活学活用案例就必须靠理论学习。所以如果只学案例而忽视理论，就会张冠李戴地误用案例。案例培训得越多，被误用的可能性就越大，效果越差。

8. 是否认为培训学习营销管理业务的可落地如何执行才是最终目的？

答案探讨：这里的可落地如何执行才是最终目的，在卖方市场的业务培训来说是可以的。但在买方市场就不一定合理了。因为学会了如何可落地执行，并不等于一定有竞争力。而且往往是学会了如何落地执行，但没有竞争力，业务效果会输得更惨。事实上，学会了如何落地执行，在竞争激烈的买方市场才是最危险的。

9. 是否对已经学过或知道的营销管理知识和技巧就不必重复培训了？

答案探讨：在竞争激烈的买方市场，对培训过或已知道的营销业务知识和技巧，要再重复培训到熟能生巧，这样才会有竞争力。所以德鲁克说过："要学习有效性的效果就非得反复地实践训练不可。"因此重复培训学过的营销业务管理知识和技巧是非常有必要的。

10. 是否学会如何去执行业务的效果最重要，至于过程和原因则不重要？

答案探讨：从表面上看企业培训的目的就是业务执行的效果，但如果我们进一步深层次地去考虑影响业务执行的效果，则是执行的过程和原因。所谓"外行看热闹，内行看门道"，能对执行过程和原因更了解的企业，它就可以下次不断地完善和提升业务的效果。所以从长远来讲，培训过程和原因往往比执行业务的效果更重要。

目录

Contents

第一章

企业培训是怎么回事

企业培训，专业的解释是指企业或针对企业开展的一种提高人员素质、工作能力、工作绩效和对组织的贡献，而实施的有计划、有系统的培养和训练活动。目标就在于使员工的知识结构、工作技能、工作方法、工作态度以及工作的价值观得到改善和提高，从而发挥出最大的潜力提高个人和组织的业绩，推动组织和个人的不断进步，实现组织和个人的双重发展。

第一节　企业培训有效的基本思路

影响一个企业的成败，尽管有很多重要的因素，但我们认为最重要的因素莫过于“人”（包括从董事长、总裁、董事会、总经理、总监到最基层一线员工等所有人员），因为企业就是由不同的“人”组合而成的。“人”是企业最根本的组成细胞。所谓“天时不如地利，地利不如人和”，相信大家都会同意“人”是影响企业成败最重要的要素。

既然“人”在企业中是最重要的要素，那么企业对“人”的能力提升、培训学习、理念价值观、思维行为、精神士气和企业文化等，都应该当成头等大事来抓。

中国古语曰：“知人者，王道也；知事者，臣道也；无形者，物之君也；无端者，事之本也；君受其道，官知其事，有自来矣。”所以企业一把手的“王道”就是“知人者”，就是要担负起“选人，用人，（培）育人，造（就）人，留人”等这些和企业“人”及培训有关的事。

一、企业培训中，业务培训是“一把手”的头等大事，企业想壮大发展，培训必不可少

企业培训就是企业最重要的“人才能力”和“人文精神”的培育。在新常态竞争激烈、瞬息万变、淘汰率极高的未来买方市场，业务培训就变得更加重要。一个企业的业务培训如果做不出效果，这个企业想健康地发展，根本是不可能的。

业务培训效果既然这么重要，那企业的“一把手”及 HR 培训负责人一定要亲自负责企业业务培训的事宜。

“科教兴国”，如果一个国家的科学和教育不行，这个国家也无法兴盛起来。综观世界，国家的兴盛与否一定与该国的科学和教育是否兴盛有关。所以世界百大名校的数量一定和该国的兴盛成“正比例”。国家兴盛，科教也兴盛；科教不行，国家也一定不行。

同样的道理，培训也可以“兴业”。好的企业一定非常重视培训，那些世界知名企业都有自己的培训大学。而不重视培训和培训做不出效果的企业，大都无法良好发展。企业想发展壮大唯有通过培训。

二、企业兴盛就必须“培训兴业”及培训“人道合一的创新意识营销管理”

“科教兴国”和“培训兴业”，基本是一个道理，自然也是企业健康发展壮大和兴盛的办法。既然“人”是企业最重要的要素，那么“培训兴业”的培训主题必须是“人”，提升企业“人”的综合素质，形成企业“人才能力”和“人文精神”的培养，比如理念价值观、专业能力、责任意识、精神作风和企业文化等。

尤其是在企业中级别越高的人越需要培训，比如企业的董事长、总裁、总经理、总监等。他们的水平会影响到全公司，他们的政策更决定了公司的发展水平。

因此，我们提倡企业培训必须做到“人道合一的创新意识营销管理”。“人道合一”的理念就是企业培训必须先把“人”的管理培训好，再把经营之“道”的营销培训好。跟着要有足够的“创新意识”，才能在新常态竞争激烈的买方市场做好营销管理的工作。如此，企业培训才会有效果和有意义。

三、“科技以人为本”，任何科技的价值都必须要“对人有用”才行

虽然“科技兴国”，但科技也必须“以人为本”和“对人有用”，才能展示出科技的价值，这里包括科技的“利用”和科技的“受用”。科技的利用就是把科技转化成对企业有用的“生产力”，这主要是靠企业里的“人”去转化的。科技本身不会自动变成产品和价值，这些都得靠企业的“人”去创新研发，去转化，所以企业创新研发和转化价值比科技本身更重要。

至于科技的“受用”，就是科技对人和企业产生的“价值”。这一样也得靠“人”去决定。这里的“人”指的就是“客户价值、竞争对手、市场和行业”。这些“人”都是决定科技和产品价值的最终对象，所以很多企业营销管理都信奉“科技以人为本”的信条。而很多企业的失败原因就是只“重科技而不重人”。

因此，企业必须要重视培训“科技以人为本”的概念。对内来说，企业内部的“人”才是最重要的，要把人的重要性放在科技前面。但国内很多企业对花钱在“购买科技和机器设备”上很舍得，但在人才培训上就很舍不得。这是非常错误的。对外来说，企业对客户口碑、竞争比较、市场和行业的情况了解应该是最看重的。但国内很多企业对花钱在“讲关系和套交情”上很舍得，对花钱在市场调研、营销管理培训、客户服务培训和售后服务跟踪上却很抠门。

四、未来新常态竞争激烈的买方市场和过去卖方市场是180度的颠覆

既然这么多“人”和人文软价值都很重要，但为何国内会有这么多企业忽视“人”和人文软价值的重要性呢？

主要原因是新常态前的中国市场是物质短缺的卖方市场，新常态后中国市场变成产能过剩、物质剩余的买方市场。

在短缺的卖方市场，是求大过供，客户不挑剔，竞争不激烈，那是一个大家只在乎“数量”满足而缺乏竞争的时代。“数量满足”是一种物理性的要求，就是企业努力复制、模仿式生产即可，并且缺乏竞争，不必花大力气搞研发，企业也可生存得很好。

但在未来新常态竞争激烈、变幻莫测、客户挑剔的买方市场，客户需要的不再是物理性的数量，而是更好的心理性偏重质量。产品好坏的标准也不是固定的，而是和竞争对手比较的结果。产品受欢迎的情况更是无法确认，而是瞬息万变不可控的。

五、用物理性的硬知识培训方式是学不会人文性的软管理知识的

总的来说，未来买方市场和过去卖方市场的差别比较是：①物理性和心理性；②物质性和精神性；③绝对性和竞争比较性；④可控性和不可控性，等等。这是一种物理性的硬知识、硬价值以及硬实力和一种人文管理性软知识、软价值以及软实力的差别。

中国的培训学习流行的是应试教育，有标准答案可模仿复制，老师会教你一套易学易懂易解决问题的办法。其实这些都是物理性硬知识、硬价值和硬实力的培训学习方式，是学不会和培训不出人文管理性软知识、软价值和软实力的。这就导致现在中国大部分企业只会做数量的贴牌生产，而不会做质量的品牌生意，只会复制、模仿，不会差异创新、与众不同。

硬知识的模仿复制学习培训只是“传道，授业，解惑”的“传道”。而软知识的体验，感悟，创新差异学习培训就是“授业和解惑”。

“师傅带进门，修行靠个人”。培训的效果好坏，企业和学员的责任要大过老师。宋代大儒程颐说过：“博学、审问、慎思、明辨、笃行，五者废其一，非学也。”培训的课堂学习阶段只是“博学”的部分，还有“审问、慎思、明辨、笃行”这些培训后的练习和实践中要确切做到的事。只有这五者兼备，培训学习才会出效果，不然“五者废其一，非学也”。

六、业务培训效果是来自某些前提条件的，世上还没有业务培训 APP 软件

当下科技如此发达，各种 APP（应用程序）软件层出不穷，那为何没有“业务培训 APP 软件”呢？这是因为业务培训效果是受某些前提条件和要求影响的。最简单的道理就是做业务是“因人而异，因地制宜，因时而变，因事论事，因产品好坏、企业能力、市场竞争和环境变化”不一样而不一样的。所以，至今世界上还没有人能出一个保证有效的业务培训 APP 软件。

就算大名鼎鼎的 ERP（企业资源计划）或 CRM（客户关系管理）电脑软件，也只是在经营管理可控制的部分产生效果。在外部不可控制的买方市场业务部分，ERP 或 CRM 都没有办法保证其效果。

“商场如战场”，商场和战场的成败，都是因为有太多的前提条件和要求，所以变幻莫测和“兵者，诡道也”，必须要做到创新差异、唯一独特和《孙子兵法》的“知己知彼百战不殆”“出其不意攻其无备”及“兵无常势水无常形，能因敌变化而取胜者，谓之神”。

以上这些都是 APP 软件无法做到的。也正因为电脑软件做不到这些事，所以才有商业“人才”存在的价值。不然，电脑软件会取代“人才”去做生意了。

七、世上没有简单易学有效的业务培训办法，唯有用心多算及用功多练者胜

既然做生意的复杂和变化的程度，连电脑软件都无法应付，那做业务培训绝对不可能是一件容易的事。所以，有效的业务培训，在新常态竞争激烈、变幻莫测的剩余时代买方市场，一定有两大特点：第一，它很复杂，牵涉原因很多，竞争残酷，变化多端，不易掌控（除非是在垄断或数量奇缺的卖方市场）。因此不可能有简单易学，马上就会产生效果的业务培训。第二，要多做电脑不会做的事，比如创新差异、出其不意、与众不同、唯一独特等事。这些也是避开竞争对手和提升竞争力最有效的培训办法。

在未来竞争激烈、变化剧烈、客户挑剔的新常态“互联网+”时代下的买方市场，企业培训唯有知己知彼才能百战不殆，经营管理和业务培训才有可能产生效果。因此，世上没有简单易学有效的业务培训办法，唯有用心多算及用功多练者“胜”。

而以上阐述的这些，便是企业培训有效的基本思路。唯有了解基本思路，才能诞生正确的培训方式。

第二节　中国企业培训的这些年

中国培训行业自20世纪80年代根植于中国大地，90年代在市场上开始萌芽，伴随着中国经济一路成长。进入21世纪后，其发展更是如雨后春笋。据不完全统计，整个行业的市场容量在5000亿元左右，近25万家培训机构，30万名培训师，中国每年有将近1亿人参加各式各样的培训，而且参与人数及市场份额在不断高速地增长中。

自从外资企业引入培训概念，清华大学的“厂长班”开办、保险公司的盛行、成功学的崛起、通用管理的授用、实战性专业化细分领域的分工，培训行业从开始走向成熟。

然而，近年来随着培训行业的高速发展，培训行业杂、乱、小等现象逐渐凸显，甚至曾被众人冠以“培训是忽悠”的称谓。

但我们能否扪心自问：

哪个行业从不成熟到成熟的过渡期，是不经历跌宕起伏的？

哪个培训机构是只想做一单生意，而选择忽悠客户的？

哪个培训讲师是只为了自己的今天，而选择放弃明天的诚信？

我们的培训行业、培训机构、培训讲师，也同样需要被世人所尊重，被市场所认可，被企业所接受。

只是我们的培训行业太年轻，还属于一个新兴行业。培训行业需要成长的方面还有很多，例如，观念的转变，专业的提升、模式的创新，等等。但不可否认的是：没有培训行业的发展，企业的发展将会变得缓慢；没有培训机构的合作，人才的培养将会变得单一；没有培训讲师的培训，员工的成长将会变得迟钝。

因为对大多数中国的企业，尤其是民营中小企业来说，从改革开放以来经过几十年的摸爬滚打，在没有多少理论指导的情况下，把握市场机遇，实现了原始积累，把企业做大之后，要往何处走？该不该走？怎么走？成了困惑他们的主要问题。企业如果不加强提升员工技能的培训，那么企业就会在与其他企业的较量中死去。未来中国企业将面临更加激烈的竞争，企业如果不重新培训人才队伍来提高企业竞争力，那么企业将会大面积死亡，这将是一个非常严峻的问题。因为你可以拒绝学习，但你的竞争对手不会。

因此，这就造成了今天培训界最尴尬的局面：企业及员工害怕培训，但又离不开培训，不知如何选择；培训机构及讲师想要帮助企业，但又无从下手，不知如何改变。

一、中国企业培训的发展

第一阶段：襁褓中的中国企业培训（20 世纪 80 年代初期）

▼ 宜宾地区电子技术训练班第二期学员结业留影 1980 年

▼ 轻工业部 1980 年度日语管理训练班结业留念

20 世纪 80 年代初期，中国企业培训属于自发式培训阶段。在改革开放初期，中国企业培训反映出来的基本是技术类培训，还有社工部文件要求的一些培训。在改革开放之后，随着竞争的加剧和企业对培训的需求，一些外资企业自身也零星地引进培训，然而基本上还属于企业内部培训。

第二阶段：启蒙期的中国企业培训（20 世纪 90 年代初期）

20 世纪 90 年代初期，企业培训开始进入启蒙阶段。最为典型的主要是以成功学为代表的软培训，而在此之前大部分都属于硬培训。所谓硬培训，其实就是技术类的培训。然而随着一些组织（直销、保险）对软培训的需求日益旺盛，在某种程度上起到了推波助澜的作用，软培训就顺理成章地开始发展起来。

▼ 20世纪90年代初期安利培训

▼ 20世纪90年代初期保险行业培训悄然兴起

第三阶段：热潮期的中国企业培训（20 世纪 90 年代末期）

启蒙阶段之后，中国台湾及中国香港的一大批培训师开始进入中国大陆，引发了培训的热潮。成功学也在此时流行和爆发，催动一批自由讲师和培训公司的兴起。此时，众多培训公司如雨后春笋般开始成立。

▼ 成功学的激励课程崛起

▼ 大型公开课的会议课程模式出现

第四阶段：发展期的中国培训（21 世纪初）

21 世纪的到来，也给培训行业带来了新的转变，民营企业、外资企业迅速发展，培训市场需求越来越旺盛，各种培训力量也开始试探性介入。到了 2003 年，市场竞争向人力资源层次升级，培训需求爆炸性成长，引起官、产、学、媒各方关注。特别是到了 2004 年之后，各培训机构开始进入细分领域，实战性专业培训及通用管理市场反响更加热烈。

第五阶段：反思期的中国培训（反思期的中国培训）

培训经过几十年的发展，无论是培训机构、培训师，还是培训课程及作品，培训资源已经呈现多样化及可复制化。然而，企业培训还在以燎原之势蔓延全国势不可当。那如今现状到底如何呢？未来又该如何走呢？值得我们深思！

二、中国企业培训的分类

中国企业的培训通常按照两种方式来划分：企业内部岗位和培训方式。

（一）按照企业内部岗位划分

企业培训分为人力资源培训、战略管理培训、采购培训、生产培训、物流培训、企业文化培训、商务礼仪培训、市场营销培训、销售培训、员工职业化培训、责任体系培训和财务管理体系培训等。

（二）按照培训方式划分

1. 企业内训

企业内训是培训公司根据企业培训的需求，为企业量身定制的企业课程，具有培训时间、培训地点方面的充分灵活性。企业内训是世界 500 强企业普遍采用的一种培训方式。越来越多的国内企业也开始认识到企业内训通常能更好地达到他们的培训和发展需要。

企业内训可以分为公司培训、部门培训、岗位培训、自我学习。

（1）公司培训。公司培训是管理部门根据培训总计划组织的、全公司公共部分的培训。如公司培训中的 GMP（药品生产质量管理规范）基础知识、药事法规、微生物知识、6S（整理、整顿、清扫、清洁、素养、安全）知识、QC（质量控制）活动知识、安全知识等。

（2）部门培训。各部门根据公司培训总计划组织的、与本部门有关的各类知识的培训，如公司培训中的岗位职责、岗位操作法等。

（3）岗位培训。岗位对员工进行的实际操作技能的培训与岗位内的相互学习。

（4）自我学习。员工自己主动地进行专业知识的再学习和操作技能的锻炼。

2. 企业公开课

企业公开课是以公开授课形式为企业单位或个人提供工作技能提升的培训服务，适合参加公开课培训的人群涵盖了社会的各个阶层，如刚从事人员的销售知识培训，或具有资深从业经验的高级总裁培训。

3. 网络在线培训

信息革命对社会各个领域产生了深刻的影响，社会的发展需要人们拥有更新的知识体系，更快地把握瞬息万变的时代脉搏。但是传统教育模式显然无法跟上知识更替和信息爆炸的步伐。21 世纪之初的教育正在向“终身化”方向发展。网络作为信息的天然载体，必将通过其在教育领域所特有的功能来回应信息化潮流。

4. 拓展培训

拓展培训糅合了高挑战及低挑战的元素，学员从中（在个人和团队的层面）都可透过危机感、领导、沟通、面对逆境和辅导的培训而得到提升。拓展培训强调学员去感受学习，而不仅仅在课堂上听讲。研究资料表明，传统课堂式学习的吸收程度大约为 25%，而要求学员参与实际操作的体验式学习吸收程度高达 75%，能更加有效地将资讯传授给学员。

拓展培训正是一种典型的户外体验式培训。以体验、经验分享为教学形式的拓展训练的出现，打破了传统的培训模式，它并不灌输给你某种知识或训练某种技巧，而是设定一个特殊的环境，让你直接参与整个教学过程，在参与的同时，去完成一种体验，进行自我反思，获得感悟。它吸收了国外先进的经验，同时注意适应中国人的心理特征与接受风格，将大部分课程放在户外，精心设置了系列新颖、刺激的情景，让学员主动地去体会、去解决问题，在参与、体验的过程中，心理受到挑战，思想得到启发，然后通过学员共同讨论总结，进行经验分享，感悟出种种具有丰富现代人文精神和管理内涵的道理。在特定的环境中去思考、去发现、去醒悟，对自己、对同事、对团队进行重新认识、重新定位。

拓展培训这种形式既安全又有一定的趣味性，易于被学员接受。但拓展培训的最终目的，是让学员将培训活动中的所得应用到工作中去。如果缺乏专业培训师的指导及意见，则很难达到理想的效果。

第三节　国内外的培训区别

企业培训不是从来就有的，而是通过社会生产力的发展需要慢慢演变形成系统的。西方社会的企业培训系统形成得比较早，而中国的企业培训因为历史发展原因，形成的阶段与西方社会有所不同。

一、西方企业培训的历史演变

西方企业培训可以追溯到18世纪，当时社会化大生产取代手工作坊生产而成为生产的基本形式。因此，各国的产业工人发起了要求为他们提供教育的运动。此时一些宗教团体、社会人士和工厂主开始组织对员工的教育。企业当初开展员工培训和教育并不是从企业生产与发展考虑，而是被企业外部环境逼迫进行的。到了工业革命完成后，企业生产对员工的技能要求提高，生产规模不断扩大，这时企业通过开展大规模、系统化的职业培训来满足企业对熟练工人的需求。经济和科学技术的发展导致逐步出现了专门的培训学校，之后各国政府也开始立法要求社会为员工提供相应培训以满足经济需求。企业为赶超科学技术先进水平，增强产品的国际竞争能力，投入了极大的力量来培训工人和技术人员。

近三百年来，西方企业培训主要经历了四个阶段，即早期的学徒培训阶段、早期的职业技术教育阶段、工厂学校的出现阶段和培训的职业化阶段。

1. 早期的学徒培训

企业的培训可以追溯到18世纪的学徒培训。早期的学徒制成为一种最普通、最常用的培训方式。随着时代的发展，这种培训也越来越正规化，成为师傅带徒弟式的培训方式，并且这种培训方式被迅速地加以推广，尤其是在那些需要特定工艺技能的行业，这种培训方式得到了更加广泛的应用。

2. 早期的职业技术教育

1917 年，美国国会通过了“史密斯－休斯法案”。该法案认可了职业技术教育的价值，并同意建立基金用于农业贸易、经济发展、工业和教育等领域的培训项目。如今，职业技术教育已经成为各国公共教育系统中的重要组成部分。

3. 工厂学校的出现

工业革命时期，制造业的出现打破了传统的作坊式生产方式。由于新机器和新技术的广泛应用，传统的手工工艺已经很少使用。

工厂学校与早期的学徒制培训有所不同，因为它更倾向于要求工人在短期内掌握完成某项特定工作所需要的技术。

4. 培训的职业化

第二次世界大战的爆发，使得人们又不得不重新考虑依赖工厂生产军需用品，像第一次世界大战时那样，在一些大型的组织和工会中建立了新型的培训计划。美国联邦政府维持建立了行业内部培训服务机构来组织和协调这些培训计划，这些培训项目涉及了与国防领域有关的各个工业领域。

二、国外典型国家企业培训的发展

随着社会经济的发展，有些行业特别是传统行业面临技能人才的短缺问题，这些行业包括建筑、勘探、地质、电子技术、烹调、美发、汽车和制造业等。工业界迫切需要技能熟练的员工以应对技术革新等带来的变化，新老员工都需要提高技能的熟练程度。目前发达国家的人口老龄化严重，为弥补年轻劳动力数量不足，需要年纪较大的劳动者延长工作年限。人们日益重视终身学习，迫切要求培训机构运用新的技术和措施以满足当前和未来学习者的需要。下面着重介绍德国、美国和澳大利亚企业培训的发展。

1. 德国企业培训的发展

在德国，培训的内涵很广，既包括不同级别和不同种类的职业学校、培训机构所实施的各种层次的职业技术教育培训，也包括继续教育、成人教育、在职培训与进修，以及再就业学习与职务晋升培训等。德国对工人的再教育和培训主要是由企业共管会、工会和资方协商建立一个专门的机构来负责开办培训机构。例如，德国铁路有限公司的培训机构“德国铁路教育软件服务中心”是德国最大的培训机构；汉莎航空技术培训公司是以独立的公司法人机构出现的再教育机构，但不属于德国航空公司，实行独立核算，承担的是全德航空业的技术培训工作。

2. 美国企业培训的发展

美国职业培训行业的产生与发展出现于19世纪后半期的主要社会变革阶段，其发展历程主要分为以下六个阶段：

第一阶段（1890—1919年）：美国产生职业咨询与培训服务，服务于不断城市化和工业化的社会。

第二阶段（1920—1939年）：这个阶段美国的职业指导着重于中小学教育人员。

第三阶段（1940—1959年）：此时美国的职业培训方向转向学院、大学及对咨询人员的培训。

第四阶段（1960—1979年）：职业培训兴盛时期，工作对于人们的生活具有许多新的含义，社会开始重视人们对与工作有关的观点看法，系统性的职业发展开始于这个阶段。

第五阶段（1980—1989年）：工业时代向信息时代过渡的开始阶段。这一时期，职业培训独立进行，企业高层人员的培训也在这个时期有所发展。

第六阶段（1990年至今）：这时人们对技术的应用不断复杂化，职业培训走向国际化，多元化文化职业培训开始产生。培训的内容不再是以往只重视技术，而是向企业文化、工作道德、管理实践等方向发展。

3. 澳大利亚企业培训的发展

劳动力市场的转变，使得澳大利亚在培训机构上大刀阔斧，以切合当时培训的需要。1992年，澳大利亚国家培训局（Australian National Training Authority，ANTA）成立，联邦和州/领地政府签署了ANTA协议，在ANTA的领导下，澳大利亚联邦和州/领地政府围绕ANTA协议开展工作，逐步形成了较为完善的国家职业教育和培训体系，为澳大利亚的经济腾飞做出了巨大贡献，失业率由1992年的10%下降到2004年的5.1%，参与职业教育与培训的人数逐年增加，并发展到了海外。澳大利亚的经济以及教育和培训体制正面临着新的劳动力培训需求。2004 年 10 月 22 日，澳大利亚首相宣布，自 2005 年 7 月 1 日起，取消 ANTA，其职责转移到教育、科学和培训部（Department of Education，Science and Training，DEST）。这一声明成为新一轮澳大利亚职业教育培训体系改革的标志。2005 年 2 月，DEST 提出了有关新的国家培训体系模式的建议。另外，2005 年 8 月 24 日，澳大利亚内阁通过了新的职业教育与培训立法《2005 澳大利亚劳动力技能开发法案》（*Skilling Australia's Workforce Act 2005*），作为促进澳大利亚职业教育与培训改革的法律保障。图 1－1 对澳大利亚新的企业职业教育培训体系做出了描绘。

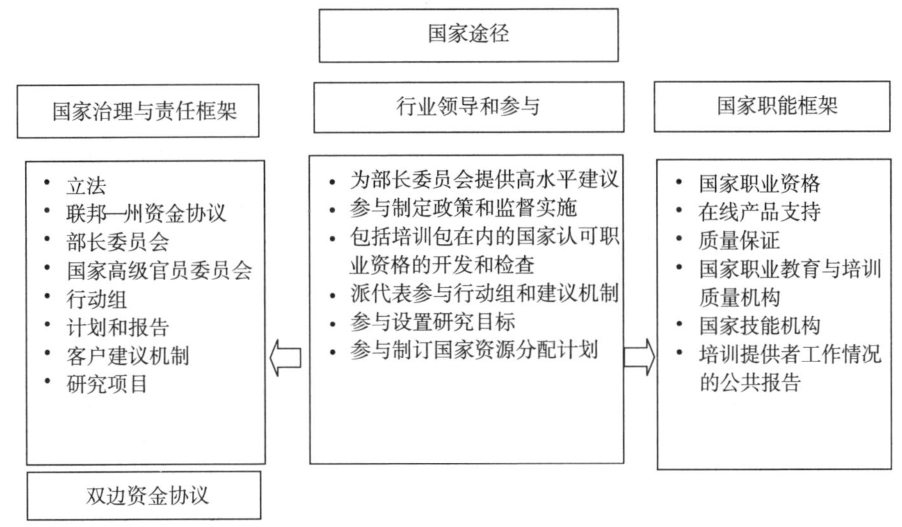

图 1－1　澳大利亚新的企业职业教育培训体系

三、国外企业培训与国内的区别

记得很多学员问过，国内外企业在培训理念、方法上有什么区别，一下子问到我们心里去了，这也是我们做这么多年培训后特别想跟培训圈朋友们分享的，培训的目的是让学员观念或者行为上有所改变，国内大部分企业培训更强调观念上的改变，国外企业更强调行为上的改变。

国外很多企业在培训的时候不强调信息量，他们强调思路和训练部分，要求你从观念认同到行为适应并变成习惯。例如一个外企的催眠课程的培训，在四天三夜的时间里要求学员不断做催眠的演练，课程中间的效果很明显，学员们通过多次训练后，至少都拥有了催眠的能力；再如一个外企培训公司在国内做顾问式销售技巧（SPIN）培训，三天两夜的时间让学员不断去演练如何向客户提问，训练结束后效果非常明显。

在国内企业培训的时候，从企业老总到培训专员都希望讲师提供大量的培训信息，讲课的时间越长越好，讲课的信息越多越好，参加人数越多越好。一些传统行业的企业接受培训时，甚至会要求全员参与，全部是课程式的，像小学生上课一样。我们能理解他们对知识的渴求，但事实上我们更希望大家探讨、感悟、改变观念并积极行动。

当然，国内企业还有一个成长的过程，我们培训圈的朋友能理解不同企业有不同的需求，只是希望比较成熟的企业和培训经费充足的企业，最好按照更先进的培训管理模式来展开培训，效果会更好。通过观察，我们发现国内外企业培训最明显的区别有两点：一是思路（国外企业培训重视你的思维是否得到启示和创新，而国内企业不是）；二是操作层面，如表 1－1 所示。

表 1－1　　国内外企业培训的区别

课程培训明细	外企	国内企业
培训课题设置	侧重专题性	侧重全面性
课程内容	少而精	多而泛
老师讲课时间	中	多
学员演练时间	多	少或者没有
学员管理层级	专，比如给外企上课，经常出现的现象是中层干部只有 8 个人听课，这在国内企业会觉得是极大的浪费	全员上课
课桌形式	鱼骨式，方便讨论	课程式，方便记录

续　表

课程培训明细	外企	国内企业
训前学员调查	详细，都会有调查报表	少，基本没有
训前老师沟通	负责人都会详细沟通	少，基本没有
训后评估	有	有，主要是对老师授课风格的评估
训后跟踪	详细	没有

第二章

培训要抓本质，不要仅看表象

长期从事企业培训工作的我们，常常在问自己：“培训的本质是什么？”有的企业想从培训中让企业的生产成本不断降低；有的企业想通过培训让员工具有很强的执行力；有的企业更直接地说要让他们的员工学会听话、会干活。

培训的本质难道就是为了解决这些现象吗?

现象是层出不穷的，难道出现了什么样的现象，我们就去做什么样的培训吗？那么，培训的本质到底是什么呢?

第一节　成人学习的逻辑思考

所谓成人，在法律意义上来说就是指年满十八周岁，具有独立的自我生存能力，以从事社会劳动作为自己主要责任的人。那么到底成人学习有哪些特点呢?

一、成人学习的特点

成人的心理较为成熟，有较强的独立性和自我指导性。这些特点是成人学习的优势，但是成人学习也有劣势。了解成人学习的特点，以及明确他们的优势和劣势，有助于更好地对成人的学习进行指导。

美国著名成人教育理论家诺尔斯对成人学习进行过深入的研究，认为成人学习者具有以下几个学习特点。

（一）拥有认知需求，具有清楚的自我概念

成人学习和青少年儿童在学习的主动性上存在着非常显著的差别，儿童的学习是被动的，依赖于教师的教学活动和教学计划，而成人学习的自主性和独立性在很大程度上来说取代了对教师的依赖性。成人学习者有了自己的认知需求，基本具备自己选择学习内容的能力。他们学习的目的不是为了系统接受教师的讲授，而是有目的地接受知识。

自我概念是一个人对自身存在的体验，它包括一个人通过经验、反省和他人的反馈，逐步加深对自身的了解。在个体主导的心理需要下，成人学习者能够由各种态度、信念、价值观、体验以及评价成分和情感成分等，来确定自己的身份和地位。

（二）拥有丰富的学习经验和工作经验

成人作为社会的一员，已经拥有了比较稳定的生活坐标，对许多事物都有亲身的体验或者间接的经历。这些经验是成人学习者的学习背景，是区别

于普通学习者的重要特征，直接影响着成人学习活动的有效开展。成人在生活过程中积累的丰富的直接经验，构成了成人学习的丰富资源。成人学习活动通常会以个人经验作为指导，并且会根据相关经验，判断学习价值，制订学习计划并独立完成。他们以自己已有的知识和生活经验为依据和前提，迅速对新的知识进行选择并重新组合。原有的知识和经验有助于对现有学习内容的理解和把握，立足于调动过去的经验积累以激发联想、比较、思考等心理过程来接受和理解现在的学习内容。因此，已有经验是新知识同化、改组的基础，是成人学习的重要资源。

（三）以生活为中心且以问题或任务为导向

成人学习者的学习计划几乎都是结合他们的社会职责，以自己的生活和工作为中心展开的。解决问题或者完成任务是其学习的主要原因，因此，成人学习者的学习具有职业性。青少年儿童的学习是为未来生活做准备的，而成人的学习则是马上为今天的生活和工作服务的。他们学习的目的就是为了更好地、更有效地完成他们所承担的社会责任。为了适应职业和工作的需要，成人学习者必然会把学习与其生计和职业紧密联系在一起。他们深知自己的生活目标以及自己所要去解决的问题或任务，了解通过学习掌握知识和技能与这些目标的相关性。

成人学习者能够有意识地加强学习与工作、生活之间的联系，把所学到的新知识自觉地运用到实际中去，进行创造性的劳动，并且在实际中检验所学知识和理论的正确性与可行性，不断提高其能力。

除了上述三点以外，成人学习风格还具有以下特点：强调学习策略、方式以及倾向；具有稳定性，很少因情景因素的变动而变动；具有个别差异性和独特性。

二、成人学习特点在培训中的应用

成人学习的特点显现出丰富的多元性，分析成人学习心理特点的现实意义就是使企业和培训机构重视成人学习的心理特点，关注成人知识、技能内化的先决条件，全面理解学习动机。针对成人学习的心理特点，企业进行员工培训时，必须着重注意以下四点。

（一）相互启发和合作指导

成人都是具有独立人格的个体，培训师可以采取提问、分组讨论、让学员示范操作、参与讲授、进行体验性操练、角色扮演、游戏、户外拓展训练等多种方法调动员工的积极性，使他们参与到培训中，在学习中相互启发。同时培训师在学习过程中要细心引导，与员工相互合作，共同进步。

（二）将经验作为范例应用教材

员工工作中的成败得失是培训中的案例“金矿”，培训师在教学前一定要了解员工的知识、经验及需求。培训中要注意激发员工回忆起以前学过的相关知识，要注重员工的成败经验和教与学的设计结合。由于培训中运用的案例都是他们自己工作中发生的，具有典型性和真实性，培训师使用这样的案例进行培训，受训员工更容易理解且印象更深刻。最好是将培训与员工的工作、生活经验结合起来，使学习过程和工作过程相互促进，形成一个良性循环。

（三）根据兴趣和能力进行开发指导

不了解学员需求，就难以做到有的放矢，提高员工培训效果也就无从谈起。由于学员对自己的需求往往不是很清晰，需要培训公司或培训师通过调查和沟通，主动去识别学员的真正需求。为了掌握学员的需求，应让培训公司根据企业情况设计专门的培训需求调查表，真正掌握员工的培训需求，然后设计相关的培训内容，结合员工选择适合的培训方案组织实施培训。所以，确保培训有效性的第一步是必须调查清楚学员的培训需求是什么，然后针对问题进行培训。

（四）以问题定位学习，并立即应用所学内容

企业组织员工培训的目的，在于通过培训让员工掌握必要的知识和技能，以完成规定的工作，最终为提高企业的经济效益服务。培训内容必须是员工个人与工作岗位需要的知识、技能以及态度等，必须是他们当前所能应用的内容。因此，在培训项目实施中，把培训内容和培训后的使用衔接起来才能体现到实际工作中去，才能达到培训目标和预期效果。企业员工教育培训与普通教育的根本区别在于它的针对性和实践性。企业发展需要什么，员工缺乏什么，就教育培训什么，要努力纠正脱离实际、向学历教育靠拢的倾向，

不搞形式主义的教育培训，而要讲求实效。

如果企业能够充分运用成人学习理论进行培训和开发，以动态、综合的眼光来看待成人学习，必然可以寻求到科学的培训方法，建立合理的培训模式，真正使企业有所得，使员工有所成。

第二节 何为培训的本质

在发达国家和地区，企业培训从来都被高度重视。一个卓越并有远见的企业一定会根据自己的战略需求，总结出企业内各级员工能力及素质方面的“短板”，并因此量身定制设计各种极具针对性的培训规划，从而提高员工的工作能力及综合素质，以符合企业发展的需求。

然而，近年来国内培训市场的一些现象，恐怕未必符合上述要求，甚至南辕北辙。以下便是大家对培训行业的质疑，从质疑中，我们会逐渐发现培训的本质。

一问：“公开课”模式

多年来，国内有些人看到企业培训似乎是一个进入门槛低并能够快速致富的发财途径，因此非常热衷策划举办动辄几百甚至上千人的大型、超大型培训会。为求利润最大化，他们会用各种手段把尽可能多的、未经任何筛选的所谓“学员”招到培训现场。但问题是：此举如何照顾到学员的实际需求？怎么解决他们的实际问题？怎样保证培训的实效？答案恐怕只有天知道！

这种方式在改革开放之初，企业培训初级启蒙阶段还无可厚非。但如果长期存在，甚至成为一些培训机构主要的赢利模式，恐怕就值得商榷。比如学校要分小学、中学和大学。如果一个人总是停留在小学阶段，怎么可能进步？

这种模式在发达国家培训界几乎无踪迹，国际级优秀企业的培训大多采取极具针对性的内训模式。受训人员一般会按自身素质及能力需求，充分利用企业的培训福利，以“自助餐”方式选择学习课程，而课程中受训人数也会受到严格控制以保证培训质量。例如一位在东南亚的资深女培训师为某大型企业做专题培训，协议明确规定学员人数上限为 18 人，而现场来了 30 多人，该老师坚持不进课室，理由是照顾不到太多学员而无法保证授课质量。最后她情愿第二天免费再为超员学员多上一课，其敬业精神令人钦佩。而这种培训价值观恐怕是国内培训界许多人根本无法理解的。

通常培训课程的主题、内容及培训师应由企业评审确定，培训机构只是推介但不能决定，因为机构的服务主体是企业而不是自己。而“公开课”模式则恰恰相反，培训机构成为主导，削弱了企业的选择权，长期如此显然并不合适。

市场是敏感而残酷的，近年来这些大型公开课的举办已日益艰难，迫使一些机构不得不转战二、三线城市甚至县城，如何能够持久？

因此，此类缺乏实用价值和专业水准的、忽视企业及受训者利益的、以满足培训方及培训师个人利益最大化的大型公开课模式，是否到了应该有所收敛的时候？

二问：“学习卡”模式

多年来国内一些培训机构非常热衷采用一种叫“学习卡”的赢利模式，千方百计向企业兜售学习卡，往往能快速敛聚巨额钱财。

其实这种模式并不新鲜，早在 20 世纪 70 年代香港西饼业就曾经广泛使用。广东人有一习俗，儿女结婚时需向亲戚朋友送“礼饼”，往往花费不菲。于是一些西饼店就推出所谓“饼卡”，即客户可在平时每月购买一些“饼卡”存着，并且还有折扣优惠。日积月累，若干年后儿女结婚时“饼卡”已储蓄够用，于是许多人乐意购买。但问题是饼店利用“饼卡”快速敛聚了巨额钱财后，还有心思起早贪黑辛辛苦苦去做饼吗？当然没有了。于是这些饼店纷纷突然“倒闭”，以致引起民愤及慌乱，最终由香港政府出面管制，情况才得以控制。

此模式在今天的培训界其问题与弊病与香港当年的“饼卡”如出一辙：培训机构利用“学习卡”敛聚了大量钱财，还有心思好好做培训吗？即便请老师讲课，好老师价格高，不如请便宜的，结果培训满意度差，学员投诉，那就再在“学习卡”上打折扣，如此恶性循环，怎么会有好结果？这种“学习卡”模式在发达国家培训体系中同样闻所未闻。

因此，此类以快速敛财为目的“学习卡”模式，已越来越受到国内企业的投诉和反感，是否也到了应该检讨和有所收敛的时候？

三问：“大忽悠”模式

企业管理是一门非常需要倚重实践的学科，因此，相关培训导师就必须具备非常丰富的专业知识及实践经验，因此有较高收入很正常。但任何事都不能过分，否则物极必反。

近年来国内一些培训机构往往利用各种五花八门的招数，忽悠大批盲目的学员，千方百计把他们骗进各种各样的“培训班”。他们制造现场疯狂气氛，再通过大批助手和“托儿”的诱导，把学员变成“提款机”，大量钱财莫名其妙、糊里糊涂地就进了这些“忽悠大师”们的口袋。一堂充满煽动和疯狂的“培训课”，竟然能够暴敛几百万、上千万元的钱财！

真正意义上的培训，本该是一个使受训者从无知到有知、从混乱到清晰、从感性到理性的一系列良性转化过程。培训的本质当然也应该是施予（知识）和传授（技能）。而“大忽悠”培训模式则恰恰相反，他们致力于使受训者从无知到更加愚昧、从混乱到更加茫然、从感性到更加疯狂的一系列恶性愚化洗脑过程，而培训的本质也演变成“欺诈”和“掠夺”。

更有甚者，个别培训机构甚至采用“传销模式”，听课学员还要帮助培训机构拼命发展下线。这种方式曾引起公安机关的注意而被取缔，但很快又死灰复燃，并转入地下更加隐蔽。

这种类似洗脑、疯狂敛财的“大忽悠”培训模式，是否也到了应该急刹车的时候？

四问：“炒作”模式

在国内培训界，大约每隔几年就会炒作一些新概念：广告、企业形象（CI）、策划、营销、成功学、执行力、领导力等，还把国学、佛学、道教、《易经》、八卦、《西游记》、《三国演义》、诸子百家、奇门遁甲……都搬出来与培训挂钩。还有什么“体验式培训、封闭式培训、教练式培训、宗教培训、慈善培训、终极培训”……真是五花八门、无奇不有。

而全国、亚洲、全球“十大、百大培训师”“十大、百大培训机构”“十大、百大咨询机构”等名堂，说白了就是拿钱买排名，或者是自导自演搞排名。这种自欺欺人的行径到底有什么意义和作用?

而为了达到炒作的最佳效果，一些培训机构又往往无所不用其极：禁锢、洗脑、煽动、催眠、传销、拜师、下跪、呼口号、表忠心，甚至当街爬行。

一个合格的培训师也应该是一个学者，而一个学者著书立说最起码的要求和道德底线是：立论严谨、学说有据。

一位学者说过：学者立论有一个非常重要的原则——必须能够“证伪”，即你的论点必须经得起推敲、论证、质疑，最终必须能够证明“除此即伪”。因此，为人之师万万不可信口开河，否则就会误人子弟。一代鸿儒弘一大师皈依佛门后，自认学才两疏，终身遵循一个原则：“不为人师”!

而在今天的培训界则恰恰相反，一些人不但好为人师，还极尽炒作包装之能事，推出的一些课程主题往往非常玄乎：一个老师说“细节决定成败”，于是就出来五花八门许多因素也能决定成败；有老师说能帮助企业砍掉成本，就有更多的“砍刀”出现；有人说听他的课就能“业绩倍增”（够邪乎），就有人敢说能帮助企业业绩如车轮般飞升（更邪乎）！如此似乎还不够刺激，更有人说能够设计“爆炸式营销!”……为求课程宣传包装、销售赢利，这些人真是“语不惊人誓不休”!

在改革开放初期，国内企业在经营管理方面的认知非常缺乏，因此，举办一些转换观念的、激励斗志的、普及国民教育的课程是非常必要的，许多观念本身也并无不妥。但三十多年过去了，企业培训如果还是停留在炒作各种概念上，还是只能说不能用，无法提升至更加专业和务实的实效性培训层面，实在是十分遗憾的。

而如果一些课程内容连基本概念都是片面甚至是错误的，恐怕就会产生极大危害而误人子弟。

一个农民耕地种菜养家糊口，算不算成功?仅靠财务手段真能有效降低成本吗?其副作用呢?真正有效的“成本领先战略”是怎样的?商场上真的只有“蓝海”和“红海”吗?企业在战略失误状态下盲目追求执行力会有什么后果?细节一定能决定成败吗?企业只要满足市场需求就真的一定能够发展吗?……

这些问题专家们似乎都给了我们令人鼓舞的答案，但这些答案真能经得起推敲吗？真能“证伪”吗？企业管理培训课程虽然不必像数理化学科一般要求严谨，但是否也要有最基本的理论依据呢？

改革开放以来，国内企业大都缺乏基本的管理知识，因此对一些“大师”所讲的课程缺乏足够的判断力。往往认为老师讲的就是对的，甚至盲目崇拜，这就会造成误导的可能，而误人子弟则罪莫大焉！

因此，此类以炒作为手段的培训模式，是否也到了应该遏制的时候？

五问：“明星”模式

年轻人往往喜欢追“明星”，但若陷入疯狂恐怕就不是好事。现在此风似乎也吹到了培训界，一些培训师似乎也成了“大明星”，并且有过之无不及。

然而培训师到底应该是“教官”还是“明星”？国内一些“培训师”课程是东拼西凑抄袭的、案例是道听途说拿来的，对企业管理根本就不甚了解，甚至一窍不通。但他们往往一上课堂就手舞足蹈极尽煽动之能事，再加上台下助手及“托儿”们的疯狂鼓动，简直就是一场热闹非常疯狂无比的舞台秀。

如果你是培训师，请试回答下列问题：

（1）你在教谁？教些什么？怎么去教？教学实效？

（2）你的学历？你的经历？你的资历？是否胜任？

（3）教学主题？教学目的？教学大纲？教学资料？

（4）理论依据？逻辑关系？工具方法？成功案例？

（5）课前准备？企业背景？学员筛选？授课质量？

（6）假设你在教营销，请自问：是否卖过咸鸭蛋？

一个合格的培训师（包括老师和教授）需要有良好的表达能力，但培训师首先需要具备扎实的理论功底及丰富的实践经验。其首要任务和目的是“培训”而非“表演”，更加不是“煽动”。因此必须首先确保培训的目的、内容及实效，其次才是表达技巧，不能本末倒置！

事实上，一些在国内“红得发紫”的“大师”，在跨国企业的培训课堂基本没有生存空间。这一现象是否也能说明一些问题？目前国内培训界的一些乱象，与国外发达国家和地区的培训运作模式大相径庭。

因此，此类以明星式舞台表演为手段的，缺乏实效和内涵的培训模式，是否也到了应该遏制的时候？

六问："造神"模式

当人们对现实社会的一些现象产生信任危机时，往往会通过"造神"的方法来寄托或转移自己的信任。

例如"中医大师"张悟本。"许多病是吃出来的"，有没有说错？应该没有；他又说："调整好饮食许多病可以吃回去"，有没有说错？有道理；他还说："人要多吃五谷杂粮"，错吗？没有。还说："吃绿豆有助健康"，错吗？没有；还说："人要少吃油腻"，错吗？还是没有。那到底什么地方错了？

恐怕问题的根源还是在国人的浮躁上。当人们对现实状况不信任时，就会寻求其他途径。正因此，各种张悟本之流就会应运而生，以满足人们的迷信需求。

而此事如果能到此为止也并无大碍，充其量这个张先生也就是在养生方面有些心得。但浮躁的国人并不会因此满足，他们不愿意承认他们相信的对象只是一个普通人，而希望在张大师身上寄托更大更高的期望。于是，张大师本人的野心膨胀，再加上具有更大野心的幕后专业操纵机构的"包装策划"，一尊人造的"神"便被供上了神坛。

然而人毕竟不是神，事情也逐渐失控，人们开始盲目，真有病宁愿啃生茄子都不去医院；每天吃连牛都吃不了的绿豆；神乎其神的宣传；门诊费暴涨……于是"神"的后面多了一个"棍"字，变成"神棍"，最后连庙都被拆了！

类似张悟本这样的"神棍大师"难道只是在中医界才有吗？在中国培训界没有吗？只怕是有过之而无不及。

事实上已经有一些"培训大师"穿上了袈裟、披上了道袍装神弄鬼大肆敛财。

何谓"大师"？能够被称得起"大师"的人，应该是在某一个领域内屈指可数、高屋建瓴的佼佼者；大师必须有大智慧或怀大悲悯；必须能够承载历史、同时跨越时代；能够对一个领域，甚至对一个民族，乃至整个人类的一代或若干代人都产生深远影响的至圣至慧者！

在今天国内培训界，能够达到这个高度及境界而敢于自称“大师”的人恐怕不多。

七问：“咨询”模式

马克思说：“贪婪是人类的本性。”

一些培训机构在培训之余又把目光盯向咨询界。于是在举办培训班的同时，又纷纷在培训课堂后面支起一张张小桌子，煞有介事地承揽起“咨询”业务。殊不知企业培训与企业咨询在运作模式、专业要求、资源配置、专家结构、责任范畴等各方面均有极大区别。因此，冷眼看国内多年来许多培训机构企图涉足咨询业，至今无一成功。也正因此，国内部分培训机构不但自身混乱，还直接影响和扰乱了同样十分混乱的咨询业。

目前中国太多培训师基本处于“会吹不会干”的状态，因此一旦因金钱驱动去做咨询，往往立即露马脚，成功率基本为零。

从行业特性分析，企业培训运作时间短，几小时或最多几天，因此比较容易“混过关”，所以在这个行业“混”的人也就比较多。

而管理咨询所需时间则长得多，往往需数月甚至数年时间，因此不可能靠“混”过关。一旦盲目涉足，十有八九会露馅翻船。

极具讽刺的是在企业经营管理体系里所有可能发生的问题和弊病，如战略不清、流程缺失、组织混乱、帮派矛盾、人才流失、奖惩不公、市场无序、客户不满、账目不清等往往在很多培训和咨询界均会发生。教别人如何管理，自己的管理却一塌糊涂，实在是十分滑稽的尴尬现象。

据了解，目前国内咨询项目成功率不足30%，许多所谓咨询机构往往只能收到咨询费的首期款，形成一个个“烂尾工程”。

因此，一些似是而非的所谓培训加咨询的机构，是否也应该冷静冷静？

八问：“院校”模式

近年来国内许多院校，包括一些著名院校也非常热衷介入企业管理培训以及企业管理咨询。大专院校充分利用自身硬件设施及师资资源的优势，在本校课程之外再面向社会、面向企业，举办一些培训课程及培训班，事半功倍，有利社会、有利企业。

但此举在中国却有四个现实问题：

其一，中国教育体系本身已百弊丛生，除一些基础理论学科外，一旦涉及社会实践类学科往往成为软肋。企业培训恰恰需要极强的社会实践经验支撑，而国内院校专家教授多数强理论而缺实践。一个不会游泳的人怎可能当游泳教练？一个连咸鸭蛋都没卖过的人又怎么可能教企业如何经营管理？

其二，一些院校把企业培训班“承包”给社会上的培训机构。这些培训机构只要缴纳一定的“挂靠费”，就可以自行招生、自请老师、自行开课。结果可想而知，“失控”已成为必然。

其三，有些咨询机构会打出某著名学府的金字招牌，还搞变相承包，不但无法保证咨询质量，还会严重损害这些著名学府的声誉。

其四，目前一些著名学府都在推出收费越来越高的“超级培训班”，而宣传重点往往是参加这些培训班能够获取的是“人脉关系”而不是课程内容。通过培训多认识一些社会关系，本身无可厚非，但是否也本末倒置？

高等院校，应该是一片最圣洁的净土，它往往凝聚了一个民族最具代表性的文化、知识、智慧、良知以及核心价值观，是培养民族精英的摇篮、希望的所在、家国的脊梁！

国内高等院校搞社会化企业培训，本无可厚非。但如果也“向钱看”，同时缺乏监控，则会严重损害这些学府的声誉，从某种角度看，这也是一种极大的“国有资产流失”！

因此，这种无序的、混乱的、低质量的院校培训模式，是否也到了应该大力整顿的时候？

九问：“慈善”模式

近年来国内的慈善事业可谓问题百出，一些人假借慈善之名而行骗钱敛财之实。

这股风似乎也刮到了培训界。培训界居然也出现了以“慈善”为卖点的运作模式，例如有人假搭培训之台，再借慈善之名，实唱敛聚捐款之戏。

慈善当然是好事，但如果是“伪慈善”？是假借慈善之名行敛财之实呢？

何为“慈善”？“慈善”由“慈”和“善”二字组成，因此有两层含义：其一为“慈”，慈由心生，故必对苍生万物因悲悯之情而生大爱之心。因此慈悲之心就必须无私无欲。一旦心存私心杂念，则“慈”将何存？“善”则当理解为动词，必须有所行动，是为“善举”。行善还须不图回报，假借行善之名而欲达到其另外一些不可告人的目的，或满足其私欲，则更不可取。

这种“伪慈善”的培训模式是否也到了应该大力整顿的时候？

十问：“无政府”模式

中国培训行业归谁管？此题起码目前无解。

中国培训业似乎从来都找不到归属的政府主管部门，长期以来中国培训行业似乎是个“没娘管的孩子”。

国内改革开放以来，企业间为更好地团结一致、整合资源、共享信息、双胜共赢，一般都有自己的行业协会，培训及咨询业却还没有，问题的根源恐怕是我们的劣根性：占山为王互不服气；抗拒制约怕受束缚。

多年来国内培训及咨询界也会每年召开各种类型的“峰会”“年会”等。但会议往往侧重于课程及培训师的推介以及所谓行业排名、颁奖等。而对于行业趋势、战略目标、行业风险分析、客户投诉、不正之风及行业提升改善等方面却甚少涉及，是否值得调整？

改革开放以来，中国在崛起，中国的企业在发展，他们迫切需要各种外力的帮助。因此，中国的培训行业也在发展和成长。

在这个行业里，许许多多有社会责任感的、有社会道德意识的，同时也有扎实专业学识和资历的机构及有识之士在兢兢业业、认认真真地探索着和努力着。他们的努力和耕耘实实在在地帮助着中国的企业，同时他们自己也在成长和发展。

但如果我们能够认真回顾和总结几十年来中国培训业的发展历程，又会给我们带来怎样的警醒？恐怕部分培训机构的路走得并不对。

邓宁格说：“利润达到100%，有人就会不顾法律，达到300%，就敢冒绞首的风险。”实在是振聋发聩的警句。

所有的企业都会注重赢利，这很正常。但没有一家世界级的企业会把赢利放在企业战略目标的第一位，更不会成为企业唯一的目标，否则必然无法实现可持续发展。

因此，中国培训行业是否到了必须自问、自省、自检、自律、自清、自理的关键时候？

国内管理培训界今后是否能够真正回归到培训的本质：培养人才、训练技能，排除、摒弃一些与管理培训无关的杂质糟粕。

培训＝20%培养＋80%训练＝能力提升。（能力包括组织能力和个人能力）

通过培训能力得到提升，带来培训的最终目的——企业的效益、利润和品牌都得到提升。

我们希望培训行业今后能够更加上进好学、更加专业务实、更加注重实践、更加贴近企业、更加朴实无华、更加低调虚心、更加宽宏悲悯。

而中国企业界，尤其是一些中小型民营企业，是否其自身也应该有所警醒和检讨？三十多年过去了，企业也应该逐渐成熟，也应该有更强的分辨能力。什么是管理，什么是培训，什么是咨询，哪些培训课程有价值，哪些则是陷阱，应该有起码的认知。

第三节　如何让企业培训更加有效

一、企业培训的最终目的应该是企业的效益、利润和品牌

不管是对内的管理控制课题，还是对外的营销管理课题，其最终目的都应该是企业的效益、利润和品牌，就是对外的开源收入减去对内的节流成本，两者之间的差距就是企业效益和利润。

收入（开源）－成本（节流）＝利润

所以让我们先分析一下企业对外营销收入和对内管理成本的关系。图2－1是这两者之间的结构关系以及企业其他功能性部门和营销管理的关系。

企业的各种功能新管理部门，比如HR人力资源部、财务出纳及会计管理部、生产管理及采购管理等部门必须配合及支持通用管理类部门，以及对外营销管理部门。顾客是企业中心最重要部分，跟着是开源的营销管理部，而后其他功能性部门是支持营销管理部的。

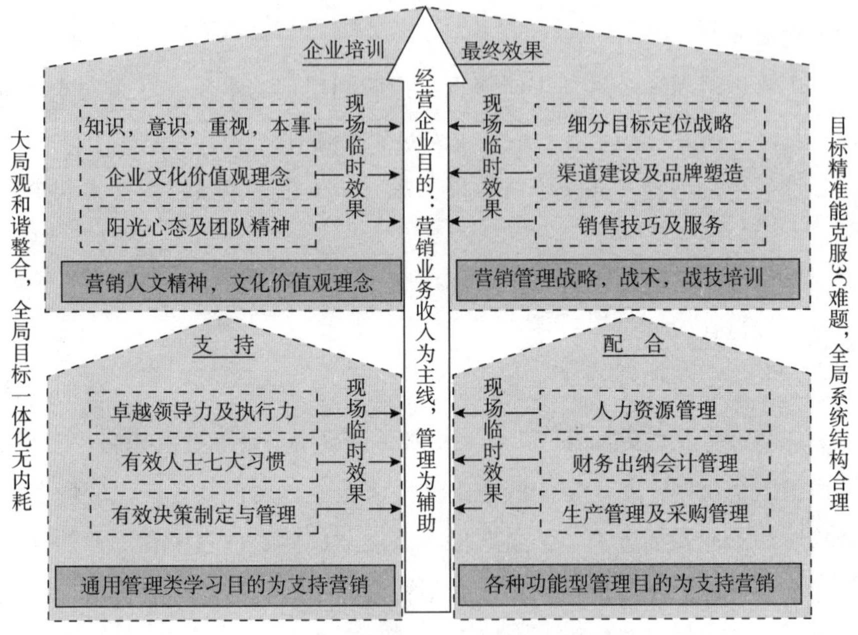

图 2－1　企业功能性部门和营销管理的关系

通用管理类培训主要包括卓越领导力和执行力、有效人士的七大习惯、有效决策制定与管理等，培训这些课题的目的和功能性课题的培训是一样的，都是为了支持营销管理。因为企业只有营销管理是有收入的，其他通用管理和功能类管理都是开支。培训这些开支性课题的目的只有一个，就是配合支持好收入性的营销管理类课题，不然就毫无意义。

二、通用管理类课程培训和营销管理类课程培训的相互配合关系

因为通用管理类及功能类的培训目的是支持及配合营销管理，所以这两类的培训最终是否有效还要看企业的营销管理水平如何。企业如果营销管理不行，那这两类课题的培训也不会有最终企业想得到的效益及赢利目的。

在过去卖方市场，物质短缺，是因为会做的企业太少，不能满足市场消费需求。而通用管理类及功能类课题培训是企业提升运作能力的基本功，所以一定要培训。但在新常态物质剩余、竞争激烈的买方市场，有关通用管理类和功能类的课题，会做的企业已太多，它的培训效果就不是那么明显。而

且他们的最终目的是支持和配合营销管理的，所以唯有营销管理做到位了，才能展示出他们的培训效果。

这两类课题的培训想考核其效果，最多也只能得到现场临时的效果，而非企业运营最终的效益和赢利的结果。企业最终的效益和赢利是营销管理部门、通用管理部门及其他功能部门整合的结果。

三、企业培训效果的临时效果和长期业务利润效果之别

任何单一的部门培训都只能有现场临时的效果，而非最终的结果。这是“让培训变得有效”的一个极为重要的概念。德鲁克说过：“组织中的职位都是相互联系，相互依存的，会牵一发而动全身。”时下流行的“平衡计分卡”也告诉我们企业最终的效益和赢利必须靠平衡整合。

因此原则上来说，任何企业培训（非个人或非盈利性质机关单位培训）课题的是否有效都有两个标准：一个是现场的临时效果，一个是长远开公司、做生意的业务利润效果。企业如果研究培训是否有效，就必须先把这个现场的临时效果和长远的业务利润和品牌目的确定下来，不然是无法衡量“培训是否有效”的。

四、影响“让培训变得更加有效”的重要因素及市场变化

企业培训除了上述解释的现场和长远的目的和概念外，还要解决问题的五大要素是了解、找出、思考、执行和反馈。如能正确地做到这五个方面（培训相关的问题），再对症下药地解决问题就可以产生效果了。

那就让我们先分析影响企业“让培训变得有效”的重要因素及市场变化。

现在企业培训的效果比以前难做多了，究其原因是营商环境及市场环境起了极大的变化。营销环境是“新常态”，那么在政治、经济、社会、科技等问题上，就会出现新现象，新变化，甚至新风险。市场环境也因为产能过剩导致这几年的“经济发展模式转型”，以及市场从以前求大过供的卖方市场转变成现在供大过求的买方市场。

五、不能克服买方市场 3C 难题的企业就无法做出业务和培训效果

卖方和买方市场的转变，导致了买方市场 3C 业务困难的要素产生，顾客（Customer）变得更挑剔，竞争（Competition）变得更激烈，变化（Change）变得更剧烈。不能克服此 3C 难题的企业，在竞争激烈的买方市场就无法做出业务和培训效果。

因为企业如果无法满足挑剔的顾客，在竞争激烈的买方市场又没有竞争力，更没有对瞬息万变的环境有应变力的企业，又凭什么能立足于新常态、新经济、新变化、新风险、新竞争的未来市场呢？那企业培训的效果更何从谈起呢？什么能力都没有的企业，自然培训也不会有效果。

企业培训的最终目的（也是开公司做生意的目的）一定是业务效益和赢利。如果不明白这个道理，那企业培训就是为了培训而培训，为了完成工作而工作。那就将永远无法产生效益，也无法做到"让培训变得有效"。

图2－2是企业克服买方市场3C难题，所需要具备的三种营销管理能力以及最重要的创新品牌力。每种能力的效果都有其成因及细节内容，企业培训都必须要如此来做才会产生效果。详情做法在看完本书后面的章节，再回来看下面的内容就比较容易明白其细节及成因。

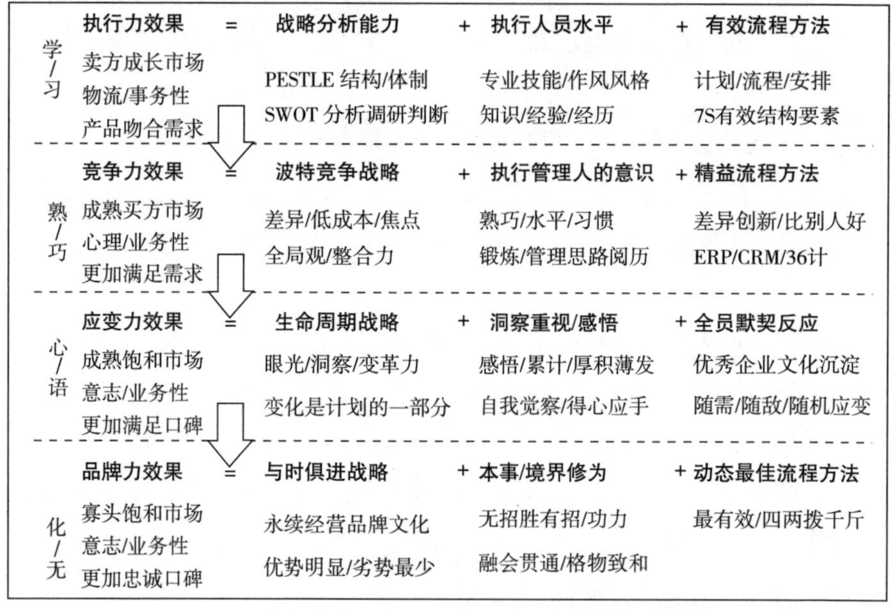

图2－2　卖方市场的业务管理重点和买方市场的业务管理重点的不同

表2－1表明卖方市场和新常态买方市场在业务管理重点方面的差别。经营管理者的老板、培训部门负责总监都必须正确地理解以下差别，才能把营销业务和长远的培训目的做出效果来。

表 2－1　　卖方市场与买方市场在业务管理重点方面的差别

卖方市场的业务管理重点	买方市场的业务管理重点
1. 以销售技巧导向为主，主要是说服顾客	1. 以营销战略为主，重产品整体价值创新
2. 比销售知识，业务执行力，业绩指标	2. 比营销意识，市场竞争力，客户满意度
3. 斗胆识，比技巧，施压力，复制模仿	3. 斗意识，比战略，讲引导，创新和差异
4. 看重销售数量，只在乎当场顾客购买	4. 看重品牌，更在乎顾客购后忠诚度
5. 因为求大过供，不必太重视市场集客	5. 必须重视市场集客，先有集客后有销售
6. 企业对影响产品消费的环境因素不太研究	6. 影响顾客购买的消费环境才是最重要的
7. 只在意顾客，不留意市场竞争和使用环境	7. 市场竞争和使用环境才是影响顾客的前提
8. 轻视修炼管理内功及人才思路和意识培训	8. 必须修炼管理内功重视人才思路意识培训
9. 认为生产者第一，经销商第二，顾客第三	9. 应该生产者第三，经销商第二，顾客第一
10. 认识上重销售业务，轻售后客户服务	10. 必须了解先有客户售后服务才有销售业绩
11. 重物质激励及有形劳力短期业绩考核	11. 重精神激励及无形劳心长远布局效益考核
12. 以产定销，重销轻营，事先欠战略准备	12. 以销定产，先营后销，事先重战略布局
13. 大量生产，大众顾客，统一营销	13. 精益生产，细分顾客，目标市场营销
14. 产品生产只重效率快慢，单一视角	14. 顾客生意注重多元整合整体感觉认同视角
15. 竞争不激烈，顾客不挑剔，多元化经营	15. 竞争很激烈，顾客很挑剔，专业化经营
16. 注重标准化业务流程，硬规则制定	16. 注重企业软文化（思维/行为/氛围）影响
17. 在乎管理知识，执行力，动手能力/劳力	17. 在乎市场意识，竞争力，动脑思考/劳心
18. 重机器设备，有形物理资产等硬实力	18. 重人才培养，无形心理智慧心态等软实力
19. 比聪明，精明，短期马上产生销售效果	19. 比智慧，高明，长期运筹帷幄品牌营销
20. 夸大的销售技巧，产生品牌的负效应	20. 满意品牌令客户排队，让销售变得多余

第三章

企业培训正在发生的变化

有效的管理者都知道一项重要决策（包括培训决策）不是从收集事实和调研开始的，而是由自己的看法和见解（Opinion）开始。企业要“让培训变得有效”，必须先对培训为何会有效？又为何会无效？以及影响企业培训有效与否的原因、道理、重要因素有哪些？等事情有了合理正确的看法和见解后，才能研究出令培训有效的原理及做法有哪些。

不了解就没有发言权。唯有确切地了解一件事的来龙去脉，才能真正地从本质上，标本兼治地解决问题。所以本书是先探讨企业“让培训变得有效”这个问题本质性的根本原因和影响要素，然后再解释如何去做才会“让培训变得有效”。而当下影响企业培训是否能产生效果最根本、重要的原因及要素就是新常态和“互联网+”时代的到来。

第一节　新常态“互联网＋”时代下，企业环境发生的九大变化

市场是瞬息万变的，但现在用“变”来形容市场还不够，要用“颠覆”来形容还差不多。这次的“颠覆”包括了政治、经济、社会、科技等，影响了如何“让业务变得有效”的办法，自然也“颠覆”了企业培训的效果。

新常态“互联网＋”时代下，中国在各个方面都“去旧迎新”。党的十八大提出了经济发展模式转型，互联网电商技术的流行和成熟也到了爆发的临界点。“80后”的年轻人，现在已经变成了社会的消费主力以及新经济的骨干人才。

如此的政治、经济、科技、生活消费结合在一起的变化，产生了一个极大的叠加效应。传统市场及企业被颠覆了，消费模式和业务模式起了翻天覆地的变化，移动互联网的大流行彻底改变了我们的日常生活方式，甚至我们的行为、思维和价值观。

图3－1扼要地解释了造成新常态“互联网＋”颠覆性改变的PEST（新政治、新经济、新社会消费及新科技）四大要素及最终的形态，其中包括以下的这些变化：企业要重新定位而且必须有新思路、新概念、创新差异（万众创新，大众创业）、个性定制化（以销定产及3D打印技术）、塑造具有核心竞争力的管理模式以及大数据（分析）、大战略（大格局思维）、大工业（中国制造2025）、“互联网＋”及“物联网＋”等的新兴商业模式，只有做到了这些，才能令业务变得有效。

企业培训必须对新常态的九大变化有所认识。企业培训如果不能了解新常态的新营商环境和市场的新变化，那以后又如何适应新环境而做出培训效果呢？

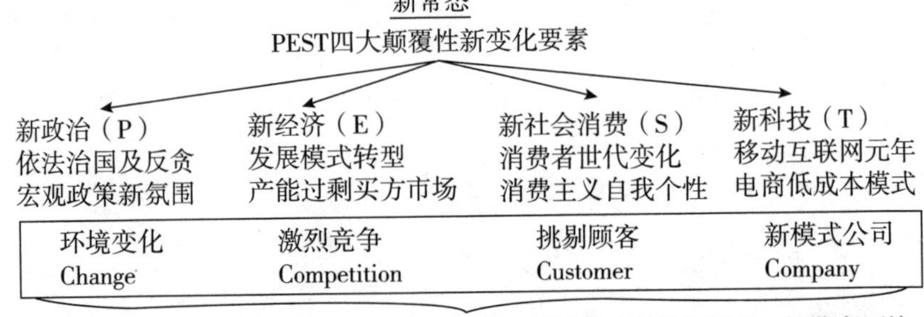

图3－1 新常态“互联网＋”PEST四大颠覆性变化要素及最终形态

新常态不仅仅是指中国经济发展进入了新阶段，中国经济呈现出新常态这么简单，而是包含了中国经济从“高速增长转为中高速增长，经济结构不断优化升级，从要素驱动、投资驱动转向创新驱动；模仿型跟风式消费阶段基本结束，个性化、多样化消费渐成主流”等问题。

（1）模仿型跟风式消费阶段基本结束，个性化、多样化消费渐成主流。

（2）市场竞争逐步从数量型转到质量型，创新和差异化为主的竞争是未来的主旋律。

（3）新兴产业、服务业、小微企业作用更凸显，生产流行小型化、智能化、人性化、专业定制化将成产业组织新特征。

（4）基础设施互联互通和一些新技术、新产品、新业态、新商业模式的投资机会大量涌现。

（5）环境承载能力已达到或接近极限，必须推动形成绿色低碳循环发展新方式。

（6）低成本生产比较优势不复存在，高水平、高价值的行业或产品将大受瞩目。

（7）人口老龄化日趋严重，农业富余人口减少，人口红利不再，要素规模驱动力减弱，经济增长将更多依靠人力资本质量和技术进步。

（8）既要全面化解产能过剩，也要通过发挥市场机制作用探索未来产业发展方向。

(9) 经济风险总体可控，但化解以高杠杆和泡沫化为主要特征的各种风险将持续一段时间。

除此之外，企业想在当今竞争激烈的环境下，让企业培训变得有效，就必须先了解企业成功的原因和必备的要素。如果不能了解这些，那就根本不懂企业战略的制定，而培训是辅助企业战略最有效的方式之一，自然也就不懂如何可以把培训做好。

图 3－2 是影响企业成功的全要素逻辑过程及买方市场如何开源赢利要素。现在是新常态"互联网＋"时代，产能过剩，并且竞争激烈的剩余买方市场时代。这和过去旧常态传统行业流行的物质短缺，求大过供的卖方市场有着颠覆性的差异。

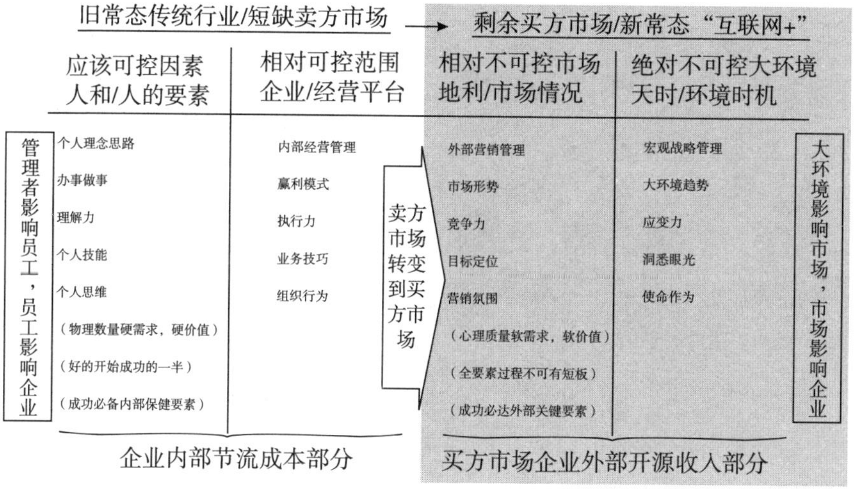

图 3－2　影响企业成功全要素逻辑过程及买方市场如何开源赢利要素

首先，我们必须知道影响企业的四大要素：天时的大环境；地利的市场情况；企业的经营平台；人和的组成企业的相关人等。

外部的天时大环境会影响地利的市场情况，地利的市场情况又会影响企业的经营管理。而且，对于企业内部来说，经营管理者会影响员工，最后员工又会影响企业。

所以，最后企业的成败得失是受天时的营商大环境，地利的市场供求竞争情况和人和的管理者和员工所影响的。（特别标明：这些是企业经营管理的基本理论和影响要素，不了解这些基本概念的企业培训负责人，就无法把企业培训做出效果。）

在过去旧常态的卖方市场，因为物质短缺，市场求大过供，客户的购买欲望和市场的消费需求大过企业和行业的生产能力，企业的业务不太会成问题。所以企业不必太关注上图右面浅灰色部分的外部市场地利因素和营商大环境天时因素，只要把上图左面的企业内部节流管理成本部分做好即可。

企业内部节流管理成本部分包括组成企业的相关人等（人和）以及企业组织本身的经营平台（企业）。“人和”的部分是企业应该可以控制的部分，就是必须先把“人”，从一把手的老板（最难管）到一线的业务人员（最易管）都管理好。

“人”是组成企业的最基本要素，也是影响企业培训效果最重要要素。这个要素如果能管控到位，那么就已经成功了一半。如果企业连“人”都管不好，那形成企业最基本的要素都出问题的话，企业成功的可能性已经不大了。

企业把人管好后，企业（经营平台）的经营管理才有可能做出效率。但企业还必须做好相关的赢利模式、执行能力、业务技巧以及组织行为等。这个部分属相对可以控制范围。

以上的“人和”和“企业”部分都属相对可以控制的范围，企业必须要先把它们管控好，这是企业成功的前提。在过去的卖方市场，因为外部的市场和环境不成问题。所以企业如能做好这个节流高效的部分，大概离成功就不远了。

但是在新常态“互联网 +”竞争激烈的买方市场，“人和及企业”的要素只是企业成功的内部必备保健要素（不具备必定失败，具备了也未必成功）而已。因为企业还要克服外部的“市场和环境”这两个不可控制的关键要素及开源收入的部分才行。

图 3 -3 是新常态买方市场“市场和环境”的无形且不易感知软要素和软价值部分。影响企业业务最根本的因素是营商大环境，营商大环境会影响各

行各业的市场，尤其是市场的供求情况。而市场的供求情况，就是市场是卖方市场还是买方市场，最后会影响企业业务的难易程度。

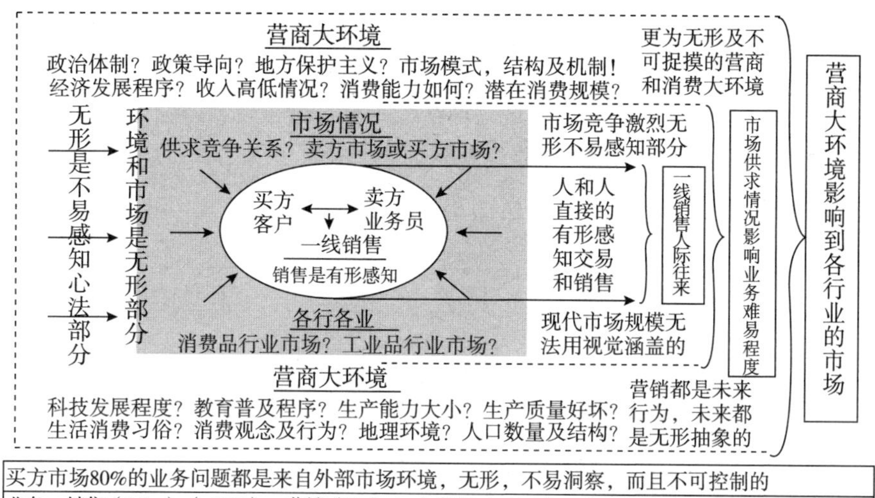

图 3－3　“市场和环境”的无形感知软要素和价值

现代市场规模是无法用视觉来涵盖的，而且市场竞争激烈也是无形不易感知的部分。影响市场的营商大环境更是比市场更为无形及不可捉摸的时代背景，而且营商都是未来的行为，而未来的事都是无形抽象的。这些环境和市场的无形“概念性要素”都必须用心思、想法、概念、心法等来理解。而且这些要素和内容大都是心理的无形软需求和软理念部分，和过去卖方市场的物理硬需求和硬价值部分有着 180 度颠覆性的不同，并且都是无法控制和很不容易克服，但又是企业不得不解决的开源收入部分。所以企业要“让培训变得有效”必须非常重视这个困难重重的外部市场和大环境部分。

现在很多企业的培训效果不理想，达不到设定的目标，就是因为不重视和无法克服买方市场的市场营销竞争力和环境战略应变力的难题。所以当下企业培训大部分都不涉及竞争力和应变力或品牌力，比如知识类培训、技巧类培训、可落地实务类的培训等，这些培训都只是具备了有效培训的保健因素，而非成败关键因素。

第二节　企业培训的终极目的是什么

企业培训最终目的是赢利及品牌，赢利来自开源节流，品牌来自客户口碑。为什么这么说？以下，我们详细介绍。

图3－4解释了在当今新常态“互联网＋”下，竞争激烈的买方市场，影响企业业务培训效果的五大阶段。

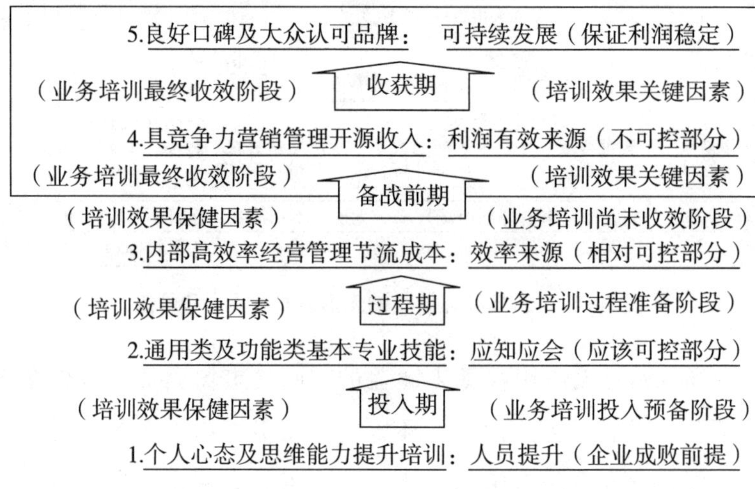

图3－4　新常态互联网＋割喉竞争买方市场影响业务培训效果五大阶段

第一阶段是个人心态及思维能力提升类课题的培训，比如高效人士的七个习惯、六顶思考帽、阳光心态职业素养等，这些是企业所有人员（包括一把手到一些具体业务执行的业务人员）能力的提升。“人”是企业组成的最基本要素，这也是企业成败的前提。

这个阶段是企业的投入期，也是企业业务培训最早的投入预备阶段。就好像打仗的事前做准备，所有这个阶段的培训课题都不会产生具体的利润和品牌效果。但会极大地影响到未来的商战和利润及品牌效果。这类的培训课题属于“保健”要素，就是做得不好，未来一定会失败，但做得好，未来也不一定会成功。

第二阶段是企业通用类及功能类基本专业技能的培训课题，比如团队管理与建设、有效沟通技巧、会议管理等，这是企业运营管理最基本应知应会的部分。而且学习这些课题不难，因为这些都是应该可以被控制的部分，有一定的标准专业答案。只要用心努力去学，一般都可以学得会。

这个阶段是企业为将来做生意的过程期，是业务培训的过程准备阶段，等于是商战的备战过程期。所有这个阶段的培训课题也都不会产生具体的利润和品牌效果，因为商战还没正式开打。但和第一阶段一样，会极大地影响到未来的商战和利润及品牌效果。这类的培训课题也属于“保健”要素。

第三阶段是企业内部高效率经营管理的节流成本类的课题培训，比如绩效管理、生产管理等，这是企业管理效率来源的部分，也是企业开源节流，最主要的成本节流的部分。因为这个阶段也只能提高效率、降低成本，还不能产生真正开源的利润和口碑品牌的最终业务培训效果。所以这个阶段和前两个一样，也是培训效果的“保健”因素。

不少企业，甚至高效管理学院，都有一个误区，认为企业只要管理好，一定会有好的业绩结果。这在过去短缺的卖方市场，因为生意好做，市场竞争不大，营销一般不太成问题，所以管理效率高的，通常业绩也会跟着上去。但是，在当今新常态“互联网＋”的时代，客户非常挑剔，竞争非常残酷，环境瞬息万变，营销业务非常难做的情况下，管理效率高的企业也未必会产生好的业绩。当然管理效率不好的企业肯定也不行，所以企业内部管理效率还只是“保健”因素，不是生死攸关的关键因素。

以上这三个阶段都是企业商战的备战前期，全部都属于保健因素阶段，还没有真正地踏入企业生死攸关的关键因素阶段。准备充分的企业，商战的胜券就大，反之则败相丛生。所以这三个阶段的培训都不能产生培训后的利润和品牌最终目的及满足最终效果。但因为这三个阶段牵涉的人和事比较多，所以企业培训课题中这三个阶段的培训会最多。可是又因为这三个阶段都是保健因素阶段，而非关键因素阶段，往往不能产生具体实际的培训最终效果并满足培训最终目的。

通用技能、管理培训都是培训成败的保健因素而非关键因素，所以，社会上会有“培训无用论”的说法，尤其在新常态“互联网＋”生意非常难做的买方市场，这种说法就更是甚嚣尘上。其实问题出在大家不了解这三阶段的培训，在竞争激烈的买方市场，都只是保健因素，而非关键因素，都只能做到企业节流的降低成本，而不能做到企业开源的提升收入。

企业培训最终目的和效果的“利润和品牌”，必须是同时“开源节流”的进行，甚至在生意非常难做的新常态“互联网 +”买方市场的当下，营销类培训的“开源”往往比通用技能和管理类培训的“节流”还重要很多。

在过去短缺时代的卖方市场，因市场不成问题，企业把管理培训做好，绩效自然就会产生，甚至目前全国高校的 MBA 或 EMBA 的课程体系中，也存在管理课程过多，营销课程过少，开源课程和节流课程不成比例的现象。企业培训的理念和安排，在过去的卖方市场和未来的买方市场，一定要有 180 度彻底的改变才行。德鲁克说：“在组织内部不会有成果出现，一切成果都是发生在组织外部。”所以，不了解和不重视组织外部的环境和市场的企业培训，是永远不会产生成果的。

在如今竞争的买方市场，开源的营销培训比节流的管理培训重要多了。

第四阶段是企业具有竞争力的营销管理开源收入培训课题，比如营销战略、营销规划、品牌营销、服务营销、市场调研、SWOT 分析、目标定位、细分市场、渠道开拓、产品研发、客户服务、客户关系管理、谈判和销售技巧等这类课题，这是企业开始产生商战利润的主要来源，也是企业培训要达到盈利效果和品牌目的必须做到的阶段，也是企业培训开始收效的阶段和是否能产生效果的关键要素所在。

这个阶段在新常态“互联网 +”买方市场是属企业外部不可控制部分，而且因为客户非常挑剔，竞争淘汰残酷，情况变化多端，至今为止，全世界都尚无肯定有效的办法来解决这个问题。因此美国的经营管理大师彼得斯说过：“在这个疯狂循环变化的世界里，肯定而放之四海而皆准的经营管理办法是没有的。”《孙子兵法》也没能说出战场上一个保证行之有效的战争方略或解决方案，唯有在知己知彼的正确分析后，才有百战不殆的可能。

第五阶段是企业培训最终的效果和目的的良好的口碑及大众认可的品牌。如此企业就可做到可持续发展及保证利润的稳定，是业务培训最终的收效阶段。但这个部分要比第四阶段更不可控制。要做到良好的口碑及大众认可的品牌，就必须是同类产品中的佼佼者。

这个阶段是一个企业前面四个阶段能做到如何优秀的结果。如果能做到像雷军说的“专注、极致、口碑、快”，那才有可能做到良好的口碑及大众认可的品牌。所以培训效果的成功没有捷径和妙招，只有潜心修炼到比竞争对手更好。

培训效果或企业成功没有秘方，只有正确的思维模式和坚持的努力。

图3－5是关于丰田精益生产经营管理模式的迷思与事实。丰田精益生产管理的效果不是来自“成功的秘方，不是管理方案或计划，也没有一套有效执行工具，更没有适合生产现场的方式，以及可于短期或中期的执行方案”。其实丰田的成功是没有秘方或绝招的。

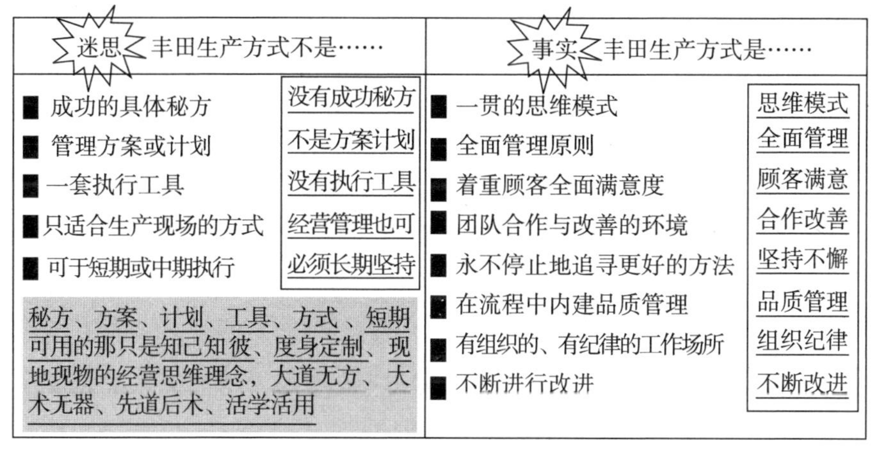

图3－5　丰田精益生产经营管理模式的迷思与事实

事实上，丰田精益生产经营管理模式的成功是“一贯正确的思维模式，全面管理原则，非常重视客户满意度，团队合作精神与坚持的环境改善，永不停止地精益求精追寻更好方法的精神，流程中的内部品质管理，有组织有纪律的工作场所，以及不断进行改进的永恒追求”。以上这些都不是保证有效的绝招或办法，而是经营管理的全方位、全过程、全要素的基本内功。所以培训效果或企业成功没有秘方，只有正确的思维模式和全方位、全过程、全要素的坚持努力和基本内功的修炼。

竞争力和应变力及品牌才是保证企业培训效果的部分。第四和第五阶段是企业真正能做出培训最终效果和目的的关键部分，而且都是属于不可控制的范围，都必须要解决新常态买方市场的3C难题。

至于前面的第一、第二和第三阶段，理论上虽然不能做到培训的最终效果和目的，但这些保健因素会大大地影响后面第四和第五阶段的关键因素部分。企业一样不能忽视，一样要尽量努力把这三个阶段做好。这三个保健要素阶段是后面两个关键要素阶段的地基和基本功。地基和基本功做得好才能支撑上面的最终效果和目的。但如果光做地基而不往上做，那也是徒劳无功的。

企业培训的效果是建立在企业的营销执行力、竞争力和应变力上，最后形成客户满意的口碑和社会大众满意的品牌。图3－6最外面的圈就是影响新常态的PEST（政治、经济、社会、科技）四大要素。中间的四方形代表影响市场外部的挑剔客户、市场竞争和环境变化，以及企业内部的企业管控。中间的小圆圈代表企业内部的经营管理能力要素，包括了营销管理执行力、竞争力、应变力以及战略的分析、战术的计划、战技的执行，最后形成客户满意的口碑。

企业必须要具备图中间小圆圈内的经营管理能力和做出口碑和品牌，在新常态“互联网+”的买方市场，企业的业务培训才能产生效果。企业的培训重点必须要以上述营销管理三能力和三层面（战略、战术、战技）为重点。因此竞争力和应变力及品牌才是保证企业培训效果的关键部分。

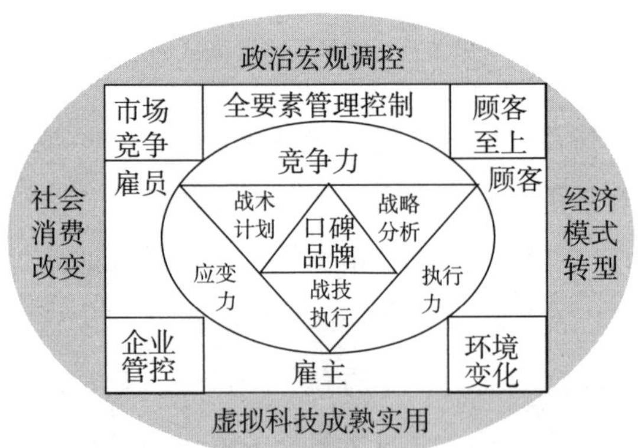

最难应付的是满足挑剔顾客（Customer）的执行力，对方残酷竞争（Competition）的竞争力，面对环境变化（Change）的应变力

图3－6　新常态“互联网+”买方市场和品牌营销管理关键要素结构

第三节 影响企业培训效果的三个重要因素

上文分析了因为新政治造成营商环境的变化（Change）、新经济造成了市场激烈竞争（Competition）、新社会消费时代造成了非常挑剔的客户（Customer），以及新互联网科技导致了新运营模式的公司（Company）。

那么，下面我们来分析新常态下企业的新风险、新难点，主要来自客户、竞争和变化。

新常态买方市场，企业的新困难和风险主要来自客户、竞争和变化，这三个企业最难应付的买方市场3C要素，也是影响企业培训效果的3个重要因素。新模式企业必须有更精准的营销管理，比如更准、精、快的制定细分目标定位战略，以找到合适的客户来满足他，更精益求精地用创新和差异化战略来提升性价比的核心竞争力、更快的环境观察力和市场嗅觉来应付市场的变化，如图3-7所示。

新常态下的新风险主要来自客户、竞争和变化

（Customer）满足客户软硬需求：准，细分目标定位

真正能满足挑剔目标客户的程度？产品的软硬物理和心理价值及品牌认知度？

（Competition）市场竞争性价比：精，创新差异化

多少竞争对手在和你抢生意？性价比/通常越贵的生意越好/核心优势又如何？

（Change）环境变化的应变力：快，察觉反应快

对变化和各种大小生命周期的掌握？应变战略如何？计划慢过变化就无效！

先比满足顾客需求能力 （准）　战略导弹式

再比买方市场竞争力情况 （精）　精确营销管理

最后比环境变化应变力 （快）　更准！更精！更快！无绝对标准答案！

顾客会更挑剔，竞争会更惨烈，变化会更剧烈

图3-7 新常态下的新风险

雷军说过互联网思维是“专注、极致、口碑、快”。其中“专注”就是迈克·波特焦点战略的集中精力办好一件事；“极致”就是最强的市场竞争

力；“口碑”就是更好满足客户的执行力；“快”就是最快的环境应变力。任何企业能全部做到上述这些，就一定能应付挑剔的客户，面对残酷的市场竞争，形成环境快速变化的应变力。

马云说过：“以前我们做企业以自己为中心，未来新经济下是以别人为中心，以客户为中心，以员工为中心。”这里指的就是客户的重要性。

马化腾说过：“没有人能保证一个东西是永久不变的，因为人性就是要更新，即使你什么错都没有，就错在太老了，一定要换。”这里指的就是上述的“变化”是必然的。现在世上唯一不变的真理就是“变”。

甚至，连孔子也说过：“可与共学，未可与适道，可与适道，未可与力，可与力，未可与权。”这里最后的权就是权变，就是要因人而异，因地制宜的应变。所以，孔子教学是没有标准答案的，是因材施教的。

一、买方市场培训没有绝对好坏，只有是否能克服业务3C难题

这三个买方市场3C要素不是一成不变的，而是会因人、因地、因时变化而变化，所以营销管理也是一个动态变化的，没有最好或最先进的，只有最贴近、最适合的。

因为买方市场客户一定会受天时、地利、人和的影响。如果业务培训不能讲明白天时、地利、人和这个道理，就不能明白客户需求从何而来？客户为何光顾你？客户为何会改变想法？如此，业务培训就一定没有结果。

古语曰：“大道无术，大器无方。”人文管理科学是一门艺术，做学问和培训也是一门艺术。我们不能用固定的技术或方法来框死经营管理。必须因人而异和以人为本的活学活用，而后才能“知其然更知其所以然”，“标本兼治”地彻底解决企业各种经营管理难题，包括培训。

二、影响企业成功与否的最大要素是时代背景或企业营商生态环境

张瑞敏说过：“没有成功的企业，只有时代的企业。”这就是说企业成功与否，根本上是受时代背景所影响的，也可以说是企业的营商生态环境。所以德鲁克更喜欢称自己为企业生态学家，而非管理专家。

国家营商大环境就等于是一座大森林，各行各业的企业就等于是森林中不同种类的树木。这座大森林的生态环境会影响到森林中每一个种类的树，甚至每一棵树的健康成长。图3－8阐述了宏观环境、国家政策、社会情况、市场状况、企业使命、企业领导者、营销管理、各个部门、工作小组、员工和利润之间的关系。

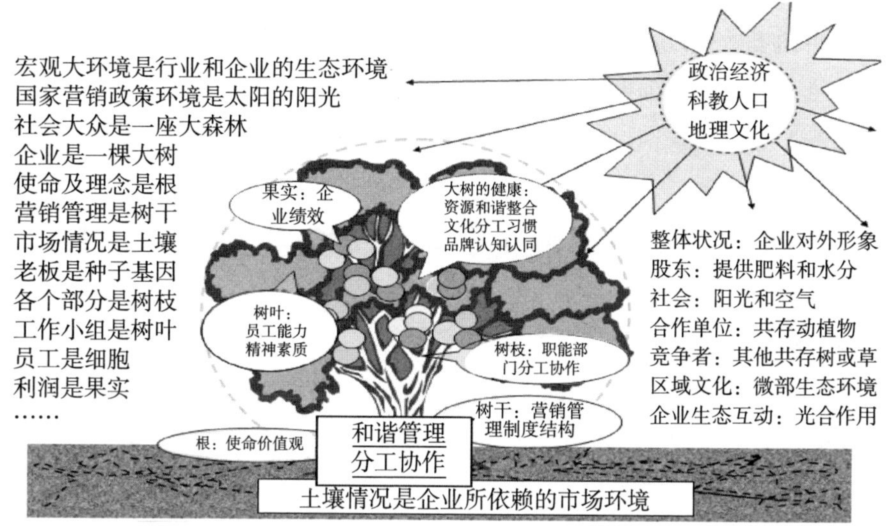

图 3 －8　影响企业经营成长的生态环境要素

在不同的时代背景和市场情况下，企业成功的原因和条件都是不一样的。尤其在新常态竞争激烈的买方市场，客户挑剔就“不一定”，市场竞争就“不肯定”，环境变化就“不确定”，所以经营管理就“无定式”，也无可衡量成败好坏的“标准答案”或“绝对值”。最高水平的管理办法往往是“无为而治”。

三、肯定而放之四海而皆准的经营管理及培训办法是没有的

新常态买方市场的业务培训本身没有绝对的好坏标准答案，只有适合与否。能适合营销环境变化，而具有应变力的，具备竞争市场竞争实力的，能满足挑剔客户需求的业务执行力的，就是好的营销管理和业务培训。不了解环境、市场和客户的企业，是不可能把业务培训做出效果的。

所以美国经营管理大师彼得斯说：“在这个疯狂循环变化的世界里，肯定而放之四海而皆准的经营管理办法是没有的。”既然是“没有肯定而放之四海皆准的经营管理办法”，那企业的经营管理培训是不是也可能是“没有肯定而放之四海皆有效的经营管理培训”的呢?

那我们又应该如何来看待企业的经营管理培训呢？我们应该用什么方式来学习这种无法肯定有效的培训呢？我们应该如何来思考这种没有有效答案的学习呢？用我们传统应试教育都有标准答案的教学方式来培训企业可以吗？我们是否需要改变以往的培训思路和学习方式呢？在新常态买方市场3C难题前，什么是正确的培训思路和学习方式呢？我们要如何去培训才能“让培训变得有效”呢？后面的分析部分，我们都会涉及。

第四节 未来影响企业培训效果的四大基本面

要了解新常态“互联网+”时代下，培训最终效果的四大基本层面，就要从影响企业好坏成败的天时、地利、人和及企业四大层面开始了解，如图3-9所示。因为培训的最终效果好坏及能否达到最终目的都是受这四大层面影响的。

第一个层面是营商时代背景国家大环境，即“天时”。

这是影响企业培训效果最深层次的核心根本要素，也是整个国家消费需求形成的最终及最大的影响原因。其中的PEST（政治、经济、社会、科教）四大要素的变化，就是形成当下新常态“互联网+”时代最根本的原因。

企业如果不了解PEST要素就无法从本质上解决培训和业务效果的问题。

企业的成败最重要的往往不是看你怎么做的，而是看你能否适应时代背景。不同的“天时”时代背景做法往往是不一样的，甚至有时还会背道而驰。比如卖方市场和买方市场的做法就是一个180度，正好正反颠覆的情况。在卖方市场正确的做法和想法，在买方市场往往就是错误的做法和想法。

生命周期中有四大阶段，导入期、成长期、成熟期（包括饱和期）和衰退期。在四大阶段中，企业的做法和想法是大有不同的。所以企业的成败对时代背景的掌握是非常重要的，它决定了企业好坏成败绝大部分的原因。这也就是风投对企业的是否适应时代发展背景掌握非常看重的原因。

企业成败好坏的关键前提			
1.	营商时代背景（新常态互联网+） 影响国家消费需求的背景环境 PEST四大最根本的国情影响要素	天时 时机 掌握?	企业外部环境如何 属于不可控制要素 企业必须分析判断 了解具体实际情况 知己知彼谋定而动 顺趋势和形势而为
2.	市场行业状况（供求关系紧张程度） 短缺卖方市场还是剩余买方市场 顾客挑剔？竞争激烈？大环境变化?	地利 市场 方向?	

企业成败好坏的保健要素			
3.	企业全部人员的人文状况（从老板到员工） 劳心管理者理念、经验、价值观、企业文化 劳力执行者专业技能、心态、责任、士气等	人和 基本 条件?	企业内部要素 相对可以控制 自身条件实力 人员能力水平 基本内功修炼 成败基本要素
4.	企业顾客执行力、市场竞争力、环境应变力 企业组织行为、体制架构、考核和激励机制 7M实力条件、7S有效性要素、7C有效管理	企业 能力 好坏?	

图3－9　影响企业成败好坏的“天时、地利、人和及企业”四大层面

第二个层面是市场行业的状况。

市场的供求关系如何？紧张程度如何？是短缺的卖方市场还是剩余的买方市场？如果是短缺的卖方市场则对企业非常有利，生意也好做。如果是剩余的买方市场则对企业会有非常大的压力，生意会非常难做。尤其是在当今，客户是非常挑剔，竞争非常残酷，变化非常剧烈的。

图3－9市场方向这个部分，即“地利”，是影响企业仅次于背景大环境的市场方向要素。这个市场或行业本身有没有发展前景，是朝阳行业或市场？还是夕阳行业或市场？是否适合你来做？

在新常态“互联网＋”时代，竞争的买方市场，因为“互联网＋”虚拟渠道是没有商圈边界的，生意难做的程度会是前所未有的。传统市场因为受有形地理距离的限制，所以都有一定距离的商圈范围。但互联网虚拟渠道的无边界性和无地域性，造成企业商圈之间没有了边界以及跨界现象会非常普遍。竞争自然就会非常直接和激烈。

又因“互联网＋”虚拟的渠道和促销，不需要有形重资产店面的特色，成本变得非常低。价格竞争就会非常激烈。价格战也因此往往不可避免，最后形成割喉竞争，弱肉强食，淘汰率非常惨烈的“互联网＋”买方市场。

企业在进入某个市场或行业之前都要先分析，自己是否有优势？是否有竞争力？细分市场是否合理有效？目标市场是否正确？定位战略是否正确？这是个市场和入行的方向问题。就算前面天时部分的时机掌握是正确的，但如果入行和目标市场及定位战略的方向错了，那还是没有结果。方向是决定成败的前提，方法只能决定好坏，不能决定成败。万一市场经营方向错了，那任何培训和经营管理的努力都是白费工夫。

天时的掌握和地利市场方向，是企业好坏成败的前提。如果这两部分出了问题，企业就一定会做得很糟糕甚至失败，那任何培训都是无效的。所以企业要想有一个好的培训效果及达到企业经营的最终目的，那也一定要从这两方面开始培训，只有在学会如何掌握时机及找到正确的市场方向后，其他培训才会有效果。

但上述的“天时”和“地利”关键要素，在新常态“互联网 +”时代都是企业外部不可控制的背景环境和买方市场。企业必须要会分析判断，了解具体实际情况，知己知彼后再谋定而动。最后更要顺势而为，不然就是逆“天时、地利”而为，不会有好的效果。但要做到这些是非常困难的，而且也没有决定对错的标准答案。

第三层面是企业“人和”的部分。

它包括企业全部人员的人文状况、劳心管理者的理念、经验、价值观、企业文化，以及劳力执行者的专业技能、心态、责任、士气等。这是企业成败好坏的基本条件和原因。

这个部分做得不好企业肯定会出问题，但做得好也不一定就能做出企业的最终效果和目的。它还要看上述第一和第二层面的情况做得如何。时下流行的激励式成功学，也属于这个层面的。一个人或企业没有信心，缺乏成功的信心和斗志是肯定会失败的。但是如果光有成功的信心和斗志，而不懂掌握天时的环境时机和具备竞争力，那一样是不会成功的。成功学的信心和斗志也只是企业培训效果的保健因素，而非关键因素。

第四层面是企业本身的能力好坏的部分。

它包括企业客户满意程度的执行力，市场竞争的竞争力，环境瞬息万变的应变力，企业的组织行为、体制架构、考核和激励机制是否合理有效，企业的7M的实力条件，7S的有效性结构要素及7C的有效管理能否实施等这些企业运营管理的部分。这个部分要去做不难，难就难在要做得比竞争对手更好，更有竞争力。

在如今变幻莫测的买方市场，以上第三和第四层面都是企业成败好坏的保健要素。就是做得不好，企业肯定会出问题，但做得好企业也不一定会有好的效果。绝对不可以认为做好了这两个层面的事，企业就一定能成功，一定能赢利及做出品牌。

企业培训更是如此，以上两个层面的任何培训课题都只能保证企业的良好正常运营，但不能保证企业的成功。这两个层面的培训做得好就做到了企业内部效率的“节流成本”，但不等于外部营销的“开源收入”一定也能做到。企业培训的最终效果及目的，唯有在“开源节流”的两个部分都做到了，才会产生真正的效果。

如何才能令决策（培训决策）有效呢？首先对于任何分析、决策、计划，甚至困难等都要先找原因。找到了原因之后，才能对症下药地想出办法来解决问题。我们可以参考德鲁克的有效决策（培训决策）五大要素。

（1）要确实“了解”问题的性质，如果是常态性的问题，那就建立规则或原则性决策来解决，非常态的才是真正的问题。（决策从调研分析开始）

（2）要确实“找出”解决问题时必须满足的条件，找出解决问题必备的“边界条件”目标和目的，以及应该满足什么条件，需要具备的最低要求和需求是什么？（必须满足的条件就是前提，就是“道”）

（3）仔细“思考”解决问题的正确方案是什么，以及这些方案必须满足哪些目的及条件，而不是研究能“为人接受”的决策是什么？然后才考虑妥协及适应事项。（正确的核心意义及必要满足的目的及条件）

（4）决策方案要同时兼顾“执行”措施，让决策变成可以被贯彻的行动。

（5）在执行的过程中重视“反馈”，以印证决策的正确性及有效性。

这五大要素就是“了解”“找出”“思考”“执行”和“反馈”。如能正确的做到这五大要素（培训相关的问题），再对症下药地解决问题就可以产生效果了。

但如何才能正确做到这五大要素呢？我们还要参考德鲁克有关如何做到“有效性”决策（让培训变得有效）的六大办法。

（1）必须获取“足够的信息资料及意见”，包括相关的，建议性及不同意见。（决策是在决策者的脑袋/角度、观点、深度、看法中）

（2）开始决策时首先必须准确“界定问题边界”。（目标、目的、前提条件、分析判断、了解问题、要求底线等）

（3）研究建议若干“可选择的方案”，最终做出选择。（决策必须是相对性、比较性、各种最好/中间/最差备选方案等）

（4）避免“条件反射性”的匆忙决定。（必须深思熟虑、集思广益，有时暂不做决定也是方案）

（5）制定决策方案时要兼顾“执行措施”，让决策变成可以贯彻的行动。（把执行层一起邀请来做决策，能否实施实践最重要）

（6）决策后实施时要建立“反馈”制度，收集反馈信息以便做出“调整”。（不断检讨，了解实情，修正改进，质量环）

第四章

让企业培训更加有效的三大前提

任何事情的成功，都需要天时、地利、人和，缺一不可。除此之外，还需要因时、因地而异的前提条件。企业培训有效的成功与否也同样一个道理。在企业培训的这个问题上，我们认为需要有三个重要的前提条件必须同时满足。这三个前提分别是：

1. 熟悉并分析当前的环境与市场。

2. 理解并正确区别人文管理软科学和自然物理硬科学。

3. 挖掘并发挥自身企业核心竞争力的优势。

只有满足了这三个前提条件，企业做培训时才会收到更好的效果。如果你不了解当前的环境与市场，你将不会知道企业所处的位置和将来要发展的方向；如果你不知道人文管理软科学和自然物理硬科学的区别，你将不会知道针对不同的人员，如何采用不同的培训方法才会更有效；如果你不清楚自身的企业核心竞争力，你将有可能会把资源放在一个错误的培训方向上。

第一节　是否了解当前的环境与市场

所谓“没有调查就没有发言权”，在我们想要“让培训变得有效”前，必须先正确地分析及了解影响培训有效的经济大环境与市场情况。

一、产能过剩、供求逆转、市场及业务培训产生180度颠覆性的改变

2013—2015年，中国经济及市场开始做全方位的调整。在产能过剩和互联网科技成熟的影响下，形成了新常态“互联网+”下并且竞争激烈、变化剧烈的买方市场。新常态的买方市场和过去的卖方市场，在业务思路和培训方式上刚好是180度颠覆的改变，由原来企业为主的生产者自身内部角度看问题，改变成由市场及客户的企业外部角度看问题。培训的重点和效果也由原本的企业说了算到外部不可控制的挑剔客户、竞争市场和竞争对手说了算。如图4－1所示。

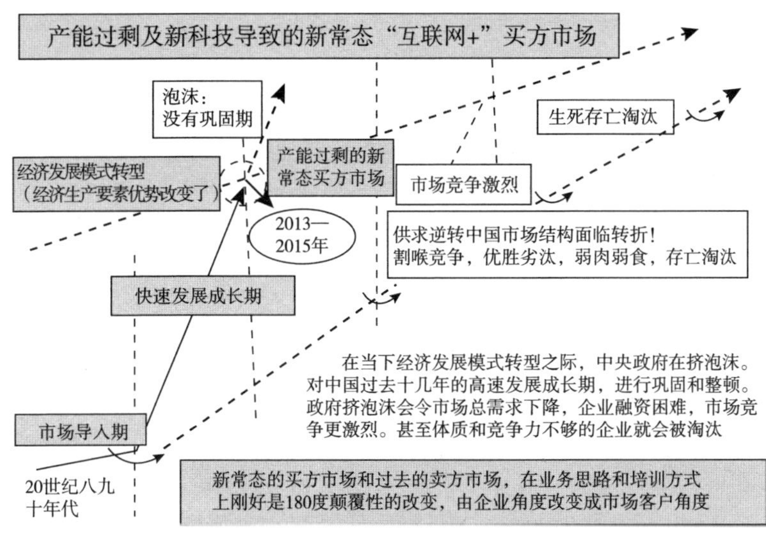

图4－1　新常态的买方市场与过去的卖方市场发生的改变

德鲁克说过："对于外部的情况真正重要的不是趋势，而是趋势的转变。这才是决定一个企业及其努力的成败关键。"可见现在的新常态买方市场的变化对企业的生存发展和培训内容的影响有多重要。

二、买方市场业务培训不能闭门造车，必须先了解当时的环境和市场

企业要让业务培训变得有效，必须先了解影响业务的市场环境和特征是什么，如此才能对症下药地解决培训问题。表4－1是新常态"互联网＋"时代，产能过剩、供求逆转、中国经济发展模式转型前的短缺时代，以物质数量满足为主的中国市场特征（注重生产和工厂及经济发展的情况）和转型后的剩余时代，以精神心理质量满足为主的中国市场特征（主要生意及市场竞争及经济发展情况）的不同之处。如果企业培训连当时所处的环境（天时）和市场（地利）都不了解，那就更谈不上培训的有效性，甚至企业的生存可能都会有问题。

表4－1　　转型前后的中国市场

转型前的中国市场特征	转型后的中国市场特征
生产和工厂及经济发展情况： 1. 短缺时代满足物理数量硬需求，并且是求大过供竞争压力不大的卖方市场 2. 贴牌生产劳力低价值工厂出口导向和销售贸易为主的模式 3. 经济发展第一和第二的原料农牧及生产制造的硬产业和硬实力 4. 传统思维生产和产品制造经济，以产定销，重企业生产后销售 5. 竞争力和附加值不强的硬使用质量产品 6. 市场生命周期的导入期和快速成长期以物为竞争力，以人力、资源、资金投入为主 7. 以物为本，物理价值为主，产品同质化，重复制，模仿，山寨 8. 硬性生产固化规定的线性管理，考虑自己和员工努力的利润最大化	生意和市场竞争及经济发展情况： 1. 剩余时代满足心理质量软需求，并且是供大过求、竞争激烈、优胜劣汰的买方市场 2. 品牌生意、劳心、创新、高价值、内销市场导向和营销管理为主的模式 3. 第三和第四的服务和IT科技发展为主的软产业和软实力 4. 高新创意新型文化及服务经济，以销定产，重顾客需求满足及不断沟通 5. 具有竞争力和高附加值的软智慧创新产品 6. 市场生命周期的成熟期和饱和期，以"人"为竞争力，重人才，知识智慧，IT创新科技为主 7. 以人为本，软硬价值兼顾，产品与众不同，重独特性，差异化，蓝海创新战略 8. 柔性经营默契网性规律整合管理；激励顾客和合伙人，形成多方满意效果

续　表

转型前的中国市场特征	转型后的中国市场特征
9. 雇主利润至上思维导向，重推销业务流程、制度规章、说服技巧、效率性战略 10. 因为物质短缺，顾客、市场和环境变化不大。企业以内部管控为主，较少考虑外部因素	9. 顾客满意竞争变化思维导向，重营销应变，竞争目标定位，企业文化，效果性战略。 10. 因为物质剩余，顾客、市场、环境都大起变化，内部管控乃基本功，更重外部竞争力和应变力

转型后不能改变业务培训内容的重点，就无法做到“让培训变得有效”。

转型前后的业务培训内容重点会有以下主要变化：

（1）要从重视物理性数量多少的内容到精神性质量好坏的内容。

（2）要从工厂生产性角度看问题到市场生意性角度看问题。

（3）要从学会了没有的低层次要求到学好了没有高层次的努力。

（4）要从能否落地执行的简单要求到是否有竞争力的严格要求。

（5）要从以物为本的可复制、模仿、记忆式的学习方式到以人为本，因人而异，因地制宜，不可复制、模仿，需要感悟式的学习方式。

（6）要培训学员懂得生命周期的变化，在这个“唯一不变的真理就是变”的时代，要具有先了解情况，而后要有应付不同情况变化的应变能力。

（7）要从培训生产性的硬知识及硬价值转变成培训生意性的软知识及软价值。硬知识是有标准答案的，软知识是没有标准答案的。

（8）要从重视培训内部管理和业务性技巧，转变成培训外部环境和市场分析性计谋。业务技巧培训并不能保证业务培训一定有效果，因为技巧的巧妙与否是取决于计谋的分析是否准确。

（9）要从企业立场的利润最大化心态，转变成客户立场的客户满意度最大化的心态。因为思维影响行为，如果培训不改变思维心态，最终行为就会有问题的。

（10）要从培训动手如何去做，转变成先培训动脑如何去想！市场转型后，凡事都要“谋定而动”，切忌“轻举妄动”。培训也要从先培训动脑的

"为何"，然后到动手的"如何"。

第二节　是否了解人文管理软科学和自然物理硬科学的区别

一、培训大相径庭的物理性自然科学硬实力和心理性人文科学软实力

表4－2解释了旧常态物理性自然科学硬价值和硬实力以及新常态心理性人文科学软价值和软实力的区别。旧常态的过去是物质短缺时代、市场及客户要满足的是物理生产的基本生存需求和数量性的多少。

表4－2　物理性自然科学硬实力和人文心理性软实力的区别

物理性硬需求、硬科学、硬价值、硬实力	人文心理性软需求、软科学、软价值、软实力
➢ 以物为本自然数理化物理性硬现象	➢ 以人为本人文心理性精神文化软现象
➢ 马斯洛的第一和第二层次的硬需求	➢ 马斯洛的第三、第四和第五层次的软需求
➢ 激励机制保健要素的"物质文明"	➢ 激励机制激励要素的"精神文明"
➢ 可以用方程式定理记忆方式学习	➢ 只能用案例情景模拟参考借鉴学习
➢ 容易劳力的复制模仿盗版记忆	➢ 必须劳心动脑筋的做到创新、差异
➢ 不会因人因地因事有所不同	➢ 一定会因人因地因事有所差异
➢ 不需事先做出正确的分析判断	➢ 必须先知己知彼，不然不了解就没有发言权
➢ 只要读万卷书就能获取的基本知识	➢ 必须行万里路才能领悟的意识，重视及本事
➢ 战术及战技的方法、步骤、行动、办法	➢ 战略分析之道的方向、布局、形势、想法
➢ 是传道授业解惑第一步的传道	➢ 是传道后援业，解惑过程的修行靠自己
➢ 可以用应试教育的方式来学习	➢ 要用启发式的教育来引导开悟
➢ 会做的知识及执行运作的能力	➢ 竞争力的心理意识及精益求精的精神
➢ 战术计划及战斗技巧的"知其然"	➢ 战略分析布局的"更要知其所以然"
➢ 聪明、记忆、眼前、精明、劳力执行力	➢ 智慧、分析、眼光、高明、劳心洞察力
➢ 材料、物质、运行、质量安全可靠	➢ 服务、交情、关系、风格、个性化、人性化自我追求、抱负、理念、信仰、使命感

而新常态的产能过剩，市场及客户需要满足的是心理上、生活上、精神上、质量上和服务上感觉性的好坏。这是一种人文性的软需求，也是一种软科学和软实力。硬软知识是大相径庭的，所以理解和培训学习也是大不一样的。

人文心理性的软需求或软科学（和人有关的管理科学）、软价值、软实力，

都和物理性的硬需求或硬科学（和物有关但和人无关的管理科学）、硬价值、硬实力，在理解和培训学习方式上有很大的差别。图4－2是自然物理物质性生产硬科学和人文管理文化性社会软科学的不同。这些不同对新常态“互联网＋”时代的培训效果会产生很大的影响，其详细内容很值得培训者细细研究。

二、物理性自然科学和心理性人文科学的培训是大相径庭，南辕北辙的

在理解和培训学习的方式上，物理性自然科学和心理性人文科学往往是大相径庭、南辕北辙的。因为物理性的知识是死的，没有变化的，是可以死记硬背的。但人文性的知识是活的，是千变万化的，是不能死记硬背的。在当下大数据时代，几乎所有的物理性硬知识都可以从网络上搜索到。但人文性软知识则必须靠我们自己去找，去研究，去探讨，去分析，才能找到相关的答案。

人类知识的两大类型

1. 自然物理物质性生产硬科学	科技以人为本的应用价值，人文科学较先进及有价值	2. 人文管理文化性社会软科学
➢ 以物为本自然物理性硬现象		➢ 以人为本的人文心理性软现象
➢ 人类基本物质数量基础（马斯洛生理及安全需求）		➢ 人类生活精神文明及文化观念（马斯洛社会，尊重，自我体现）
➢ 比如：建筑，物理性生产线；财务管理，可标准化流程管理可以形成电脑软件做到自动化		➢ 比如：政治、经济、营销管理业务人员和企业内部团队管理至今尚无可行之有效应用软件
➢ 有固定现象及肯定标准答案（实验室次次结果肯定一样）		➢ 没有固定现象及肯定标准答案（因人而异，因地制宜，无定式）
➢ 可以用方程式定理忘记学习		➢ 只能案例情景模拟讨论及批判
➢ 有固定不变定理（Theory）		➢ 只有现象原则理论（Principle）
➢ 可以复制模仿死记硬背		➢ 不可以复制模仿死记硬背
➢ 不会因人因地因事有所不同		➢ 一定会因人因地因事有所差异
➢ 不需事先做出正确分析判断		➢ 必须先分析判断做到知己知彼
➢ 因无变化事先不需分析了解		➢ 不事先分析了解就没有发言权
➢ 没有生命周期不会循环变化		➢ 有生命周期的不断循环变化
➢ 每一次相同的情况结果都一样		➢ 每一次相同的情况结果都不同
➢ 没有真真假假，虚虚实实变化		➢ 会有真真假假，虚虚实实变化
➢ 基础硬知识、硬价值、硬实力		➢ 高级软知识、软价值、软实力
➢ 网络上书本上都可搜索到答案		➢ 网络上书本上都无法找到答案

图4－2　人类知识的两大类型

自然物理硬科学是没有变化的，在时间（天时）、地点（地利）、人员（人和）不同的情况下，永远都是不变的。就像在实验室里做物理实验，任何时间和情况下结果每次都是一样的，所以自然科学靠死记硬背、模仿和复制在一定情况下是可行的。就像工厂的生产结果，在任何时候、地方、人员情况相同的条件下生产的产品都是一样的。

三、人文管理软科学和自然物理硬科学的不同培训学习方式探究

人文管理软科学是和“人”有关的事，它是不断变化的。在不同的天时、地利、人和情况下，它是肯定不同的。所以，人文管理软科学是绝对不可死记硬背、模仿和复制。

学习管理科学只可领悟人文规律后根据情况因人而异、因地制宜、因事而论、因时而变地做出相应对策。可在 SWOT 分析后，找出原因，想出办法，自我创新，形成差异，对症下药再解决人文管理问题。如图 4－3 所示。

由于企业及管理科学中的营销管理在新常态“互联网＋”的买方市场下，属于不可控制的范围，而且又是开源节流的开源收入部分。所以营销管理是企业和商学院所有管理科目中，最重要而且也是最难做好的部分。这个部分也是企业的“兵者（业务者），国之大事，生死之地（割喉竞争淘汰），不可不察也（不能搞不清楚）”。

学习人文科学的规律和动态性变化的前提

1. 为何（Why）—调研，分析判断原理前提
2. 如何（How）—办法，计划流程步骤罗列
3. 技巧（Skill）—做法，执行细节技能手法

“如何”之前一定有“为何（Why）及什么（What）”

没有不必讲“原理”和“前提”的营销管理的“方法”

图 4－3　学习人文科学的规律和动态性变化的前提

有效办法都是营销管理者根据实际情况（分析/知己知彼）想出来的（计划/对症下药），所以营销管理教的都是思路和想法（思路影响出路），办法是自己想出来的（劳心）。德鲁克说过：“知识工作者（劳心经营者）并不生产‘实物’，他生产的就是构想、信息和观念。”但万变不离其宗，明白原因道理

（原理）就能应付万变，标本兼治地解决问题。

但如果用“应试教育”的学习方式“死记硬背地复制”来学习人文管理科学肯定行不通。这样只会造成自然物理科学很先进（世界工厂），活学活用的人文管理科学不发达（企业管理）。

人文管理科学往往是大家看法和理解有所不同，所以有假说、原则、规律等说法。大家不同的看法就形成“学派”，不同学派对相同的事有相反的理解和看法，就像同一种宗教有不同的派别。所以人文管理科学往往没有绝对的对错，自然不能死记硬背、模仿复制了。

技巧的培训在自然科学可以马上适用，比如会计账务学习，一旦学会了以后都会算账。人文管理科学的技巧就不一样，比如培训销售技巧（人文科学的一种）的效果会因人而异，因时而变。不同的人学同样的技巧，其结果是每个人都不一样的。而且碰到不同的客户，其效果也是人人不同。在不同的天时，甚至每天不同的背景下，也会因时而变。

四、大道无术，大器无方，无为而治，无招胜有招，管理无定式

中国古代对人文管理科学就有“大道无术，大器无方”的说法。现代营销管理得出的结论也是“管理无定式”。最高的招式是“无招胜有招”，最高的管理境界是“无为而治”。在营销管理的案例培训学习中，只可领悟人文规律，感悟道理，自我创新差异，在知己知彼后才能活学活用地去想出自己的办法，对症下药地解决面对的业务管理问题。

美国经营管理大师彼得斯说：“肯定而放之四海而皆准的经营管理办法是没有的。”所以俗语说“管理无定式”。也就是说解决肯定的事叫处理，比如迟到，用规章制度来处理就可。孙子在《论语》中说：“不愤不启，举一隅不以三隅反着，不为复也。”程颐也曾说过：“博学、审问、慎思、明辨、笃行五者，废其一，非学也。”营销管理既无定式，也无肯定有效的固定办法。因此，工商管理的“案例”学习方式只可“借鉴参考，要从案例中感悟道理，然后活学活用，想出自己的方法，应用在面对的问题中”。

德鲁克说：“一知半解有时比全然不知更可怕。”如果对人文管理科学不能有一个正确清晰的认识，那对企业培训会是一个致命的打击。而且在竞争激烈的当下买方市场，越容易学会的，就往往越没有水平，也越没有竞争力。

企业如果对人文营销管理的理解产生误解和培训学习方式产生误会，那将永远学不会如何赢利和生存。

目前中国的自然物理科学是先进的，已然是产能过剩的世界工厂了。但我们的人文管理科学是落后的，营销管理、企业管理、品牌管理都是如此。

五、培训学习人文管理科学不能不学原理，不然就无法举一反三

人文管理科学的每一个道理，因为“性相近，习相远”的关系，都有共同性和贯通性，并具共性的原因和理由。这个共性的原因和理由，就是原理。懂了原理就可以触类旁通地了解这一范畴中很多的道理和事情。所以培训学习人文管理科学不能不学原理，不懂原理就无法分析问题的本质，做不到“举一反三”的借鉴和启发式的学习。

图 4－4 是实践催生理论，理论引导实践的循环过程。首先通过实践、案例培训和演练会形成经验、体会和思考的能力。有了经验，体会和思考就慢慢可以总结出理论、原因和道理（人文科学的理论都是通过实践总结出来的）。有了理论，再参悟些原因和道理，就会形成一种感悟、领会和心得。有了感悟、领会和心得，就会在下次的案例培训和演练有了水平的提升。

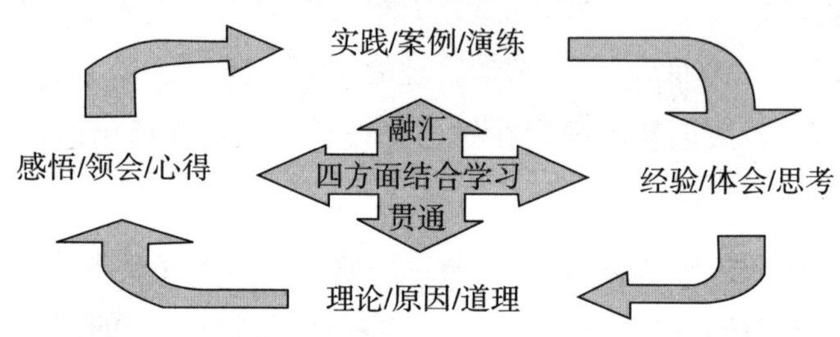

图 4－4　实践催生理论，理论引导实践的循环过程

所以不讲理论没有高度，不讲实践是纸上谈兵。没有思路就没有出路，没有想法就想不出办法，没有心巧（心灵才会手巧）就形不成技巧。

第三节　是否了解企业核心竞争力所在

新常态“互联网＋”买方市场的竞争淘汰会惨烈到什么程度？图 4－5 解释了传统市场商圈范围和互联网市场商圈范围的不同。传统市场因为有形地理距离的限制，所以都有一定距离的商圈范围。但“互联网+”虚拟渠道的无边界性和无地域性，造成企业商圈没有了边界以及跨界现象非常普遍。而且因其不需要有形重资产店面的特色，成本变得非常低。

全国传统市场会因为互联网的无边界化和客户货比三家的逻辑，而逐渐“一体化及寡头垄断化”。阿里巴巴就是逐渐做到了网络市场业务的“一体化及寡头垄断化”。2015 年 11 月 11 日的光棍节，阿里巴巴一天的营业额就有 912 亿元。也就是说线下实体店就会有这么多生意被阿里巴巴抢去。

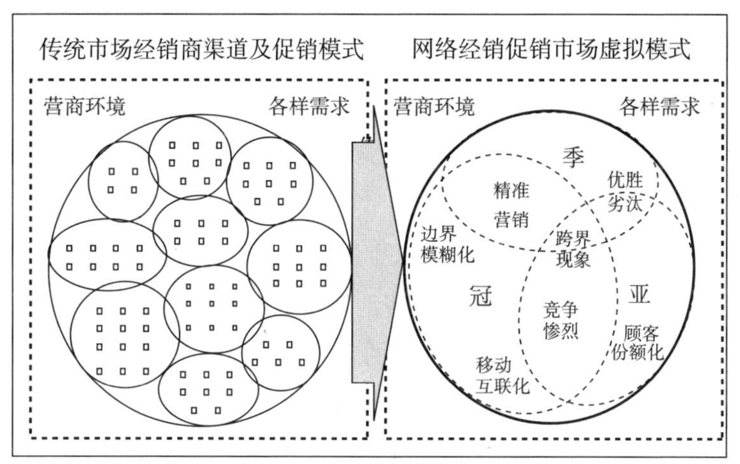

图 4-5　传统市场与互联网商圈范围的不同

一、新常态“互联网+”的企业都是要面对全国竞争对手

新常态“互联网+”下全国市场都会变成类似全运会的运动场，企业都要一体化地面对全国的竞争对手，而且还要获取前三名的冠亚季军（货比三家）才有奖金回报。割喉式的竞争会非常惨烈，市场经济“无形的手”会淘汰全国进不了前三名的企业。强者企业会越富且强，弱者企业会越贫且弱。

新常态“互联网+”的产能过剩形成的买方市场，会进入市场成熟期和饱和期。这时候的市场有一个现象叫作“竞争垄断”，市场会被只有有品牌竞争力的企业所垄断。品牌竞争效应在这个时期会大大地影响企业的成败。而且会有一轮大企业之间的并购和淘汰，是大鳄吃大鳄的残酷淘汰期。中小企业的残酷淘汰那就更不用说了。

中国市场是世界最大的单一国家市场。而线上、线下的各种企业更是世界上最多的。在最大的市场和最多的竞争对手下，未来新常态“互联网+”市场的竞争压力和淘汰率也自然会是最大的。

更由于“互联网+”市场的“产品和模式”生命周期极短，无边界的市场令竞争非常激烈。所以未来新常态“互联网+”的市场淘汰率会极快且极惨烈。马云说过，目前95%的企业迟早会被新常态“互联网+”的竞争压力所淘汰。所以未来中国新常态“互联网+”市场的竞争和淘汰率会是世界上最残酷的。

二、不重视培训竞争力的企业，任何课题培训都是无法产生效果的

就像马化腾说的：“生死关头其实就是一两个月……稍微把握不住趋势的话，非常危险，之前积累的东西就可能灰飞烟灭了。”以及“想象不到诺基亚会倒得这么快……其实很恐怖的，稍微没有跟上形势，分分钟可能会倒下，巨人倒下体温还是暖的”。

2015年2月2日马云在香港演讲中说：“95%创业者的失败，你也许连听都没有听说。5%的人创业，你是看着他失败的。只有1%的人能够成功。”

新常态的买方市场和过去旧常态的卖方市场最大的差别就是在竞争压力上。新常态的产能过剩是导致竞争激烈的最大原因，而产能过剩就意味着会做的人太多。所以企业如果培训只重知识、知道和会做，而不重视培训竞争力，那任何课题的培训都是无法产生效果的。

创新和差异才是竞争力，复制模式是没有市场份额及利润的。

因为客户的货比三家现象，市场份额和市场竞争力有着类似比赛或名次排队的效应。竞争力越强的，效果会越好。垄断者就不用说，市场全属于他们的。垄断的权力来源有两种，一是权力性垄断，比如央企或国企。二是因创新差异而造成的独特性垄断。所以创新差异独特性越强的，竞争力也会越大。越是复制模仿别人，竞争力和市场份额就会越小。

图4-6解释了不同创新差异竞争力的企业，他们的市场份额和利润分配情况。假如是垄断者自然会有极大的市场份额和利润。如果是市场品牌第一名的市场领导者，他们的市场份额和利润也会很大。以此类推，市场第二和第三的挑战者和追随者又次之。品牌第四的市场落后者也只能糊口过日子。至于其他市场后来的模仿者，就算他们也会做同样的事情。因排队排在后面，

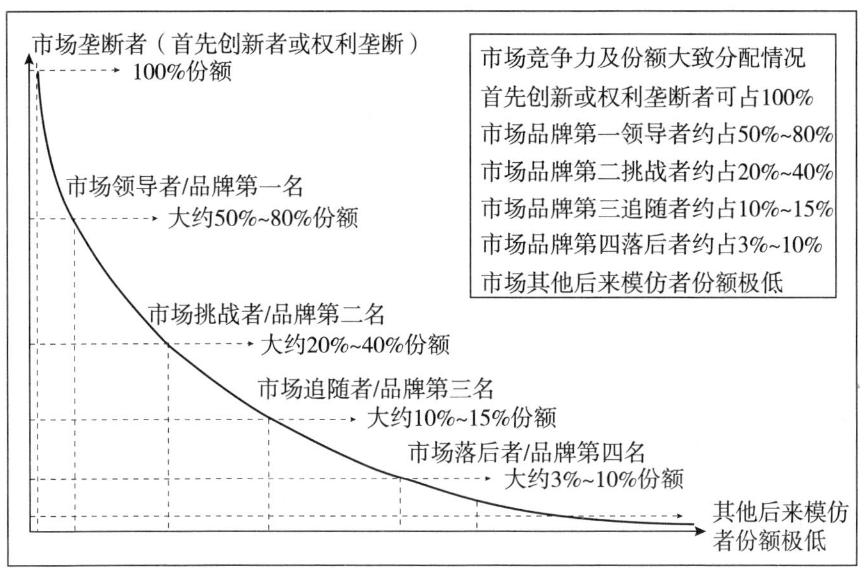

图 4－6　市场竞争力及份额分配情况

已分不到市场份额，所以多半无法生存。

这种市场份额和利润的排队现象是市场竞争的规律，垄断最优，其他按照次序来排队分享市场份额，到后来的模仿排队者已毫无利润可言。所以在竞争激烈的买方市场，不是学会了经营管理就一定会产生效果。

三、培训课题越是知名流行，越容易学会落地执行的就越是没有竞争力

营销业务培训课题越是知名流行，越是通俗易懂，往往越是没有竞争力，越培训业务效果越是差，越容易亏本。因为越知名流行，越容易懂，学会的人和企业越多，也就越没有竞争力。这就是迈克·波特五大竞争压力分析的“入行门槛”，门槛越低的竞争压力越大，门槛越高的竞争压力越小。

事实上企业如果进行了没有难度，不需要修炼的培训就越没有竞争力，越没有创新差异的特色，才是最危险的。企业培训学习要求能立即“落地”执行的，通常就是输家。因为会落地执行不等于有竞争力。

在竞争激烈的买方市场就是太多企业会落地执行了，所以才导致竞争淘汰惨烈。

四、如何才能培训出企业经营管理的执行力、竞争力和应变力

图 4－7 解释人文管理科学不同能力层次及如何提升水平。人文科学的不

同能力层次就是不同的学习水平，如能提升学习层次就能提升能力水平。

首先，在不同的市场生命周期中，企业需要的能力水平是不同的。市场生命周期有导入期、成长期（以上为卖方市场）、成熟期和饱和期（以上为买方市场），另外还有衰退期。

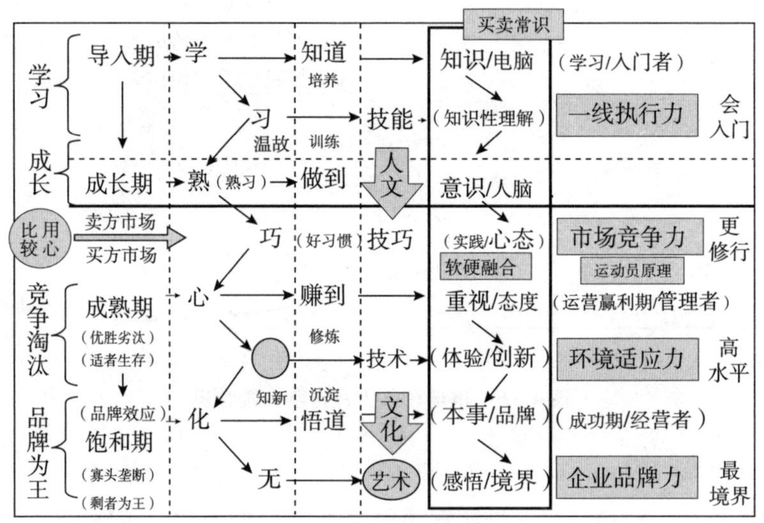

图4－7　人文管理科学不同能力层次及如何提升水平

营销管理者的培训在不同市场生命周期需要学习的能力过程如下：

第一阶段：卖方市场，没有竞争，填补空白。

导入早期：学了知识，知道了就可以了，这是入门学徒学费期。

导入晚期：重复练习，理解了才会做到，具备起码的执行能力（会做）。

第二阶段：成长市场，买卖双方参与者大增，求大于供，机会大于竞争。

成长早期：有了意识，做到了才能成长，有了执行力才是执行者。

成长晚期：熟能生巧，做得更巧才有竞争了，准备买方市场竞争力。

第三阶段：进入买方市场，供求逆转，竞争激烈，品牌效应开始产生。

成熟早期：有心得开始重视，赚到应有的利润，有了竞争力才会是管理者。

成熟晚期：悟出道理，知其然更知其所以然，标本兼治的环境适应力高。

第四阶段：进入饱和市场寡头垄断期。金银铜牌的头三名品牌企业才能生存。

饱和早期：要练出本事，悟道企业成败道理，要成为品牌的经营者。

饱和晚期：无为而治，掌握持续经营之道，具备企业家的创新品牌力。

执行力来自能坚持不懈地做到正确良好的习惯，即强化练习。

竞争力来自与众不同具有创新和差异的执行力，即差异创新。

应变力来自融会贯通并且能持久一致的竞争力，即默契锻炼。

五、企业培训重要的不是学知识的知道，是学做到、赚到和悟道

人文管理科学的提升进步过程和传道、授业、解惑的原理是一样的。上述的第一阶段就是传道：知识道理（传授/学习）。第二阶段就是授业：实践执行（实习/操练）。第三阶段就是解惑：心领神会（感悟/彻底理解）。第四阶段就是做到品牌力的创新、差异、可持续发展。

德鲁克说："再伟大的智慧，如果不能应用在行动上，也将只是毫无意义的。"比如"知道"分工合作的原理不等于能"做到"，"做到"才是目的。

科特勒也说："你可以用一个学期学到所有营销知识，但真正能掌握并运用它，你可能需要花一辈子时间"。可见培训"做到"一件事比培训"知道"一件事难多了。

不少企业或营销管理者都只培训知识，认为自己已经"知道"了很多，但问题是有没有"做到"。企业赔损或业绩不振，没有竞争力，往往就是培训了知识，虽然"知道"了，但没有重视去"做到"它。企业培训重要的不是学知识的知道，是学做到、赚到和悟道！

六、企业亏本就是学了知识和知道，但没有意识和重视的做到

现在知识已经到了泛滥的地步，企业亏本就是学了知识和知道但没有意识和重视做到。只培训了"知识的知道"，但没有"重视的做到"的企业，是因为重复培训的次数不够，累积沉淀的习惯没养成，形不成"意识形态"。没有意识形态就没有意念行为，也就形不成具体行动。

根据心理学的习惯规律，不断重复培训学习可以从知识提升到意识。所以要"形成意识"就要不怕啰唆，不厌其烦，日讲夜讲，天天讲。这是一种潜移默化的培训过程，不是一天两天就能形成的。

这个动作等于"洗脑"，要把大脑中旧的思维洗干净了，才能再装新的意识形态进去。但要注意几个前提：①具备正确的基本知识和技能；②新的意识形态不能错；③要用心而且具备天分和勤奋的特质。

在买方市场的残酷竞争中，亏本的企业就是只有培训知识但没有培训意识，等于花了精神、时间、金钱、力气等代价去培训，结果事情就是无法做到。付出了代价（培训学习），结果没有收获（欠缺意识），就是中国中小微企业亏本最大的致命伤之一。

七、如何培训一个优秀企业的核心要素

中国的传统智慧告诉了我们如何培训出一个优秀企业的核心要素。古人认为最重要的核心十大要素如下，企业培训也要以此为培训轻重缓急的标准：

（1）大体第一：理念、思路、使命、信仰、逻辑、框架、系统、结构、体制、心态、知识、意识、责任、坚持、价值、贡献、精神、文化等成功之道的本质为第一。

（2）任长第二：用人之道为第二。这是营销管理两大核心要素（人/道）中人的要素。包括和营销管理所有相关的人，董事长、CEO（首席执行官）、各部门总监，经理及员工等。

（3）品目第三：这是营销管理者的人品、责任、诚信、道德、信仰、使命感等这些马斯洛高级精神文明素质。

（4）量才第四：是对不同能力、特点、风格的人如何人尽其才的使用。营销管理是人文科学，必须“以人为本”，对人（客户/雇员）的研究、理解、认识、使用非常重要。

（5）知人第五：知人才能善任，知人是恰当用人最基本的前提条件。所谓“知人者，王道也。知事者，臣道也”。然而知人不是一件容易的事，尤其是内在的品质。

（6）察相第六：这是指人的言行举止、态度作风、精神面貌、意识形态等。这些人的外在和内在的表现，可以察觉出一个人的长短、品目、内外在的能力水平等。

（7）论士第七：企业的人才，尤其是营销管理领导人才（董事长、CEO、总监等），是企业成功的第一要素，因为什么事（战略、战术、战技）都是人做出来的。

（8）政体第八：企业除了劳心的策划管理者和劳力的事务执行者人才外，都必须辅之以完善有效的管理体制（7S 的有效组织管理结构）才会有效果。

（9）君德第九：这是投资经营管理者的品行德行。他们必须考虑并做到环境、社会、客户、雇员、市场和企业多方的互赢。这和孙子兵法的“五事”原理一样的。

（10）臣行第十：上面九点讲的大多是高层劳心领导的重要性，但事情最终还是要由劳力的各层次管理和执行员工去完成它。所以具体执行的团队人员能力也很重要。

八、是否能培训出竞争力和企业经营管理是否正确有效有关

其实现在很多企业培训不出竞争力，其问题往往不是出在眼前这一个培训课题的本身，而是有效培训竞争力的经营管理前提问题出了错误。比如企业战略、企业文化、经营思路、企业精神、企业结构等前提要素出了问题，自然培训效果和竞争力也培训不出来。这就是前面几个问题说的，理念不能错，理解不能有误区，系统不能出问题。前提没做好，后果一定会出问题。如果连一个正确无误的培训结果都做不到，那又何来竞争力培训呢？

不知大家有没有发现，上面出现这么多问题的前提毛病大都是无形的思路性、心态性、观点性、机制性、战略布局性等人文管理的软科学。这些也都是中国企业培训最容易被忽视，但又是最重要的地方。

马云之所以能够这么成功，就是因为他避开了这些中国企业培训的通病。他说：“公司管理的五大武器：第一有没有远见，这个远见必须是由使命感和价值观支撑的；第二有没有战略；第三有没有制度体系的保障；第四有没有人才；第五有没有文化。”能够重视并做到这五大武器的企业，又何愁竞争力培训不出来呢？

九、业务竞争力的培训必须一步到位，不可循序渐进学习

一般情况下培训学习都是循序渐进，一个阶段，一个阶段地得升学习，就像学校有不同的年级，是一个年级，一个年级地往上升班的。但企业的业务竞争力培训就必须一步到位，不可慢慢循序渐进地学习。

一般企业的赢利能力及竞争力高低（也是企业的业务安全系数的高低）是和企业正确有效培训的人力、物力、财力、精力、时间等的支出是成正比例的。在企业的业务安全系数和赢利及竞争能力高低方面，一般有三个层级。如图 4－8 所示。

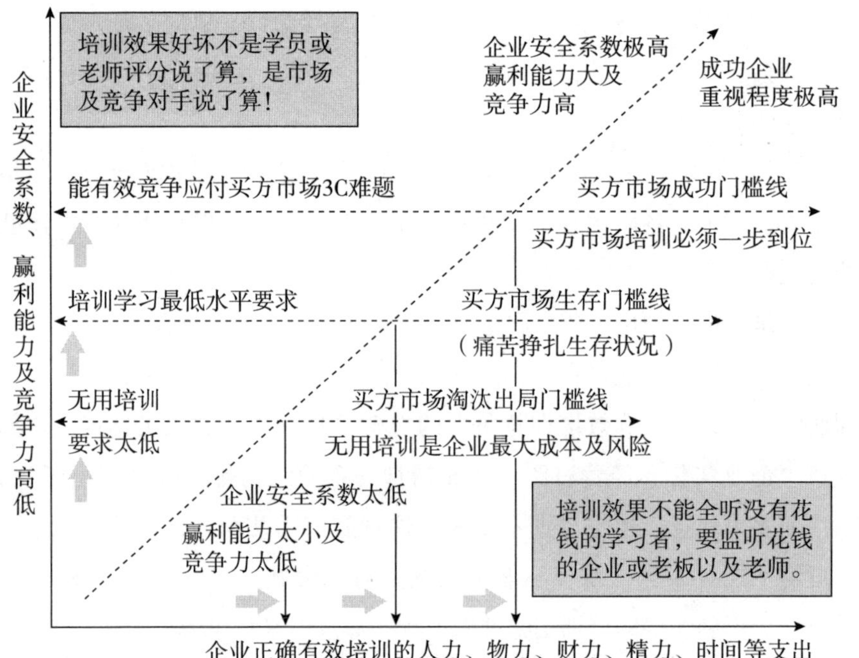

图 4－8　企业赢利能力与投入培训的支出关系

第一层级是对业务培训的投入太少，要求门槛太低，培训不出业务竞争力，属无效及无用培训，而且还往往会令企业造成极大的损失成本及风险。

第二层级是对业务培训的投入及效果水平，仅仅达到买方市场的生存和淘汰门槛。这种企业往往会痛苦地挣扎在生存和淘汰的边界线上。

第三层级是肯较多地投入在业务培训上，令企业的赢利和竞争能力都有极高的安全系数。如此企业赢利能力也会越来越高。企业在正确的业务培训方面的投入越多，其业绩及利润也会越大。绝不可投入的第二层级之下，而后循序渐进地来学习，这会导致企业的业绩每况愈下。

十、培训和能力不足是浪费成交机会，浪费管理成本和浪费投资赢利

因为新常态买方市场是弱肉强食的割喉竞争时代。很多企业喜欢对不同级别的业务培训，用不同的层级去进行。对高层的培训深点，对低层的培训浅点。

但在市场、客户、竞争对手来讲，他们会了解或者关心企业内部的级别吗？他们会管代表公司和他做生意的人是什么级别的吗？他们会谅解碰到级别低的人员而降低自己标准和要求吗？并不会。

其实企业最大的风险和机会成本的浪费，就是在新常态竞争激烈的买方市场，派了水平不够的业务人员去谈生意和处理业务，生意谈砸了的成本和风险，绝对会比业务培训的成本和风险大很多。

十一、培训效果好坏不是学员或老师说了算，是市场、客户和竞争对手说了算

一般情况来说，培训效果好坏都是看培训后学员的评分表来衡量培训的效果。这样的评分制度合理吗？培训效果是否学员可以说了算呢？我们认为这是很不合理，而且会有很大的误导的。

培训效果好坏不应该是学员或老师说了算，应该是市场、客户和竞争对手说了算。更不能让企业学员来评分，应该要让企业相关高层及水平比较高的教学老师来评分评培训的效果是否有效。

比尔·盖茨说："在学校，老师会帮助你学习，到公司却不会。如果你认为学校的老师要求你很严格，那是你还没有进入公司打工。因为，如果公司对你不严厉，你就要失业了。"

我们总结了中国企业竞争力培训很难有实效的15个原因大致如下：

（1）因为中国这次新常态"互联网+"买方市场的转型是改革开放以来的第一次，很多企业对竞争压力的认识和体会不足，对剩余时代买方市场的经营管理理念和理解也不到位。所以造成企业对竞争力培训的重视不足。而且业务竞争类的培训必须一步到位。因为上了战场（商场）就是生死相搏。平时培训要求越严格的，设定水平越高的生存机会就越大。反之平时业务培训要求不严的，设定水平不高的，失败可能性就越大。

（2）因为企业对剩余时代买方市场的经营管理理念和理解的不到位，导致对企业竞争力培训的很多误解，比如现在很多企业都要求培训能"落地"。这个看起来非常合理的要求，其实是对竞争力培训一个很大的误解。

因为"落地"不等于竞争力。落地更多的是要求可执行性和可操作性，但这只是形成竞争力的初步阶段，离开能否形成竞争力还有很长的一段距离。

如果把培训要求定位成可“落地”实施，那就永远形不成竞争力。

（3）现在培训最终效果好坏都是以学员培训完之前的“评估”为准。这个看似合理的做法，其实也是企业培训很难形成竞争力的重要原因之一。因为人都有“好逸恶劳”的惰性，对“天将降大任于斯人也，必先苦其心志，劳其筋骨这类可以形成竞争力的培训内容不感兴趣。

尤其是企业内部员工的培训，大家都喜欢学容易学的，学起来开心的。所以做“评估”时都对容易学的，老师讲话幽默的给“高分”表示喜欢。这就导致大家（学员、老师、HR、企业）都以学员开心、高兴、评分高为有效培训的标准。结果就有培训“听听真心动，想想就心动，回去无法行动”的培训娱乐化现象。培训娱乐化了，又怎会产生竞争力呢?

（4）由于竞争力培训非常难，所以它是一种“负需求”。就像马化腾说的：“现在应该改变什么，学习什么？可能大家都会有更清晰的认识。但人往往是在还没有切肤之痛时，就很难去改变和放弃眼前的一些习惯。”

所以从上到老板一把手，下到一线业务员，大家都可避就避，很少会主动积极地去投入学习竞争力培训，唯有买方市场竞争淘汰压力的“倒逼”机制，才会逼企业重视学习竞争力。这也是市场经济“无形的手”优胜劣汰机制所在，过去世界上曾经流行的计划经济也是因此而渐渐不行了。

（5）由于中国过去十几年经济发展的快速成长期，导致企业和员工都养成了一种急功近利，一招鲜吃遍天的旧习惯。大家的经验和认知都认为生意不应该这么难做，投入培训学习的精力、时间、费用都应该够了。殊不知这种过去卖方市场的经验和理解，在新常态的买方市场是错误的。那又怎能培训出竞争力呢。

其实就算现在市场竞争压力大，生意难做。但以全世界的生意来比较，中国的市场环境还是最好做的，竞争压力相对较小。因为中国是市场体量最大的市场，目前的增长率也是世界上几乎最高的。市场的成熟度也只是这一两年产能过剩，刚刚进入买方市场，离开真正竞争残酷的饱和期还有一段时间。所以在体量最大，增长率相对很高，市场尚未进入饱和期的当下中国市场，市场竞争压力应该还算可以，企业应该趁此机会快快地把竞争力培训起来。

（6）企业培训没有大局观，缺乏从战略布局到战斗技巧的全局合理系统。现在企业的培训大都是“破碎”式，条块分割地进行。基本不考虑全局的系统性，课题也是想到什么题目，或流行什么题目就培训什么。如此培训是无法产生最终竞争力的，就像盖房子的全局系统性蓝图和各个梁柱之间的关系。各个单一的梁柱（就像培训的课题），一定要按照全局系统性的蓝图来摆放（培训课题要配合企业全局培训系统）。而且企业全局的培训系统一定要完整兼合理到位，比如一定要从战略布局的规划到一线业务技巧的细节都考虑到。如果系统中有一个环节出问题，或课题和系统的结构及需求不匹配，都无法形成最终的竞争力培训。

（7）企业的内部管理不到位，没有形成合力，内耗现象导致竞争力丧失。这是中国企业培训不出竞争力最普遍的原因之一。管理学上有一种“短板”原理，就是管理上没有统一的步伐（短板），部门和部门之间也没有默契（木桶漏水），是一种“1 + 1 < 2”的无效率现象，如此又怎能形成“1 + 1 > 2”的竞争实力呢？

当下很流行的“平衡计分卡”，就是要培训企业平衡（兼顾各方面的影响）的概念。这些都是优秀企业必须做到的管理事宜，也是形成培训竞争力的基本要求。也许有人会认为这不是单一培训课题能解决的问题，但“上梁不正下梁歪”。要让下梁产生效果就必须先纠正好上梁，不然下面的培训做了也是白做。而且这种一开始就有问题的培训，会产生严重的误导作用。就像开车一开始开错了方向，那以后越努力加油开，将来的错误就越严重。如此不但无法培训出竞争力，反而是培训出破坏力。

（8）培训学“门槛”低，要马上见效。德鲁克说：“卓有成效的管理者有一个共同点，那就是他们在实践中都要经历一段刻苦的学习和训练”以及“经营管理决策学习必须要经历熬受痛苦的一段过程”。科特勒也说过：“你可以用一个学期学到所有营销知识，但真正能掌握并运用它，你可能需要花一辈子时间。”可见要做好一件事，一定是困难重重，要长期坚持，刻苦锻炼才能优秀。就像武功的练内功，优秀的竞争力都是学会了以后努力重复锻炼出来的，光靠“学会了”是没有用的。企业的亏本和缺乏竞争力，就是只做到学会了可落地执行的水平。

这也是形成竞争力的一种培训学习的“门槛”。门槛越低，越容易学会的，通常越没有竞争力。门槛越高，越难掌握的，通常越有竞争力。所以培训的课题及内容越容易的就越没竞争力，越难学的就越有竞争力。但现在企业的培训往往要求能马上或尽快见效，但越是能马上和尽快见效的课题或内容通常越没有竞争力。

（9）企业培训忽视“人”。比尔·盖茨说：“把我们顶尖的 20 个人才挖走，那么我告诉你，微软会变成一家无足轻重的公司。”毛主席也说过：“决定战争胜负的是人，而不是物。”可见企业真正的核心竞争要素是“人”，而不是其他的“知识、办法、工具或表格”。但我们的企业培训一般只关注“知识、办法、工具或表格”，而忽视培训时“参与人”的心态、状态、水平、想法，是否用心投入等，影响培训效果“人”的因素。企业培训唯有掌握了“人”的核心竞争要素，才能培训出竞争力来。

事实上影响企业培训竞争力的要素中，笔者认为学员的心态、状态、水平、想法，是否用心投入等，占了 80% 的重要性，其他内容的“知识、办法、工具或表格”，只有 20% 的重要性。正所谓肯学、想学、努力用功，才有可能学出竞争力，不然都是浪费培训的力气。

（10）误信时下流行的成功学能让企业成功，也是企业培训的竞争力不容易形成的原因之一。心灵鸡汤类的成功学固然是企业或个人成功的要素之一，但它只是保健要素而非关键要素。做不到成功学讲的内容固然不会成功，但就算做到了也不一定能成功。因为成功学讲的大都是“天时、地利、人和”其中“人和”的要素，固然缺了“人和”的要素不会成功，但缺了“天时、地利”的要素一样不会成功。而且在“天时、地利、人和”的成功三要素中，在当下新常态“互联网 +”的买方市场，不可控制的天时（时机）和地利更为重要。而相对可以控制的“人和”要素却是最容易解决。

很多企业误把成功学的保健因素当成关键因素，误以为做到了成功学的内容就会成功，因而忽略了买方市场更难应付的天时和地利的要素。如此又怎能形成企业竞争力培训呢？所以马云说：“少听成功学，多听失败学。所有创业者都应该多花点时间去学习别人是怎么失败的。因为成功的原因有千千万万，失败的原因就一两点。”

心灵鸡汤类的心理及思维改变成功学，虽然可以振奋人心，但鸡汤始终只能补身，不能形成企业真正的市场竞争力。所以现在全世界的大小商学院，基本都不教可以自控的成功学，而是把更多的精力放在学习不可控制的外部环境的时机掌握和市场核心竞争力战略要素上。

（11）因为很多企业没能正确地了解前面章节解释的卖方市场自然物理性硬科学现象和买方市场人文管理性软科学现象的不同，而误用了学习硬科学的方法来学习软科学，导致一直学不好买方市场的人文管理学。这些错误的学习概念和方式，又怎能令企业的培训产生竞争呢？如果情况严重，这种误导不但形不成竞争力，甚至连企业的生存都会有问题。后面章节会对这些错误，而且会产生误导的学习方式做更详细的解释。在此就不再做进一步的解释了。

（12）前面章节解释过，新常态“互联网＋”的买方市场和以前旧常态传统的卖方市场是有很大的差别。但因为这次新常态的市场转型是这几年形成的，很多企业的认知和观念还没有转过来，还是用过去旧常态的市场经验和概念来做生意，比如非常重视市场份额，以为市场份额越大，利润就会越好。

这在卖方市场如此，但在竞争激烈的买方市场就未必。还有过度重视企业规模的发展，考虑如何多元化？如何延伸产业链的发展？这在竞争激烈的买方市场又是一个误导的观念。在竞争激烈的买方市场不但不可多元化，还要执行焦点化的集中竞争力战略。现在德国最具竞争力的隐形冠军企业，不再是大而全的企业，反而是小而精的企业。这种经营概念方向性的错误是致命的，而且是落后于时代的。别说培训竞争力了，就连对错都成问题的培训，何来形成竞争力之说。

（13）任何竞争力的形成都是一种意志力，一种坚持力，一种精益求精的“工匠精神”。然而很多企业的培训沉不住气、浮躁、缺乏耐心和毅力，不喜欢做深入及专研性的探讨学习。只是拿来主义，只会模仿、复制甚至山寨，没有那种“打破砂锅问到底”探求事情“本质”的求知精神。缺乏了这种探求本质的精神就不能从根本上解决企业的问题。所以形成“头痛医头，脚痛医脚”这种浪费成本，而且治标不治本的无用培训，那又如何会形成培训竞争力呢？

而且现在很多企业的培训都不喜欢学原因和道理，认为基本功的原理没用，不能解决实际问题。这又是一个天大的错误，其实能明白原理，才能标本兼治地解决问题，才能形成核心竞争力。因为在前面章节解释过的管理无定式，企业经营管理的办法都是根据原理，再结合实际情况自己想出来的。懂原理的才能想出一个合情合理的好办法来解决问题，而不懂原理的就无法自我想办法解决问题。一个企业如果连自我想办法解决问题的能力都培训学习不出来，那又何来竞争力培训呢？

(14) 所谓的竞争力一定是自己能做到别人做不到，自己想到别人想不到。能“出其不意攻其无备”地应付竞争对手的挑战。要做到这些一定要靠创新、差异、与众不同的创新能力才行。所以没有创新力，企业也不会有竞争力。事实上能够做到创新差异的与众不同，就是能够避开竞争对手的波特三大竞争战略之一。所以企业要培训竞争力，就一定要先培训创新力。但很多企业就喜欢培训可以“刻模”的东西，认为可以复制刻模的内容，容易学习，容易产生效果。其实不然，越是可以刻制模仿的就越是同质化，越没有竞争力。

(15) 管理学之父的德鲁克有句名言：“先做正确的事，然后才能把事做正确。”企业要培训出竞争力也必须如此，如果一件事一开始就不正确，以后就不可能会有一个正确的结果。如果事情连正确与否都无法事先判断和做到，那又如何会产生竞争力呢？培训竞争力的产生一定是在正确的判断和培训结果做到了以后，再坚持苦练及不断优化，才有可能精益求精地形成培训竞争力。

第五章

让企业培训更加有效的核心是正确的培训方式

新常态“互联网+”时代下的市场经济是中国改革开放以来第一次全方位转型，这种卖方和买方市场及物理硬需求和心理软需求的颠覆性转变，是全国企业所未曾经历过的。所以绝大部分的企业领导和人力资源部的培训负责人，对新常态的新环境、新市场、新消费和新业态是不熟悉的。但他们过去的营销经验和学习方式已经被颠覆了。再用过去那套方法、方式来培训学习肯定是不行的。

因此，本章节解释新常态“互联网+”时代下，竞争激烈买方市场的正确培训和学习方式及理念究竟是什么？如何才能让业务培训变得更加有效？如果用了过时和错误的培训和学习方式，以及对市场和业务产生了不正确的理念，企业的结果可想而知。

第一节　应试教育学习方式带给企业培训的困扰

世界管理大师、企业五项修炼的倡导大师彼得圣吉在 2010 年 10 月访问北京时表示："中国人培训学习的最大问题是中国人习惯了被动的填鸭式学习，缺乏主动思考的习惯。我们觉得中国对学习型组织管理理解仍流于表面，实践工作还远没开始。"当时中国企业培训学习五项修炼已经有八九年。倡导人居然说我们还没开始学。那是为什么呢？

究其原因，就是"应试教育"和"标准答案"的填鸭式学习方式令中国企业和员工培训学习时"缺乏主动思考的习惯"。前面我们解释过，在新常态的竞争激烈买方市场，企业以后比的不是重复生产的数量，而是创新差异的质量。市场的重点也不再是埋头苦干的努力，而是"斗智，斗勇"的竞争力。未来的"创新差异和斗智斗勇"，都不是被动的填鸭式学习和缺乏主动思考的习惯可以学得会和培训出效果的。

如果任何事情可以有固定形式和肯定模式，那一定可以形成电脑软件。但为何至今营销管理还没有行之有效的软件呢？

一、中国企业软价值高质量培训学习的严重盲区和误区

现在社会上已有不少企业和管理专家都发现并在讨论中国企业培训学习的盲区和误区。盲区和误区是比问题还严重的现象，因为发现问题就有可能去解决问题。而盲区和误区是根本没有发现问题，错了还不知道，那又如何有效去解决这个问题呢？

中国企业轻重不分的盲区和误区绝大部分都是在经营性、思路性、观念性、分析性，人文无形性的意识和看法问题上（如图 5－1 所示）。思路决定出路，思路看法如果有问题，培训的方法出路自然也会受影响。所以中国企

业在培训学习软知识、软价值、软实力、高质量方面，效果特别不好。根据马斯洛人性需求层级的排序来看，越是软的，越有高价值，越是高质量。培训学习如果不懂软知识、软价值、软实力，就培训不出高价值和高质量的效果。

重	轻		先	后
重 战术方法	轻 战略方向	上下左右：责任结构，先后长短：经营思路 软硬轻重：价值管理，内外分合：资源整合	先 心巧	后 技巧
重 部门细节	轻 企业系统		先 动脑	后 动手
重 眼前利益	轻 长期效益		先 心态	后 状态
重 有形物质	轻 无形精神		先 计谋	后 计划
重 技巧知识	轻 心理意识		先 心理	后 物理
重 效率快慢	轻 效果对错		先 价值	后 价格
重 调查过去	轻 洞察未来		先 品质	后 品牌
重 业绩流程	轻 经营过程		先 依据	后 工具
重 推销造势	轻 营销形势		先 意识	后 本事
重 抄袭复制	轻 差异创新		先 管人	后 管事

图5－1　中国企业常犯的错误及建议

培训学习是“传道，授业，解惑”中的第一步，也是学习“入门”的阶段。如果这个初始第一段的“学会的能力”都无法做到，那以后的沉淀修炼，授业，解惑，提升竞争力和应变力就更无从做起。现在的新常态“互联网＋”和经济发展模式转型，更需要企业的水平和能力来转变自己。如果连学习方式、方法都不正确的企业，又如何练成竞争力来应付未来竞争激烈的市场呢？

总的来说，不少中国企业重物轻人、重术轻道、重销轻营、重短轻长、重名轻质、重技轻谋、重知轻意、重硬轻软、重上轻下、重内轻外、重利轻义、重果轻因、心态浮躁、急功近利、本末倒置、不练内功。这在过去高速成长期的卖方市场还尚可应付，但在未来成熟竞争的买方市场，会因为培训学习欠缺武功修为的竞争“心法”，而将面对很大的困难。

大儒朱熹说：“不求诸心，故昏而无得。不习其事，故危而不安。”所以学习培训必须要“求诸心”和“习其事”，就是要用心学习及不断练习和温习。

大学者程颐也说："博学、审问、慎思、明辨、笃行，五者，废其一，非学也。"这里也告诉我们"博学"只是学习培训的第一步，后面还有四个步骤的"审问、慎思、明辨和笃行"。但在当下电脑搜索引擎如此发达，知识泛滥的今天，博学已经不是问题了。后面的"审问、慎思、明辨、笃行"，才是学习培训的重点。

但"审问、慎思、明辨、笃行"不是光靠课堂的培训就能做到的，这需要培训后的长期实践和用心钻研才能做到的。培训学习只是老师"领进门"，审问、慎思、明辨、笃行是学员日后实践的"修行靠自己"。

二、决定培训效果深层次的"培训决策人"个人因素

很多企业在考虑培训学习效果时都只重视流程、办法、逻辑等。这个看起来很有道理的做法，其实是受更深层次的企业决策人或 HR 部门培训负责人的思路、心态、看法、想法、理念、判断、分析、理解程度所影响。这就是思路影响出路，想法影响办法，看法影响做法，心态决定状态，判断决定决策的道理。

我们相信中国企业高层经营管理者和培训负责人，不重视和对无形软知识培训学习误区的产生，主要是受下列原因所影响：

（1）知识的丰富沉淀不够（格物才能致知）。

（2）经验的阅历累计过时（人文科学的行万里路）。

（3）一线的实战感悟脱节（通过实践才能感悟出真理）。

（4）忽视办法的活学活用（融会贯通后才能做到学以致用）。

（5）个人的个性立场脾气（性格决定命运）。

（6）正确做事的意志态度（择善固执坚持才能胜利）。

（7）心态想法的端正平和（心态决定状态，平和才会正确）。

（8）决策资料的集思广益（三个臭皮匠胜过诸葛亮）。

（9）思路系统的沉稳全面（深思才能熟虑）。

（10）做人的人情世故道理（以人为本）。

三、CEO 是无法培训出来的，CEO 是靠自己修行成才的

所谓"师傅领进门，修行靠自己"。CEO 是无法培训出来的，CEO 是靠自己修行成才的，也是这个道理。经营管理者的水平是自己经历体验，而后领会感悟，巧妙应用的结果，不是复制模仿可以教出来的。但"万变不离其宗”，能抓住核心宗旨要义，合理地灵活运用，就可以解决问题。

其实人文管理科学，因为影响它的要素太多（前面章节解释过包括天时、地利、人和），所以没有标准答案，也没有有效的经营管理软件。因此必须对所学感悟领会，融会贯通，理论和实践结合，活学活用地学以致用，才能成才。这些都不是光靠培训学习可以做到的。所以企业的培训效果更多的不是在课堂，而是课堂后的实践和修炼（见表5-1）。

表5-1　　高层经营管理者培训必学的11个商业分析工具

1. 买方市场知己知彼4C要素分析

本书前面章节解释过，买方市场有最重要的3C要素一定要分析，挑剔顾客（Customer）、竞争对手（Competition）、情况变化（Change）以及自身公司（Company）。从知己知彼这四个视角分析获得成功的关键因素（KFS），构建企业经营战略。

2. 五力分析模型（Five Forces Model）

这是迈克·波特有名的竞争五力分析模型，是对“买方市场”五种关键竞争因素进行分析，进而掌握和了解行业竞争现状和市场吸引程度，以有助于企业的竞争战略制定。

3. SWOT分析模型

SWOT代表了企业的相对资源优势（Strengthos）、相对竞争劣势（Weaknesses）、外部环境带来的相对机会（Opportunities）和相对不利因素的威胁（Threats）等。企业要将这些因素有机结合起来，以此确定企业经营战略。

4. 7S有效组织结构模型

这是企业有效组织结构的七大要素。大致可分为硬件的3S［战略（Strategy）、制度或系统（System）、组织结构（Structure）］和软件的4S［能力或技能（Skill）、企业风格（Style）、人才（Staff）、共同价值观（Shared Value）］。

5. PEST影响营商环境的四大要素分析模式

PEST是指P的政治（Politics）、E的经济（Economics）、S的社会（Society）、T的技术（Technology），这四个影响企业营商环境的最基本要素。通过这四大要素的视角分析，可了解构成企业组织的外部环境情况。

6. 平衡计分卡（BSC）

平衡计分卡是用企业最重要的四大要素，包括财务指标、客户营销、管理流程和人才及学习成长几个因素上，使企业经营管理效率趋于平衡和一致性的完善发展状况中，以利于组织的可持续发展。

续 表

7. 价值创新计划（ERRC）

这是蓝海战略的价值创新办法。它在降低生产成本及提升产品价值的同时，为企业创新差异化的顾客价值。它是从消除无用要素（Eliminate）、降低浪费成本（Reduce）、提升有效需求（Raise）和创造差异价值（Create）四点出发分析。

8. GE 矩阵分析

这是根据长期行业吸引力和竞争力整体（强弱）两项对企业开展的业务进行评估。两项均高时，说明可以继续增强来做；一项低时，说明要维持现状或扬长避短的选择性发展；两项均低时，说明情况不太妙，企业需要考虑应付不利情况的对策。

9. 价值链分析法（Value Chain）

企业内部的经营管理是一项系统工程。从上游工序到下游工序，把企业的价值创造过程当成一个独特的价值链看待。对在什么环节产生什么价值，应该加强哪些环节等问题进行分析。

10. 产品投资组合管理（PPM）

用市场增长率和相对市场占有率对多家企业进行评价，将它们分为四类。通过对各企业现金持有量的分析，考虑业务的重新选择与集中，从而对投资进行调整。

11. 安索夫矩阵

一种通过新旧市场组合和产品组合分析企业经营战略的模式。分为市场渗透战略、新产品开发战略、新市场开拓战略、多元化战略 4 个选项。

以上 11 个最基本的经营管理者必须培训学习的商业分析工具，在 MBA 的教科书中都可以找到相关资料。这些分析工具的学习和了解不难，难的是如何活学活用，以及如何才能做出正确的分析。企业的任何行动和计划，都是来自第一步的正确分析。就好像《孙子兵法》制胜之道的第一步也是知己知彼的分析。

第二节 培训学习难的不是处方，而是诊断

中欧国际工商学院 EMBA 课程主任梁能教授说过：“高层管理的培训学习

最大困难往往不在于如何决策，而在于如何正确定义问题。难的不是处方，而是诊断。”这里的诊断就是经营管理的思路、概念、分析和想法等人文性的软实力。

梁能教授还提出：“管理培训教育最重要的不是分析技巧的传授，而是人的思维模式开发。”也就是说企业管理类的培训学习，重要的不是技巧和技能的学习，而是相关人员的思维模式的开发。

但我们现在的企业培训绝大部分的情况是只重视培训技巧和技能的硬知识学习，而几乎毫不在意思想、思维、理论、道理、原因、逻辑、推理、判断等的软知识的学习。本书前面也解释过很多次，中国企业培训一向有“重硬轻软，重技轻道，重手轻脑，重出路轻思路，重办法轻想法，重手法轻心法”的误区。

一、影响培训效果的企业经营管理培训学习几个重大误区

梁教授提出了中国企业经营管理培训学习几个重大误区，经营管理思路如有误失，培训效果的出路自然出不来。这些都是和人文要素有关的，值得我们参考。

（1）过于偏重问题的理性分析，忽略管理中同样重要的非经济因素。这其中包含了环境的政治，体制，竞争，人的文化心理因素。

（2）片面强调重大战略决策，其实决策是受组织建设结构影响的。这其中包含了组织体制结构，7S/7M，对战略有重大影响。

（3）孤立的、割裂的分析问题的倾向，忽视了营销管理问题之间有极大的相关性，不可片面追求单一问题的最优答案。然而，实际工作中不可能不全面兼顾各方面的考虑。

（4）过于强调思考和分析的作用，忽视实践出真理和在实践中学习总结经验的重要。忽视了在不同群体间寻求理解、共识，也忽略了理解“人”的重要，以及管理问题的社会性和互动性。

（5）片面强调管理的工具性和科学性，忽视管理的人文价值观含义。这其中包含了使命、理念、观念、习俗、文化、目的、价值观等。

二、经营管理是门艺术，管理培训也必须用学习艺术的办法来培训

德鲁克说：“管理被人们称之为是一门综合艺术；综合是因为管理涉及基

本原理、自我认知、智慧和领导力；艺术是因为管理是实践和应用。”现代管理学大师亨利·明茨伯格也在他的《管理工作的本质》一书中说：“今天管理仍是一门艺术，而非一门科学。”

所以经营管理的做生意是一门人文艺术应用科学，必须把“人”的人性和精神文明及“道”的理性和物质文明结合，再把“知识”的物理性知道来结合“意识”的心理性做到，才会产生“人道合一，创新意识经营管理”的有效实战培训学习效果。

在当今知识泛滥爆炸的时代，要学知识，知道如何做一件事，已经非常容易了。不像古代有了一本武林秘籍大家都来抢。现在武林秘籍都上网了，一天可以复制无数份。现在“难”的不是武林秘籍的书本知识，而是如何去动脑筋，用心去感悟，坚持不懈地修炼，做到融会贯通，活学活用，招人合一。

业务管理业务工作一定是人文性针对“人”的部分为主。而且在新常态买方市场里还要面对残酷的竞争。人文性兼带竞争性的事情就必须讲究心理的“意识”。很多事情的执行效果都是意识问题。比如，过马路守规矩，做事负责，分工合作等。能否做到都不只是知识问题，更应该是意识问题。

所以对于交通安全、做事负责、分工合作等，我们都有“意识”来描述他们。知识只是知道会做了，至于肯不肯做，用不用心做，负不负责，那都是“意识形态”的问题。在买方市场的残酷竞争中，亏本的企业就是只有知识但缺乏意识，等于花了精神、时间、金钱、力气等代价去做，结果事情就是无法做到。

根据心理学的习惯规律，不断“重复”可以从知识提升到意识。所以要“形成意识”就要不怕啰唆，不厌其烦，天天讲。这是一种潜移默化的过程，不是一天两天就能形成的。所以本书对于一些基本功的核心内容，我们会不厌其烦地经常重复。唯有如此才能形成意识，克服我们不重意识的这个致命毛病。

这个动作等于“洗脑”，要把大脑中旧的心态思维洗干净了，才能再装新的意识形态进去。但要注意几个前提：①先要具备正确的基本知识和技能；②新的意识形态不能错；③要用心而且具备天分和勤奋的特质。

请参考以下改变意识形态的方法：

"知识"重复超过30次变成"习惯"，再重复超过3个月变成"意识"。

同时要先"洗脑"改变"思维"再改变"心态"，才可能形成"意识"。

"技能"重复超过3个月变成"熟练"，再重复磨炼3年变成"技巧"。

我们督促太多，引导太少。管理太多，启发太少。考核太多，培训太少。

三、人文管理培训是不能用固定的"技术或方法"来框死的

中国古语曰："大道无术，大器无方。"人文管理科学是一门艺术，做生意也是一门艺术。我们不能用固定的"技术或方法"来框死营销管理。必须因人而异和以人为本的活学活用。能"人道合一"再结合"术、技"的具体计划，以及执行的"意识经营管理"，就能知其然更知其所以然，"标本兼治"地彻底解决企业各种管理业务培训难题。

案例培训学习都是假设条件不变，研究某一特定要素，但生意是活学活用的，如果没有理论和经验及感悟的基础，不懂"大道无术、大器无方"的道理，而死记硬背案例，那就会中了"案例陷阱"。培训越多的案例，就越会误用案例，培训效果也就越差。

以下不同培训课题内容讲究的是什么？请参考：

（1）战略比"形势"，战术比"模式"。营销比"认识"，销售比"故事"。

（2）执行比"做事"，竞争比"意识"。管理比"方式"，绩效比"赏识"。

（3）企业必"共识"，服务比"重视"。形象比"展示"，制度比"公事"。

（4）市场比"见识"，利润比"本事"。投资比"谋事"，回报比"成事"。

第三节　哈佛商学院案例教学的培训启示

哈佛大学经济学大师级教授格里高利·曼昆，在他最有名的课程"经济学十讲"上就受到约70名学生的罢课，他们对曼昆教授所教的现代经济学表示怀疑，其中包括经济学为什么不能解决近三年来世界经济的动乱等问题。罢课者表示，如果哈佛大学不能使学生们具备关于经济学更广博与更具批判性的思考，哈佛毕业生将毫无价值。

当然，解决当今世界经济的动乱并不是光靠经济学可以解决的。但哈佛大学的学生相信学习应该是“具备关于经济学更广博与更具批判性的思考”。这个“更广博与更具批判性的思考”就是任何学习应有的态度及理念。因为任何学习研究如果不够广博，不去批判，那就不能“诉本求源”地真正了解问题、解决问题。

一、哈佛商学院是如何采用案例教学方式来教授营销管理的

下面资料让我们来看哈佛商学院是怎么教案例的？学生是怎么学案例的？

哈佛商学院案例法则练的是决策的艺术，意在锻炼学生在不圆满的条件下做出决策的能力。

案例成功的一个重要因素在于学生的素质，商学院将新生按素质的不同划分成从 A 到 1 ~9 个班，每班 90 人。每个学生要从不同的角度分析同一个案例，并阐述自己的看法，以及在哪里比前一位同学的更好。在案例正式进入课程之前，都要经过反复认真的讨论，一个案例通常要讲两三节课，每节课 80 分钟。在课前，老师会发给学生讲义和资料，靠死记硬背是绝对消化不了的，要想把课程内容真正学到手，就必须每天晚上读 2 ~3 个案例，还要对它们进行详细的分析，并作出笔记，

在哈佛，学生们不但要学习企业管理方面的知识，还要学会处理其他很多课题。他们必须培养自己各方面的决策能力，还要做到对这些决策的自我认可。换句话说，哈佛重视培养有独立思考能力的人才。

学生必须有一种能力，使自己能够站在一个高层次上来把握和分析问题，并能够应对复杂多变的情况，把重要和不重要的事区分开。他们还必须具备另一种能力，就是在缺少足够和必要信息的情况下，也能够做出正确和果断的判断和指示。他们要知道在现实的企业管理中，没有人会给你准备判断和指示，他们必须培养自己各方面的决策能力，而且要做到这些决策的自我认可。

哈佛商学院教学重视的是如何分析复杂企业形势的方法，因此可以说哈佛商学院的案例分析教学不是去寻找正确的答案，实际上也不存在绝对正确的答案，存在的只是可能正确处理和解决问题的具体方法和思路。

二、哈佛大学研究案例成功的一个重要因素在于学生自身的素质

哈佛研究案例成功的一个重要因素在于学生自身的素质，每个学生要从

不同的角度来分析同一个案例，并阐述自己的“看法”，所以学生不能没有主见和看法，还要证明自己的看法比别人更好。这和另一句话“决策的自我认可，哈佛重视培养有独立思考能力的人才”的原理是一样的。

我们中国学校和中国企业学习营销管理案例是这么学的吗？为何我们一样用的是案例学习方式就没有同样的效果呢？因为中国学校和企业只是表面上用了和哈佛商学院一样的教学模式，但实质的做法、心态、应具备的条件我们完全没有，那又怎能做到和哈佛商学院一样的效果呢？还有中国企业培训老学不出效果，就是没有主人翁心态。因而没有长远的全局观计划，没有团队合作精神，只顾眼前的短期行为严重，没有耐心练基本功。

案例教学方式不只是简单传统的老师讲和学生听的教学模式。学习案例必须先具备正确的思路、理念、想法、立场、目的、视野、高度、心态、全局观，甚至经验、阅历、态度、正确学习方式等，不然用案例教学是学不好经营管理的。

德鲁克曾说：“把 MBA 课程教给 23 岁的人，这让我很吃惊，我认为这基本上是浪费时间。他们缺少经验背景，你可以教他们技能，比如会计和其他能提供的东西，但你不能教他们管理。”所以企业培训的学员如果没有经验、阅历、态度、正确学习方式等，是培训不出经营管理以及营销管理的效果的。

三、案例研究不是看传奇故事，而是展开思考，训练自己分析问题的能力

学习案例的目的是什么？案例研究不是看传奇故事，也不是背出案例的每个细节。案例研究应该是利用案例所提供的场景和信息展开思考，训练自己分析问题的能力。还要将自身的决策结果与案例中结果相比较，拓宽思路。最终才能达到两个目的：形成一套完整的分析问题的思路；获取一套用于分析或解决不同问题的工具及办法。如图 5－2 所示。

那如何才能形成一套完整的分析问题的思路呢？这自然牵涉前面章节的经营管理基本功原理。不懂原理就没有分析判断思路，一定要懂基本功原理，才能形成一套完整分析问题的思路。

如何才能获取一套用于分析或解决不同问题的工具及办法，就必须活学活用地做到孔子儒家思想的“举一反三”和《孙子兵法》的“知己知彼”。

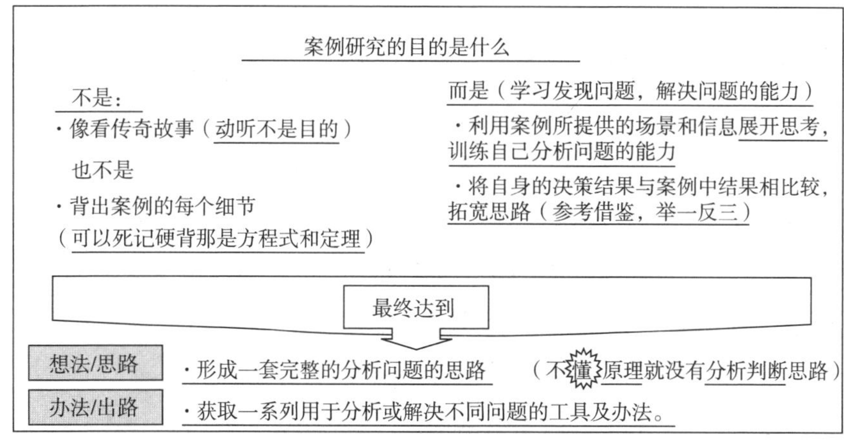

图 5－2　案例研究目的

因为活学活用、举一反三、知己知彼就是分析和解决问题的工具和办法。

案例分析要先从一线问题困难中领会感悟（领悟）那些原因道理（原理）。这需要勤奋的用功和天分用心，而后才会有自我思路，才能融会贯通、活学活用，避免了生搬硬套、脱离实际、纸上谈兵，无形中了中欧梁能教授提醒我们说的“案例病毒”。

学习案例更要从“案例延伸到原理”，再从“原理反映到案例”中来。培训经营管理的学员也要从“案例中感悟和总结出原理”，再从“原理推演到以后实际工作”中碰到的案例或事务，不然恐怕是永远学不会了。

第四节　企业培训必须要了解的六个正确学习方式

很多企业在接受培训时，都不喜欢学原理，认为原理没用。就喜欢听案例，但又不知道要先动脑筋去分析情况。只会死记硬背案例，然后模仿复制，不会活学活用。这是一个很致命的失误，因为如果学习方式不对，就永远也学不会，永远无法进步。严重的后果是错误的学习方式会导致错误的看法、想法和做法。

前面很多道理都讲过了，中国死记硬背的自然物理硬科学是很先进的，我们的工厂复制模仿代工贴牌生产，已经是世界工厂，但我们的人文管理软科学是有问题的，高级管理人才极为短缺。我们始终无法做出一个世界级的品牌。

唯方法论的误失往往令企业只重视培训学习方法或工具（武器），而不重视培训提升“人”的能力水平（武功）。以为有了武器就可以了，其实任何武器都需要武功（人的能力）来施展。而且越好的武器，往往越需要好的武功（应用者的能力）来活学活用地掌控使用。

上述武器需要武功来施展的这个道理很简单。忽视武功的人（尤其是企业老板、营销管理负责人等高级人员）是因为自己没武功，而又急功近利、没耐心、不肯投资，也吃不起练武功的“苦”。在没有武功可施展的情况下，自然就只能重武器、轻武功了。俗语说：“练武不练功，到老一场空。”这种企业在新常态买方市场永远做不出培训效果，这种经营管理者也永远做不出好的企业。

因此优秀的企业家或业务培训负责人在培训学习和成长锻炼过程中，一定不能怕挑战、嫌麻烦、贪方便、没耐性，必须不怕辛苦地天天重复修炼经营管理的基本“内功或道”。“练功修道”打基础例如争取经验、学习理论、研究人性、实战演练、感悟解惑、熟练到巧、坚持不懈、不断 PDCA、改善提升等是现代企业和经营管理者培训学习，每天要做的作业。

科特勒说过：“你可以用一个学期学到所有营销管理知识，但真正能掌握并运用它，你可能需要花一辈子时间。”可见要企业业务培训要培训出能掌握并运用的水平，可能要花上一辈子时间。

一、正确的学习方式一：重视原理

不重视原理，不苦练内功，企业培训是永远无法有效的。

前面章节已经强调过，人文科学的一种“软原理”和自然科学绝对性的“硬道理”是有所不同的。它需要用案例来借鉴和参考，不能死板地复制和抄袭。要明白这个道理并不难，但为什么我们还总是重复犯错呢？这就是培训学习不重视原理，不肯花时间练内功，不懂活学活用所面对的状况。

因为不重视培训学习原理，就不知道原因。不练内功，就没有水平。一个不知道原因及没有水平的人，就无法动脑筋分析判断，也没有举一反三的能力。结果只能死记硬背案例中的办法，然后模仿复制。但市场是瞬息万变的，记得一种办法去面对瞬息万变的市场，那成功的机会就只有万分之一了。

“一知半解”有时比“全然不知”更为可怕。不知用原理去分析借鉴活学活用的，就是那些培训学习只学到了表面半桶水的人，是最容易犯错亏本的人。

卓有成效的管理者有一个共同点，那就是他们在实践学习中都要经历一段培训锻炼，这一培训锻炼会使他们工作起来卓有成效。换句话说，有效性是一种后天的习惯，是一种实践的综合。既然是一种习惯，便是可以培训学会的。但要培训学习习惯就非得反复地实践不可，即勤练内功，养成习惯。其实水平就是一个非常好的稳定习惯。

内功能力水平的提升是没有捷径的，更不可能一蹴而就。一般培训学习能力的提升有四个过程状态。

（1）无意识的不胜任状态。没有需要毫无感觉（就像没有需求就不会想到学车一样）。

（2）有意识的不胜任状态。知道欠缺需要培训（就像想要开车但不会开车）。

（3）有意识的胜任状态。正在实践形成习惯（好像正学习开车并考到驾照）。

（4）无意识的胜任状态。招人合一自然掌握（已很会开车不值得去提）。

二、正确的学习方式二：重视价值观和理念想法

思维影响行为，想法影响办法，有效的培训需要重视价值观和理念想法。

马云认为企业最重要的宗（万变不离其宗）就是“理念、价值观和使命感”。所以阿里巴巴考核和培训员工时将员工的能力评价分为三层，包括“价值观理念、专业能力和流程能力”。其中，价值观的理念和想法审核占据了基础能力的75%，其次是流程能力的15%和专业能力的10%。

这似乎和很多企业的观念是正好相反的，一般企业都是最重视专业能力，其次是流程能力，最后甚至不重视价值观的理念和想法。看到了马云是如此要求员工的，很多企业要好好地考虑一下，是否需要改变并重视培训理念和想法的价值观。

马云培训和领导员工非常重视内觉的思维。他认为对销售人员的训练，就是培训他们的思维，学习使命感，价值观理念和企业文化。如果这些人不去学习，就不能成为阿里巴巴的员工。

内觉是来自内在的心态和想法的。马云认为对一个企业的成败来说，就是正确的价值观和使命感。没有使命感，人生会找不到奋斗的意义；没有价值观，奋斗方式会扭曲。这两者缺一不可。可这两点在社会上正是人们最容易忽略的。我们看到，人们可以为了专业知识和业务技能努力，但对于人生的意义这件事情则可能不那么较劲。而这正是优秀的人和优秀的公司，与普通人和普通公司之间最大的区别。

所以企业培训想要很好的效果，必须重视马云说的“对一个企业的成败来说，就是正确的价值观和使命感”。这是一种内觉的思维方式和理念想法。心理学家马斯洛说：“心若改变，你的态度跟着改变；态度改变，你的习惯跟着改变；习惯改变，你的性格跟着改变；性格改变，你的人生跟着改变。”因此影响企业培训效果的根本要素是心理和心态问题。所谓思维影响行为，心态影响状态，想法影响办法。

三、正确的学习方式三：提升企业培训效果要从心开始，从扭转观念开始

企业想把培训学习做出效果（方式，方法不能错外），必须是“从心开始”，从扭转观念开始，从改变心态开始，从提升构想、信息、理念和价值观开始，而且还要长时间的努力坚持去提升水平。这就是“熟能生巧”以及孔子说的“学而时习之”的好习惯。

乔布斯说过：“成就一番伟业的唯一途径就是热爱自己的事业。”孔子也说：“知之者，不如好之者。好之者，不如乐之者。”这里“热爱和乐之”的激情，就是支持我们形成理念、思维、价值观和身体力行的原动力。

所以培训的“心态”比“效果”更重要，是先有正确的心态而后才能做出有效的效果。学习心态要战战兢兢，如履薄冰，才能刻苦耐心地修炼、累积经验。

“十年树木百年树人”，“树人”的人文意识培养不是短期就可以培训出来的。所以企业培训不能急功近利，过分重视短期效益，忽视长期人性精神文明的心理教育，不考核人员意识形态，也不培训精神文化的软实力。邓小平曾告诫我们“物质文明和精神文明两手都要硬”，就是这个道理。可惜中国大多数企业往往只重视了有形物质文明的发展培训，忽略了无形精神文明的培养训练。

中国大多数企业现在普遍的现象是浮躁，不练内功。多数企业希望能学到一招致命，能简单解决问题的绝招。还怀念以前“一招鲜吃遍天”的时代。其实物理可记忆的学习，教得越简单，学得越容易，效果越好，因为不用沉淀感悟。但人文管理和心理科学的学习，教得越简单，学得越容易，效果越差，因为无法沉淀感悟。

四、正确的学习方式四：感悟式学习

培训学习可以分成记忆式的学习和感悟式的学习两种。

一般成人学习，年纪越大，经验阅历越多，越适合感悟性学习。我们的年纪只会越来越大，不会越来越小。所以感悟性学习会随着年龄越来越大，而越来越适合，效果会越来越好。反之，记忆学习，随着年纪越大，会越不适合，效果会越差。

记忆式学习方式，还会导致越学越不会经营管理。因为你学的办法越多，越不能掌握哪个办法适合哪个情况？而感悟性学习方式会让你懂得分析判断，会选择使用哪个办法适合。因此办法学得越多，能力及成功性越大。

培训经营管理要用“悟性”学习方式，不可用“记性”学习方式。而且感悟性的修炼累积学习，每累积学一天水平就比别人高一天。早学一天就永远早进步一天。你累积了一年，你的竞争对手也要累积一年，大家始终相差一年。但一天学会的记忆性东西，因为没有累积，就算过了十年，你也只是比别人进步一天，因为别人学习一天也能学会了，就能追上你。

前面说过，经营管理是没有标准答案和无定式的。解决问题的办法都是经营管理者自己想出来的。学习想办法只能用悟性学习方式，不可能用记性学习方式。因此培训学习软科学的经营管理要用悟性的学习方式，决不可用记性学习方式。图 5 -3 是悟性学习方式和记性学习方式的效果差别。

记忆式学习的模仿复制有一种类似堵车的排队现象。因为模仿者一定是跟在被模仿者后面。所以就像排队一样，一定有一种堵车效应。所以越流行，越容易记忆学习的，越多人模仿的知识、方法或产品，就有越大的排队效应。收获或结果就越慢，越浪费时间，越没效果，竞争力也越差。

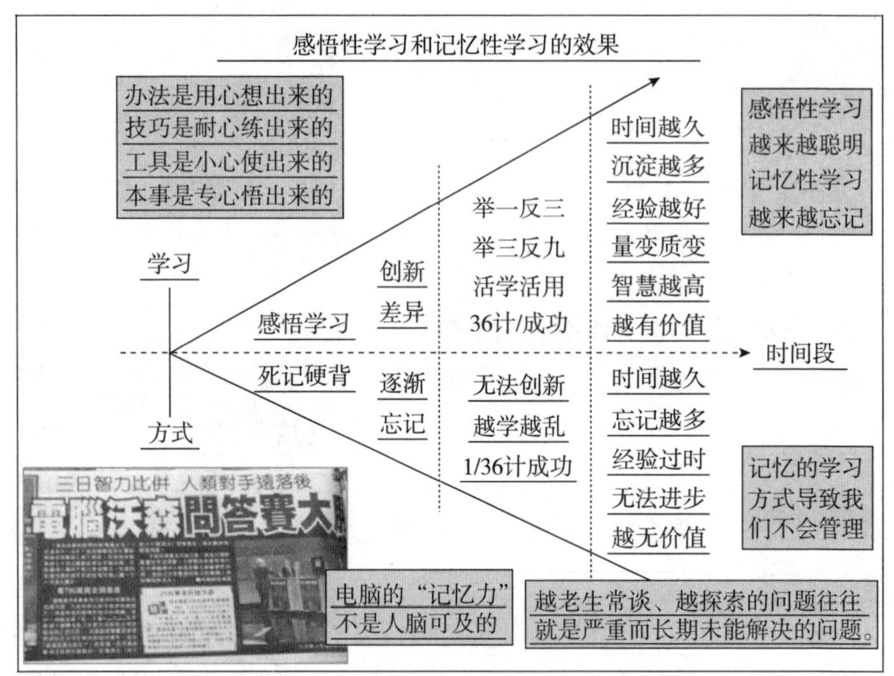

图 5-3 悟性学习方式与记性学习方式的效果差别

五、正确的学习方式五：重视思维模式开发

营销和管理培训最重要的不是分析或技巧传授，而是思维模式的开发。这就是“道”和“术”或者“劳心经营者”和“劳力执行者”的分别。任何经营管理都有四大步骤，就是从先动脑筋的“分析、计划”和后到动手的“执行、管控”。所以营销管理类培训重要的是劳心经营者，先动脑筋的分析和计划，而后才是劳力执行者，后动手的执行和管控。这就是为何思维决定行为、思路决定出路和想法决定办法的道理了。

培训界有句名言：“听听真激动，想想就心动，但回去执行起来就是无法行动。”这是因为没有培训思维模式的开发，不懂原理，但培训学习的案例又不能复制，所以回到实际工作中，执行起来才发现具体情况和案例中是不一样的。但自己又没有思路和想不出办法，不知道怎么应付。

要知道所有经营管理的计划、办法、流程和工具的培训都是有前因后果的，都是先有分析判断的思路和规律，而后才有活学活用的合理应用。所以培训负责人一定要先培训学习实践领悟原因道理（原理）的基本功，而后才会产生自我思路和看法，学会如何分析案例，获得解决问题的办法和经营管理能力。

上课培训通常只能解决“知的问题”，不能解决“行的问题”。真正能改变执行人员“行为习惯”的是“管理制度的规范和优秀的文化”。培训应该是有“培”和“训”两部分。课堂上老师只能栽培知识，讲道理，解释问题。下课后还要在实践中训练自己去做，去执行。学习知识的培不难，实践训练的训更难。

北大光华管理学院博导王建国教授，曾撰文提醒我们管理可以学习，但不要复制。文中阐述了工具类知识，比如会计、商法等，以及数据类知识，比如统计、调研等，这类属于冷工具类的知识是可以复制的。这些就是前面章节讲的自然物理性知识，是可以用记忆、抄袭、复制来学习。

但人文管理类知识，比如营销管理、客户服务、激励机制等这些热应用类知识，必须创新，以人为本地活学活用。这些就是前面章节讲的人文心理性知识，要从认识到意识，再到重视地去实践、体会、领悟和灵活运用。

我们非常同意工具类技巧知识，需要哲学思路类的知识和意识来“激活”并运用。就像十八般武艺，三十六计，七十二变化等的运用，都要先懂得如何使用、目的为何、实践可行性如何、效果如何等这些“功力或内功”的能力来激活那些工具或武器类的技巧和知识。

企业学习的关键是学习正确做事的方法及思路，而不仅仅是事情本身。这和梁能教授说的管理培训学习重要的是“思维模式的开发”，以及“经营管理培训的学的不是办法而是想法、教的不是做法而是看法、重要的不是开方而是诊断”的道理是一样的。

六、正确的学习方式六：案例本质化，而不是故事化

很多企业培训时往往没有做到从案例背后看出本质，而且没有把自己一线的实践感悟和经验及原因道理总结起来，仅仅是把案例当成故事来听。

不少培训经营管理的老师也喜欢把案例当讲故事。其实，故事是讲给顾客听的，它是销售技巧的一种，不应该讲给雇员听。因为，听故事的顾客不必知道原理，只要能接受就可。但培训学习的雇员必须知道原理，进而通过原理举一反三地分析判断事情要怎么解决。

所有的经营管理大师讲的都是原因道理，教的都是解决问题的想法，而不是具体的办法。经营管理解决问题的办法都是管理者自己想出来的，能想出办法解决问题的人就是“管理者”。所以案例培训学习的效果是看学员能否通过案例的借鉴，自己想出解决问题的办法。

人文科学的理论来自实践的感悟和总结，所以“实践”催生“理论”。但理论在水平和能力上可以提升实践效果，所以“理论”又引导了“实践”。因此，“理论因实践而变化，实践因理论而提升”。不讲理论“没有高度”（不系统专业/没理由），不讲实践就等于纸上谈兵（没有现实根据/欠实际）。所以理论和实践要结合。

企业经营管理的新问题往往是来自内外环境的变化。企业管理发生的老问题往往是“人”所造成的。

既然企业营销管理是“无定式”的，那营销管理“案例”学习就不可抄袭、复制、模仿或死记硬背。只可借鉴参考，要从案例中感悟道理，然后活学活用，想出自己的方法。所以人文管理科学在国外也叫作应用科学。

孔子是有教无类的至圣先师，但他在《论语》中也说：“举一隅不以三隅反着，不为复也。”死记硬背，不会举一反三，学以致用的人是很难学成的。

中国“传道、授业、解惑”的三个阶段，在课堂授课的老师只能做到传道，学生也只能学习到知识。至于“授业和解惑”需要学生自己在实践中去重复练习和体验感悟。师傅只能带进门，修行就要靠自己了。

古语“授之以鱼，不如授之以渔”也是这个道理。真正有用的是教你如何实践运用，自己懂得如何钓鱼的谋生技能，而不是简单地给你一条鱼，解决一顿饭的问题。

科技会被淘汰、会落后，但人文管理不会，越悠久经典理念越重要。这些就是中国人的“道”，是不受时间淘汰的。

第六章

决定企业培训成败的重要一环：企业培训负责人

任何时候，“人”都是企业经营管理成败最重要的因素。

如果要问影响企业成败最重要的要素有哪些？相信大家都会同意有内部的知己部分和外部的知彼部分（中国人的知己知彼，外国人的SWOT分析）。在未来新常态“互联网+”时代，竞争激烈的产能过剩买方市场，那些外部因素不是企业可以控制的，企业只能趋吉避凶地去适应它，从中找到机会，找到市场，找到客户。

那如何趋吉避凶，扬长避短地去找到机会，找到市场，找到客户，从而产生利润呢？这些都要企业的人（从董事长、总经理、部门主管到一线员工）去找。所以，任何时候“人”都是企业经营管理成败最重要的因素。如果企业的“人”没水平或出了问题，那什么事都办不成，企业培训更是如此。

第一节　企业培训负责人的分类

提升企业“人员”水平及避免出错是企业最重要的事，也就是企业人员培训。那这件企业最重要的人员培训事情应该是谁来负责、谁来管理、谁来出主意呢？那当然是应该由企业领导负责，而且是级别越高的人责任越大。最好董事长或总经理一定要自己去过问人员培训的事，做企业人员培训事务的总负责人，甚至要担任培训部主管。

企业如果把人员培训这么重要的事，只放权让人力资源部或培训部去负责，而不再过问，那这个企业迟早一定会出问题。因为单一部门的权力不够大，级别也不够高，眼光前瞻性不会好，战略布局不够长，全局观不够全面，整合力度不够强。把企业最重要的事让一个部门去负责是不行的，应该需要各个部门和最高层一起，与人力资源部或培训部共同把培训事情商量好。

一、培训负责人的重要性

在稍具规模的企业中，大多都会设有一个培训负责人的职位，即使没有总监或经理的，也会设一个培训专员职位，其实不管总监、经理或专员，其职能大都是一样的，都是从事于企业内部的培训管理，为人力开发提供战略支持。而我们认为培训负责人无论是哪个级别的企业，都应该要有这么一个岗位，最好是由企业最高层直接负责。

培训负责人，在企业中是一个特殊的角色，他掌握着企业所有人员的培训计划和运营管理。一个合格的培训负责人，能使企业的培训经费使用得更为合理，能使企业的培训更符合企业的业务需要以及企业战略发展需要。如果一个人的能力提升可以带动整个企业人才的成长，那么这个人非培训负责人莫属。可见，其重要性非同一般。

二、培训负责人的分类

表 6－1　企业培训负责人介绍

级别	岗位	介绍
初级培训负责人	培训助理、培训专员、HR 专员	负责培训日常工作的辅助工作，例如会场的准备、资料的准备等
中级培训负责人	培训主管、培训经理、人力资源经理	负责培训日常工作的安排及对接工作，例如讲师的寻找、培训需求的调研、会场的确定、培训效果的评估及跟踪等
高级培训负责人	培训总监、人力资源总监、各部门负责人、公司副总裁	负责培训的思考及规划工作，例如本年的培训规划、培训预算的制定、培训投入产出比、公司战略的支持、经验的传递等
特级培训负责人	总经理、总裁、董事长	负责培训的指导性工作，例如公司战略与人才培养的重要性、企业文化培训的宣导、培训的支持力度等，如果是中小企业，技能的亲自培训也是一部分

三、培训负责人的详细岗位职责

1. 初级培训负责人岗位职责

初级培训负责人的岗位职责是在培训主管或经理的领导下，具体负责员工培训的执行工作，保证企业人力资源培训计划的顺利实施。其具体职责如表 6－2 所示。

表 6－2　初级培训负责人岗位职责

	具体职责
职责 1	协助培训主管开展员工培训需求调查，撰写培训需求调查报告，为制订员工培训计划提供依据
职责 2	协助培训讲师完成内部培训课程的开发和讲授工作
职责 3	根据培训计划和课程安排，组织员工按时参加培训，并做好培训的前期准备工作

续　表

	具体职责
职责4	负责与企业外部培训机构及培训讲师的联系工作，并安排培训日程
职责5	及时开展对培训效果的调查评估工作，撰写培训效果评估报告，并报主管审核
职责6	收集和整理各种培训教材和资料，并及时归档
职责7	负责员工培训档案的管理与维护
职责8	按时完成上级领导交办的临时性任务

2. 中级培训负责人岗位职责

中级培训负责人的主要职责是根据培训计划协助培训总监做好培训需求的调查、培训计划的制订，并协调培训项目进行过程中的各项事宜。其具体职责如表6－3所示。

表6－3　　中级培训负责人岗位职责

	具体职责
职责1	根据人力资源培训教育发展规划编写年度工作计划与培训预算，并报领导批准
职责2	指导各部门和下属企业制订多层次的培训教育计划，并协助其实施
职责3	组织企业内的新员工参加入职培训、在职培训及各类知识班、研讨班、讲座等活动
职责4	及时检查各类培训活动的开展效果，对参加人员进行考核
职责5	组织收集、筛选、编写、翻译、审校各类培训教材和资料
职责6	及时检查培训讲师的培训质量与教学效果
职责7	负责培训仪器、设备设施的保养、维修，以及审查新器材的选型、采购
职责8	收集国内外企业培训信息资料，分析总结现有培训政策效果，提出改进咨询意见
职责9	建立员工培训档案，合理规划员工职业生涯
职责10	及时完成培训总监交办的临时性任务

3. 高级培训负责人岗位职责

高级培训负责人的岗位职责是在公司的领导下，以企业人力资源发展规划为指引，参与建立并完善企业培训体系，负责人力资源培训计划的组织实施工作，以达成企业人力资源培训目标。其具体职责如表6-4所示。

表6-4 高级培训负责人岗位职责

	具体职责
职责1	负责编制企业年度培训计划并组织实施，并根据企业的战略变化及时做出调整
职责2	协助制定与完善企业培训管理制度，并监督实施
职责3	协助编制企业年度培训经费预算，并于培训项目开展过程中严格控制
职责4	组织开展培训需求调研，分析调研结果，并根据调研结果制订培训计划
职责5	负责培训项目的跟进工作，在各项培训项目结束后进行培训效果评估
职责6	对整个培训工作进行总结，撰写培训工作报告，报培训总监审核
职责7	挖掘企业内部培训讲师人才，为内部培训师队伍的建设提供合适的候选人
职责8	审定外请培训人员，制定付费标准，按权限上报相关领导审批后执行
职责9	组织开发企业内部培训课程体系，降低培训成本，提升企业内部培训水平
职责10	指导、管理所属部门员工的日常工作
职责11	协助公司总经理进行E-HR平台的搭建和企业文化的建设工作

4. 特级培训负责人岗位职责

特级培训负责人的岗位职责是依据企业的战略发展目标，组织编制和实施人力资源培训规划，协调企业各部门、各类人员的培训工作，为企业的战略管理和人力资源管理提供保障。其具体职责如表6-5所示。

表6-5 特级培训负责人岗位职责

	具体职责
职责1	组织协助制订企业人力资源中、长期培训规划
职责2	组织协助建立并完善企业培训管理制度、培训体系及相关流程
职责3	组织协助企业年度培训经费的预算编制工作
职责4	组织协助建设企业的培训文化，为员工营造良好的培训氛围和培训环境

第二节 企业培训负责人常犯的七大错误

根据影响企业经营管理之道成败的要素和原因，我们整理了企业培训负责人在从事培训工作中常犯的七大错误，这也是目前中国企业最容易犯的七大经营管理误失。如果企业本身的经营管理误失在培训时不先解决，那其他任何培训都会无效。

企业培训最终的目的是取得经营管理的效果，就是合理利润及满意的客户口碑和知名的品牌效应。现在很多企业的培训产生不了效果，完全是片面性、破碎性、割裂性、缺乏整体观地去看某一个培训课题和内容。这是非常不合理的，就好像一个盖房子，房子的任何细节部分都必须是在一张大蓝图（大系统）下丝丝相扣的。再比如像一部汽车，它是由几乎上万个大小细节零部件所组装而成的。而每一个大小细节零部件都必须吻合整车的设计图纸，不然这个车子开动后一定会出问题的。这是一种系统蓝图的大局观，如果企业的系统蓝图大局观缺失或出了问题，那所有的培训都会无效的。

一、企业培训出效果的系统大蓝图及产生效果的过程

图6－1是企业培训出效果的系统大蓝图及产生效果的过程介绍，主要可分两大部分：一是图下面的长方形部分，二是图上面的三角形部分。

图6－1中的长方形部分是那些自然物理性、不会有变化、可以死记硬背、没有前提条件、有标准答案、不需要分析判断的硬知识类课题。这些课题培训完之后，马上就可以评估和测试出培训的效果性。

在竞争激烈、变幻莫测的买方市场，业务培训是不可能保证有效果的。但图6－1三角形的部分，是那些人文管理软科学类课题，比如业务类培训、营销管理类培训。这类课题的培训没有标准答案，不能死记硬背，只能靠自己的感悟，而且事先有影响成败的前提条件，更要事先能正确地分析相关的要素。如果市场竞争激烈，那所有的培训结果都是相对比较性的，没有绝对可行、可落地、可测试、可产生有效结果的。

那些影响培训效果的过程要素大致有十点。从人文心理性、差异性、软意识培训、不可复制模仿的第一点，到第十点的营销执行力、竞争力、应变

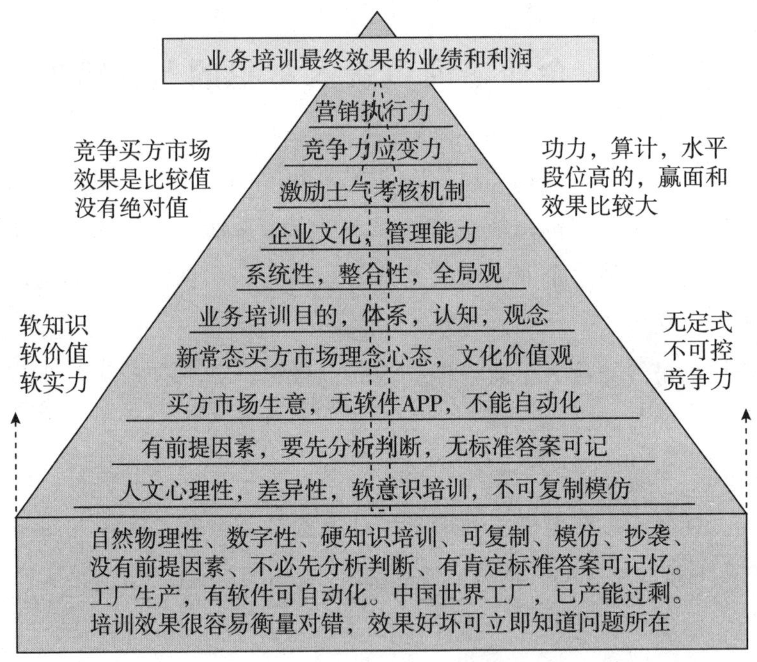

图 6－1　企业培训出效果的系统大蓝图及产生效果的过程

力。企业如果能把这十点的培训内容做得越到位，越有水平，则培训效果则会越好，反之则越差，但没有绝对保证可产生培训效果的道理。

但功力、算计、段位、水平高的赢面和效果会比较大，反之则比较小。就像下棋或运动比赛一样，没有百分之百包赢的可能。尤其在竞争激烈，变幻莫测的买方市场，更没有保证有效的培训可能。

二、企业培训负责人常犯的七大错误

凡事的成败收获一定有它的道理和规律。道理和规律的思路是前因，成功的收获行动是后果。这种来龙去脉的前因后果，在管理学来说就是系统和框架结构的全局观或蓝图。这是事情成功的根本逻辑，一定要先动脑筋想通了道理（道）再动手去执行实施（术）。

但大部分的企业培训负责人急功近利，往往只会用粗放的管理，浮躁的马上获利心态，不求根本性地去了解市场，只想学会一招可以奏效的技巧。这种“一招鲜吃遍天”“重术轻道”，治标不治本的生意手法在 20 世纪也许还可行，但在现在新常态“互联网 +”竞争激烈的成熟买方市场肯定是不行的。

然而，许多企业培训负责人就是容易犯以下的误失和毛病。如果这些经营管理的误失和毛病不改，企业培训的效果会大受影响，甚至做不出效果。这些问题和毛病包括：

1. 不研究培训成败前因后果的系统误失

前面章节解释了不少经营管理来龙去脉的系统性过程和结构，它包括经营管理的四大基本过程：战略分析、战术计划、战技执行、整合管控，以及合情合理的先道后术、先劳心后劳力、先动脑后动手、先调研后执行、先系统后细节、先结构后结果、先用心后细心等。还有人们常说的思路影响出路、想法影响办法、思维影响行为、布局影响结局、心态影响状态等。这是企业成功发展必须遵守的事情成败前因后果的系统性规律，也是中国企业最容易犯的重术轻道、不研究事情或培训成败前因后果的系统和全局观欠缺的第一个误失。

2. 不重视企业经营管理的培训，分工合作的木桶误失

业务和培训部门必须和其他功能部门之间有专业性的默契合作，就像管理学的木桶原理，每一板块（部门）都很重要，都不能有失误（短板）。而且板块间还不能有漏水的缝隙（默契）。

但中国人的传统观念往往令中国企业员工和部门间的分工合作、默契整合非常困难。这是经营管理和培训不重分工合作、部门各自为政，令企业无法协调一致，总是存在各种短板的第二个误失。

3. 培训对马斯洛人性需求中各种软硬价值创新的误失

马斯洛人性需求阶级有初级层面的物理和物质价值及高级需求层面的心理和精神价值创新。先进国家就是高级层面的心理和精神层面的服务性第三产业和知识性第四产业的产值超过 GDP 总值的 50%。

可是许多中国企业培训概念上，始终只重物理性工厂生产，不重心理人文市场生意。贴牌复制走遍天下，却无法做出国际品牌；只会制造服装，不会创造时装；只懂卖代步汽车，不懂卖身份气派；只知把劳力士当手表卖，不懂把劳力士当珠宝卖。这是不知培训软硬整体价值差异创意和不会创新价值的第三个误失。

4. 不重视精准目标定位和营销 4P 必须混合的误失

目标定位是经营管理最重要的业务方向战略，是全世界公认营销管理重

要的战略目标，也是必须找到答案的德鲁克三大企业经营管理的基本问题：你是做什么生意的（What is your business），谁是你的目标客户（Who is your customer），你的客户为什么帮你买（Why does the customer buy from you）。

4P（产品、价格、渠道、促销）是营销管理一线业务的具体内容和执行办法及细节。但4P一定要结合定位战略来实施，而且4P不是独立的4样事情，它们必须是四位一体混合实施的，所以叫作营销混合（Marketing Mix）。但不知为何大多数中国版书籍都称之为营销组合。“混合和组合”这一字之差造成的营销培训概念及效果的误失是致命的。经营管理是一个网性结构原理，会牵一发而动全身（系统和木桶原理）。就像一部汽车的4个轮子，我们不可以只独立地研究其中一个轮子，而不整体混合地研究汽车所有系统和功能。这是企业经营管理和业务培训，没有重视整合效应的第四个误失。

5. 习惯性地模仿复制培训学习方式及唯方法论的误失

前面章节说过，中国的应试教育，导致中国企业的培训方式也是生搬硬套、复制、抄袭、模仿地死记硬背来学习。这在物理生产的工厂是可以行得通的，但在心理生意的买方市场是不行的。心理生意的买方市场必须因人而异，因地制宜，因时而变地因事论事。所以经营管理的培训，根本不可以有肯定管用而保有效果的培训。

大多数中国企业培训都喜欢唯方法论的生搬硬套，复制模仿那些案例或原理，而不懂得“活学活用”，“对症下药”地解决问题。自从电脑流行后任何可以死记硬背，模仿复制的事电脑流程都会，而且会比人做得好上千万倍。所以“唯方法论”的培训学习方式会害得企业和员工连一个“智慧型”的手机都比他聪明。这是培训不求原理、不动脑筋分析、死记案例、不懂活学活用的第五个误失。

6. 培训后缺失执行意识的误失

业务培训后的执行力必须是“心、力”结合。“心”是心态和意识形态的思维。“力”是动手去做的行为和技巧。“人”的行为是受思维指挥的，影响执行力的根本核心要素是思维的心态和意识。比如过马路不能闯红灯是谁都知道的一种知识。但实际闯红灯了没有，绝不是你有没有不闯红灯的执行力，而是有没有不闯红灯的交通安全意识。

其实企业里面很多事，大家都知道怎做也绝对有执行的能力，但就是没有强烈的意识去推动他做。比如负责任、努力工作、分工合作、细心用心、小心耐心等都是成功执行力必备的要素。说起来大家都知道，但就是做不到。这不是没有知识的不知道，是没有意识的做不到。这是培训后执行力不足和欠缺意识形态及缺乏责任感的第六个误失。

7. 企业培训欠缺竞争水平的误失

很多企业会认为学会波特的三大竞争战略，企业就有竞争力了，实则不然。学会波特的三大竞争战略固然重要，但它始终是一个知识层面的东西。知道一样事不等于能做到它，就算能做到它也不等于能做得比别人好，能做得更有竞争力。中国不少企业都有一个严重的误区就是认为，知道和做到一件事就有竞争力了。知道和做到一件事只是买方市场成功营销管理的基本保健因素，而非关键竞争因素。

竞争力是你比别人知道得更多，能做到得更彻底到位，这绝对需要重复再重复的培训和磨炼。就像专业运动员和普通人的差别，往往不是知不知道或做不做到，而是他们培训和练习得更多。正如武术的招式和内功一样，光有招式而没有内功只是花拳绣腿。克敌制胜的竞争力必须是精妙的招式（业务技巧）加内功的修炼（坚持有效的培训）。内功的培训修炼往往比招式还重要，还更难获得。这是中国企业对培训光学不练，不肯耐心沉淀感悟，无法形成竞争力的第七个误失。

最终的误失：不懂“以人为本的科学发展观”欠缺软实力，主要原因是培训欠缺章法，急功近利，竞争力差，浮躁乱套。

总的来说，以上培训负责人常犯的七大误失，就是两大方面的问题，一个是“道/战略思路”，一个是“人/人才练功”。“道”是企业营销管理和培训业务的根本逻辑、道理、原因、影响要素、系统、结构等。“人”是企业培训人员的知识、情绪、心态、意识、行为、人事作风、企业文化等。

在人文科学里，包括经营管理和企业培训，没有不先研究“道和人”就能做出行之有效的“术和办法”。如果有的话，《孙子兵法》也不用“知己知彼”了。我们也不需要会懂脑筋分析形势和想出办法的领导人才。所以，中国企业培训无效的误失，主要在“道的思路”和“人的练功”上。也就是培训的思路理念不对，学习方式不对，模式方法不对，而且自己还不自知。另外就是“人”的心态急功近利、想轻易获取、欠意识（知道做不到）、贪方便、怕麻烦、怕困难、怕动脑筋、怕刻苦练功的这些“人”的劣根性问题。企业培训和经营管理如果肯面对现实、面对障碍、克服困难、耐心坚持、刻苦修炼、在思维上和心态上纠正过去卖方市场的错误之处，那才能做到“让培训变得更加有效”。

图6－2是企业培训的“人道合一”及“武功（功力）和武器（工具）”的相互融合，所带来的互补式的水平提升，最终达到提升培训效果的目的。

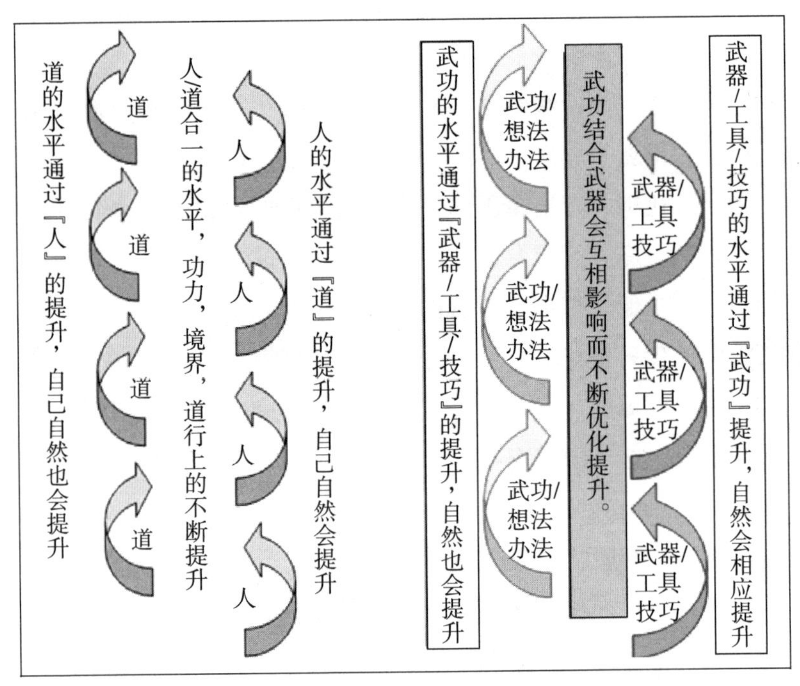

图6－2　人道合一及武功武器的融合

第三节　线性思维是企业培训负责人的致命伤

一、线性思维导致经营管理培训缺乏网性思维的联动默契整合效应

线性思维的误失导致经营管理一线业务的培训，缺乏网性思维的联动默契整合效应。无法发挥史蒂芬·柯维博士“有效人士七个习惯”中的统合综

效作用（Synergize），做不到企业必须具备的合作多赢的效果。企业很难做大做强，因为没有培训出整合默契的效应，令企业成长越快越混乱。

有名的未来学者奈斯比特说："未来其实就像一幅拼图，只要细心观察，人人可以发现事物背后的规律，进而掌握趋势。"奈斯比特提醒我们拼图必须要有全局观的网性思维，不可掉入线性思维的陷阱。例如生产就是线性关系，它是各自独立性的加法；而营销是要求一致性的乘法，所以它是蛛网管理。

这个全局观的网性思维，就和本章节前面德鲁克说的"管理人员的工作必须注重于企业整体的成功"，以及"企业每个成员的贡献是不同的，但每个成员的贡献必须融成一个整体"这种糅合成一个整体的概念是差不多的。

所以企业培训也必须系统性地考虑整个企业综合统效的要素。但大多数的企业培训负责人，通常都只考虑一个点，很少用一个面的思维去考虑培训应该如何做，如何才能更合理地产生效果。

二、中国企业培训负责人最大的"培训陷阱及误判"就是用线性思维来考虑培训

线性关系是数学现象，事情的发展有一定的规律，所以比较简单。网性关系是化学现象，事情的发展变化多端，影响和要考虑的因素也复杂得多。生产管理是线性关系，是一种组装结构，可分开来独自来做的加法关系。但经营管理是网性关系，会产生牵一发而动全身的蝴蝶效应或乘法效应。

中国企业最大的"培训陷阱及误判"，就是不知不觉习惯性错误地用了线性思维来考虑业务类培训的网性关系。生产管理类的培训课题可以用线性思维，但经营管理类的培训课题，必须用网性思维来思考。企业培训如果分不清线性思维和网性思维，就可能把培训效果弄得一团糟。要解决这个最严重的失误，必须由企业经营管理一把手的总负责人，用全局高度的网性思维去全盘系统考虑问题，才有可能纠正这个线性思维误区。

1. 中国企业经营管理培训的十大亏损陷阱及惯性的错误判断

（1）用生产线性思维来考虑生意网状关系。

（2）用个别单一要素来考虑全局木桶和谐。

（3）用简单加法逻辑来考虑复杂乘法效应。

（4）用理性绝对观念来考虑感性相对价值。

（5）用物理自然科学来考虑心理人文现象。

（6）用过去静态案例来考虑未来动态实践。

（7）用卖方促销推力来考虑买方品牌拉力。

（8）用基本保健知识来考虑竞争绩效比较。

（9）用肯定物理定式来考虑不同心理感觉。

（10）用管理效率模式来考虑营销效果变化。

2. 新常态竞争激烈买方市场企业培训经营管理的十大思路误区

（1）只重视知识学习不重视意识练习。

（2）只重视方法如何不重视方向为何。

（3）只重视努力苦干不重视智力巧干。

（4）只重视有形细节不重视无形系统。

（5）只重视固化步骤不重视变化布局。

（6）只重视执行能力不重视竞争压力。

（7）只重视效率快慢不重视效果对错。

（8）只重视人员管理不重视人性文化。

（9）只重视武器购买不重视武功修炼。

（10）只重视部门整顿不重视全局整合。

三、培训课程设计概念的误失造成培训条块分割没有整合效应

培训课程设计概念的误失也造成培训条块分割，没有统合综效地站在全局角度看问题。结果就是企业部门各自为政，一线业务培训自然没有默契互动，更没整合效应。

“许多培训课程以独立的模块授课，将企业面临的问题割裂来看，但在实际的商务过程中，问题是综合性的，只有多元化的课程才能帮助企业解决错综复杂的难题。”这句话正是中国企业培训和经营管理者培训不出效果和无法提升业务绩效最大的原因之一。

正所谓思路决定出路，想法决定办法。就因为把企业培训面临的问题割裂来看，脱离实际的商务环境和过程。把错综复杂的企业难题（木桶想象），用单一的角度（只看其中一块木板）去解决问题，又怎么会有培训效果呢？

四、组织中的职位都是相互联系，相互依存的，会牵一发而动全身

企业培训和业务问题有外有内、有软有硬，更有人性的老毛病。德鲁克说："组织中的职位都是相互联系，相互依存的，会牵一发而动全身。"企业老板一定要有全局的高度，绝对不能割裂地设计培训课题和看业务问题。如果连他们都做不到整合效应和大局观，其他人就更做不到了。

企业劳心管理者，要有正确洞察企业和市场需求的想法。经营和培训思路一定要正确，才能避免思路陷阱。企业劳力执行者，也要有一线有效运用技能的做法和良好的习惯，要尽量克服不良习惯和行为。企业如果经营管理和培训的想法和做法都正确了，经营和培训效果自然会出来。

五、业务培训必须制定严格要求让学员来遵守，不能全听学员的

中国古语说："吃得苦中苦，方为人上人。"提升竞争力必须面对艰苦的学习。企业业务培训应该给员工学员压力，由老总或业务总监制订严格标准来提升，不能由员工评分说喜欢或不喜欢。不然学员会受人性好逸恶劳、喜易怕难的影响，而不能迎难而上地刻苦学习。

培训时所有级别人员必须有全员营销、全局所有要素整合的强烈意识。那什么叫所有级别的人员，首先董事长一定是企业经营好坏的最终负责人，他是第一号业务培训负责人（美国总统都自认是美国第一号业务员）。跟着当然 CEO 是第二号业务培训负责人（如果董事长兼 CEO，他就是全权负责人）。再下面的其他人就更不用说了。总之级别越高的人，薪水越多的，业务培训责任就越大，所以一把手是业务培训第一负责人。级别越低的，薪水越少的人业务培训责任就越小。

第七章

让企业培训更加有效的关键思路

让企业培训更加有效的关键思路中，我们着重提倡了“人道合一：创新竞争意识的全员人文培训”的概念，以解决新常态“互联网+”竞争激烈买方市场，企业培训效果不佳的问题。因为我们认为企业培训一定是和人有关，而且一定是有道理的。所以是“人道合一”。

什么是“人道合一”呢？“人”指的是企业各种课题培训中所有和“人”（从老板到一线员工）有关的要素，“道”指的是企业经营管理培训中有关“道理”（劳心经营者的“道、法”以及劳力管理者的“术、技”）的相关要素。

第一节　打造“人道合一”的企业整体培训框架

和“人”有关的事，一定要做到“以人为本”，就是要站在有相关的“人”的角度看问题，比如经营理念、企业价值观、企业文化、精神、风气和士气、客户和员工导向思维、市场和环境导向思维等。

和“道”有关的事，一定要做到“科学发展观”的经营管理之“道”，就是要站在科学发展的角度看问题。科学发展是指做事要有以下经营管理科学精神，比如重视道理逻辑、调研分析、营商环境、市场情况、形势判断、影响要素、战略布局分析、战术布置计划、战斗执行技巧等。

图7-1是“人”和“道”两方面的相关细节。要注意的是企业培训的最终效果是提升经营管理的能力及盈利和品牌的目的，所以有效的企业培训一定要从影响经营管理的“人和道”的全要素角度看问题。

一、企业必须有“创新竞争意识的全员人文经营管理培训”概念

既然企业的任何培训都一定和“人”跟“道”有关，那什么是“创新竞争意识的全员人文经营管理培训”呢？

企业当下的买方市场经营管理之“道”和新常态之前的卖方市场是有颠覆性的不同，所以企业培训也必须是“创新竞争意识的全员人文经营管理培训”。其原因是：

(1) 在新常态没有到来之前，整个市场是卖方市场，市场需要满足的是物理性的硬“数量”。新常态到来后是产能过剩的买方市场，市场需要满足的是心理性的软“质量”感觉。现在既然需要满足的是心理性的软需求，就一定和人文管理软科学有关。在新常态下，我们要建立的是一个组织文化发展系统，不是一套软件，而是一个理念，是一个游戏规则，同时加上技术力量。

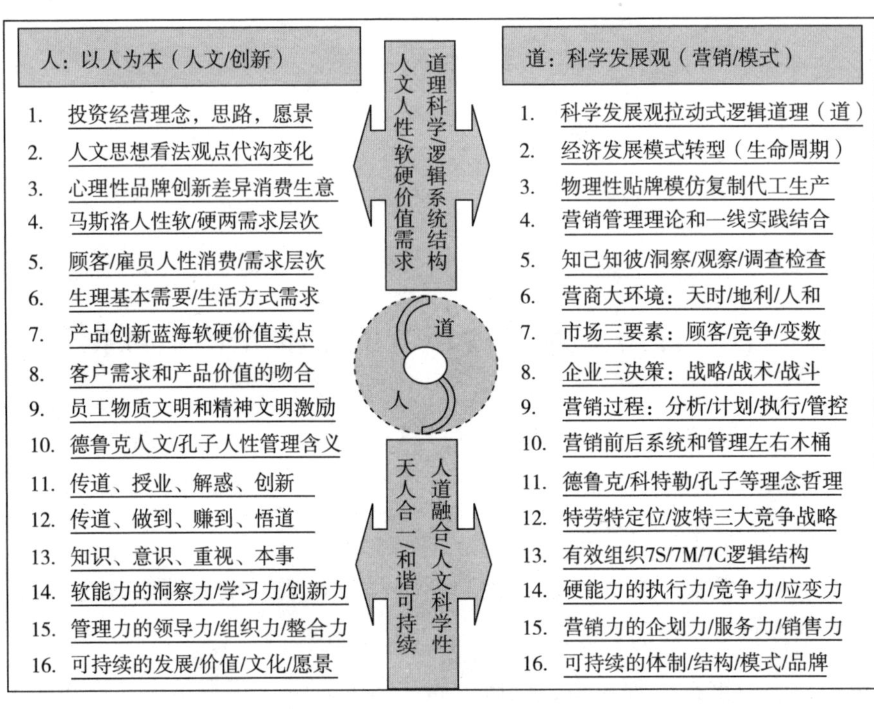

图7－1　“人”“道”的不同

（2）人文管理软科学是中国经济发展的软肋。中国过去因为是计划经济国家，一直对自然科学的发展非常重视，但一直轻视人文科学的发展。导致中国就像一个电脑一样，硬件很好软件有问题，而且学习方式都是硬方式，不懂软知识的培训学习方式。这在新常态到来后剩余市场需要满足的软需求、软价值、软实力的时代，我们就很成问题，而且还不知如何去培训学习。大前研一说过：“对于不知道问题本质的人而言，要做到正确处理业务是不可能的。”

（3）既然经营管理是一门人文软科学，因此企业经营管理必须非常重视人文价值的建立，比如企业的价值观、经营理念、风气士气、意识形态、行为习惯、创新氛围、竞争意识培训、主人翁心态、企业文化等都必须好好地建立起来。这在软时代竞争激烈的买方市场是非常重要的。所以马云说过：“一个企业最重要的是，从第一天建立的时候，你要有自己的使命感、价值观，还有一个共同的目标。”

（4）以前的卖方市场，需要满足的是物理性的硬数量，是一种可复制、模仿的生产经济。中国的应试教育模式特别适合这种可复制、模仿的生产经济，所以中国很快就变成了“世界工厂”。产能也很快就过剩，市场也很快从过去的卖方市场转变成买方市场。但是这种教育培训方式，来到买方市场，变得不一样了。因此，你会发现德鲁克说过：“最重要的还不是掌握趋势，是能掌握趋势的变化。”

（5）供求逆转，卖方市场变成买方市场。这是一个180度颠覆性的转变。卖方市场企业只要埋头生产即可，这是生产时代和产品时代，也是中国企业过去十几二十年习惯了的卖方市场生意方式。这个时代因为市场好做，所以企业并不需要学习市场营销管理。但在未来的买方市场，企业不懂市场营销就不行了。

（6）卖方和买方市场的最大差别有3点：①消费顾客（Customer）变得挑剔，很难应付。②市场竞争（Competition）变得激烈，很难对付。③环境变化（Change）瞬息万变，很难适应。这三个买方市场3C难题，令企业生意变得非常难做。所有事情都很难捉摸，经营管理变得“无定式”，企业培训的效果也受到不可控的买方市场所影响，变成一个相对值，而非绝对值。

（7）应付卖方和买方市场的转变是一件极其困难的事。卖方市场好比是女孩子追你，买方市场好比是你追女孩子，而且还要很多竞争对手和你抢。企业和老板不但在心态上很难改变，在经营管理上更是一个正反刚好颠倒的转变。比如过去两个女孩追一个男孩，现在两个男孩追一个女孩，其难度就增加了400%。如果是3个男女反过来追，其难度是相差900%。

（8）客户（人和）、市场（地利）、环境（天时）的难题形成是因为国家进入了“新常态”阶段。中国在改革开放三十年后，国家的政治、经济、社会、科技（PEST）都产生了颠覆性的变化，因而形成了“新常态”，再加上移动互联网科技的成熟，就变成了“新常态互联网+”的新经济转型，新企业经营模式，新的业态也因而形成，新技术和新科技产品也会应运而生。所以马云说：“我想业务系统之间的建设，是一个巨大的系统工程，是一个生态系统工程。”

（9）过去的卖方市场因为市场不成问题，企业大都不去学习市场营销。尽管市场营销在中国流行了几十年，但真正懂市场营销，而且去做市场营销的企业，真是凤毛麟角的少，懂的都是市场销售学。现在市场供求逆转，突然起了变化，进入了买方市场。企业因为不懂市场营销学，所以无法应付新常态的买方市场。

（10）不仅企业的组织结构和机制，体制也必须做适合新常态竞争激烈买方市场的调整。中国企业过去的结构、机制和体制都是比较硬的、死板的、僵化的、没有弹性的、从上至下非扁平的、重考核硬价值而轻软价值的、重产品质量轻客户服务和重企业利润轻客户满意的。这些在过去卖方市场的毛病，以后在竞争激烈买方市场都要彻底地改正。

（11）新常态的 PEST 环境大变化，不但带来了上述买方市场的 3C（顾客、竞争、变化）难题，也令企业和行业不得不转变经营方式和产生新运营模式和高科技的经营办法，包括“互联网 +”、“物联网 +”、“O2O”、“P2P”、“C2M”、众筹、跨界融合、大数据、工业 4. 0、中国制造 2025 等。

（12）在新常态“互联网 +”时代，买方市场的竞争是如此的激烈，客户是如此的挑剔，变化是如此的不可掌控，新模式、新业态、新技术、新产品是如此的层出不穷。企业要应付这些唯有做到《孙子兵法》的“出其不意攻其无备”和“兵无常式，水无常形，能因敌变化而取胜者谓之神”才行。这些都是自己动脑筋、创新、差异想出来的。如果不懂或没有创新力的企业将无法应付竞争、变化、新形势、新情况也就无法生存了。

（13）当下竞争激烈的买方市场，是一个几乎所有影响企业经营管理要素同一时间的整体变化。这是中国前所未有的，几乎全国的企业和老板，以前都没有这种经验和经历。而且“互联网 +”的无边界性，会令企业的市场变大，但同时也会面对极多和极残酷的竞争。再加上本来已经产能过剩，需要淘汰一批企业。所以这一两年的市场，尤其是传统行业，竞争淘汰是前所未有的残酷。

（14）在新常态“互联网 +”的买方市场时代，企业经营管理讲究的不是知识的学习，而是竞争意识和功力的沉淀。这不是短期培训学习可以掌握的。急功近利、浮躁且不培训练内功的企业，将迟早被淘汰。

（15）影响新常态买方市场经营管理的要素是像拼图一样的全局性默契整合关系，所以企业培训也必须是要全员参与的，必须从上到下、从左到右、从里到外、从远到近、从大到小、从系统到细节、从硬价值到软价值、从记性学习到悟性学习、从战略到战术再到技巧、从天时到地利再到人和要素的形成一个全员工、全要素、全布局的培训理念，而且还要坚持刻苦地学习和训练，如此培训才容易出效果。德鲁克说："卓有成效的管理者都有一个共同的特点，那就是他们在实践中都要历经一段刻苦坚持的学习和训练。"

以上15个要点（其他细节请参考前面章节的解释）及人道合一的解释，告诉了我们企业的有效培训必须是"人道合一"创新竞争意识的全员人文经营管理培训。企业培训不可不懂经营管理之道，因为企业培训的最终目的是提升经营管理之道，进而能达到盈利和品牌效应的目的。

二、企业培训必须了解的"人道合一"创新意识营销管理的逻辑结构

孔子曰："物有本末，事有始终，知所先后，则近道亦。"能够了解事情的前因后果、来龙去脉、框架结构，而后做出合情合理、前后相应的过程或事情，就离成功之道不远了。

图7-2系统性解释了新常态竞争激烈买方市场，成功营销管理之道和人文思路创新意识心态结合的"人/道"合一创新意识营销管理，以及它的来龙去脉，逻辑过程和框架结构。这也是企业有效培训必须遵循的核心重点。马云也说过："营销既要注重结果，更要注重过程。"所以研究过程是非常重要的。请留意它以下几个层面。

（1）最中间的是"万变不离其宗"的人文科学核心哲理，主要包括该目标市场的营商大环境、文化沉淀、生活价值观、人生哲学和观念看法等。

（2）核心哲理中有"科学发展观"物理硬件部分的道理或战略（道），以及"以人为本"心理软件部分的人性或人文（人）。

（3）道理战略的"硬件"部分包括有理论思路的战略、战术、战技、组织、结构、体制、天时、地利、人和及生命周期等要素。人性人文的软件部分包括有意识心态的物质、精神、使命、文化、心态、意识、理论想法、实践办法、有效做法等要素。

（4）"人道合一，软硬结合"的营销管理基本四大过程：SWOT分析调研、计划系统流程、执行实施的意识以及管控细节的到位。

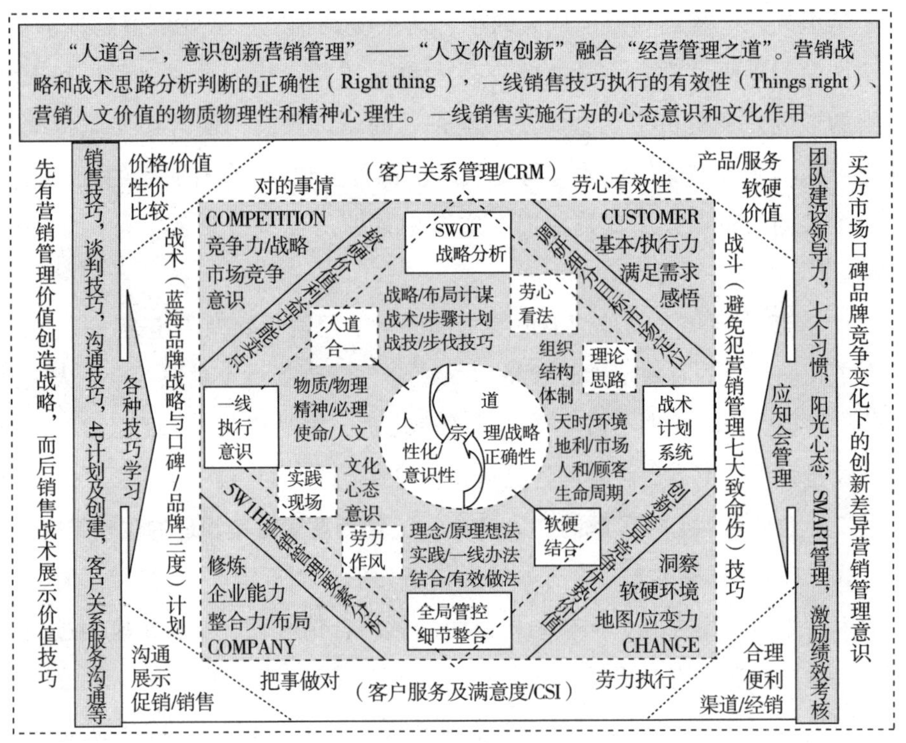

图 7-2 “人道”合一意识营销管理全图

(5) 营销管理必须要面对及客服的买方市场 3C 要素：①感悟客户满意的执行力；②意识买方市场的竞争力；③洞察情况变化的应变力；④修炼企业管控的整合力。

(6) 营销管理第一步的具体战略工作，包括调研细分目标市场和定位；企业及产品提供的软硬特点和利益功能；5W1H（What? Who? Why? When? Where? How?）的营销管理要素分析，以及创新差异具有竞争力的价值卖点。

(7) 以上六个阶段过程是企业营销管理的基本内功修为，也是企业产生培训效果最重要掌握的部分，更是目前中国企业培训最忽视、最不敢正视和克服的问题。有了这些基本内功修为，才有可能真正地做出营销管理一线实务的效果。

(8) 有了一线的实务效果，才可能产生企业培训效果，这包括了营销混合 4P 的产品（Product）、价格（Price）、经销（Place）、促销（Promotion），以及一线业务最重要的客户关系管理，客户服务及满意度，蓝海品牌战略与口碑及品牌三度的建立，和避免犯营销管理七大致命伤的错误。

（9）最后就是具体一线的业务技巧细节工作，比如销售技巧、谈判技巧、沟通技巧、一线4P业务细节管理、客户沟通等各种业务技巧的学习和培训。目前中国的企业培训最多的是这个部分的内容，但这些技巧类培训的效果，要看前面战略"之道"和经验管理"之术"的效果如何。因为"道和术"是决定技巧类培训效果的前提要素。技巧类培训没有效果，90%以上是因为"道和术"出了问题。

（10）企业内部管理的团队建设、领导力、七个习惯、阳光心态、SMART管理、绩效考核管理等这些应知应会的管理课题是支持企业经营管理的。所以企业经营管理培训有效果，这些应知应会类的培训也自然会产生效果。反之，如果企业经营管理培训没有效果，这类培训也产生不了效果。

以上越核心的部分，就越是本质性的问题。也就是说第一层次的问题最重要，以此类推，最后第九、第十层次的业务技巧和管理问题只是前面本质问题因果关系的结果。

第一到第六个层次是企业营销管理的内功修炼，多是企业基本战略层面的问题。第七和第八层面是企业的战术计划问题，它是依据战略做出来的。第九和第十层面是表象的战技问题。这是技巧或招式的问题，但它需要战略和战术的内功修为来支持它。不然这些技巧和招式只是一种花拳绣腿的花架子，是做不出效果的。

企业培训应该起码把50%以上的精力、时间和费用放在上图核心层次的项目上。但目前中国企业的培训是反其道而行的，是把50%以上的精力、时间和费用放在那些技巧性，应知应会非核心层次的项目上。

"人/道"合一，创新意识营销管理的核心理念是万变不离其宗的"人文现象"。企业把"人"管好包括：①投资人的使命感和眼光判断愿景；②CEO业务总负责人的战略竞争力和应变力整合水平；③中层经营管理者的实战计划和执行管理能力；④一线执行者的良好精神心态和熟练的业务技巧；⑤影响营销管理有关的各种事情都能和谐一体化的整合起来，形成一个优秀的企业文化。再把营销管理的"道"理和事情做对了，包括本书中解释的各种影响营销管理的要素，必须具备的能力，能正确做到的各种战略（在此不再赘述)，企业就没有不成功的理由。所以“人和道”就是企业成功的核心要素。

企业如果把“人”的软价值和软实力结合“道”的硬价值和硬实力，就形成了“巧实力或整体实力”。就是中国人说的“软硬兼施”地解决问题。中国目前在硬实力方面问题不大，在软实力方面很有问题，所以也施展不出巧实力来。

三、培训效果的“内心觉悟”比“学习教化”更重要，但最后更要身体力行

大部分企业都通过权力、利益和激励来领导员工，选择功利性培训以求获得速效方法或改变员工心态。这种带有“成功学的执行力”，有一个共同特点就是通过放大未来利益吸引来换取员工短时期内的疯狂努力。但终究人的能力和智慧并没有提升，预期越高打击也越大。短期也许有效长期却损害极大，最终导致员工以后更加的不信任和拒绝变革，甚至离职。这是没有从自然和人性去开发“人”的内在知觉，把培训做到自动自发的“我要学习”。

马云培训和领导员工就是非常重视内觉的思维的。他说：“我们对第一批销售人员的训练，就是训练他们的思维。学习我们的使命感，价值观和企业文化。如果他不去，就不能成为我们的员工。”不愿接受和培训学习阿里巴巴使命感、价值观和企业文化的人员，马云认为他无法成为阿里巴巴的好员工。

内觉是来自人的“心态和概念”的。马云说：“对一个企业来说就是正确的价值观和使命感。没有使命感，人生会找不到奋斗的意义；没有价值观，奋斗方式会扭曲。这两者缺一不可。可这两点在社会上正是人们最容易忽略的。我们看到，人们可以为了专业知识和业务技能努力，但对于人生的意义这件事情则可能不那么较劲。而这正是优秀的人和优秀的公司与普通人和普通公司之间最大的分别!”

马云认为区分好坏企业，甚至好坏员工的要素，就是人心智中“内觉”部分的心态和概念。所以说“心态决定状态，思维影响行为，想法决定办法”。培训如果能培训到员工内觉的“心态和概念”，才是彻底产生培训效果的本质原因。

要学会游泳，如只去看书，听教练讲如何游泳，自己在陆上比画，那么下水肯定还是不会游。同样道理，绝大多数培训都是告诉人们“要心态好、要反省、有信念、要创新”等。思维可以改变但做到难，科学医学都证明这些能力要素的提升必须由“思维、心念与身体”三合一的训练来共同完成。

所以培训要产生效果，要从“学习教化”提升到“内心觉悟”，最后更要身体力行地去坚持刻苦训练。图 7 – 3 是培训效果形成和巩固的图表解释。其纵轴是知识的提升，横轴是时间的长短。

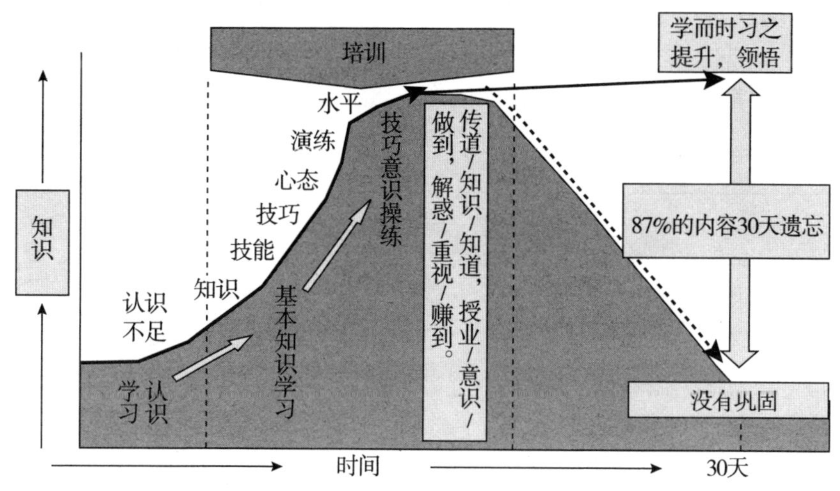

图 7 – 3　培训效果的形成与巩固

培训从认识自己的不足，开始学习知识和技能，再练就是技巧。这些都是基本层面的学习。然后强化心态，形成行为意识，经过不断的演练，最后才能培训出水平。这是一个传道、授业和解惑的过程。一般在培训的一两个星期里，如果真正用心培训了，差不多都可达到这个水平。

但一两个星期是无法巩固培训效果的，所以培训必须再“学而时习之”地不断强化、提升、领悟、巩固自己培训的所学。如此坚持巩固的时间越久，培训的效果就越能保证。如果培训后学而不习，那 30 天后大概 90% 的培训学习内容会被遗忘。那培训就几乎一点效果都没有了。

四、培训效果来自比别人更坚持、用心、创新，更精益求精地全身心投入

意识形态就是立、日、心这三个字组成的，每天思维、心念、身体力行的养成是一种执行习惯。所以做到一件事是“意识”的问题，不是简单的知识问题。

所以“心态”比“执行”更重要，学习心态要战战兢兢、如履薄冰，才会刻苦耐心地修炼，累积经验。当今有关业务、赚钱、发财、竞争、谈判、销售，已经没有简单易学、不动脑筋、容易复制、一学就会的办法。相反越简单易学、易懂，越没效果。因为轻视就不努力，不动脑筋，不下功夫。所以当下企业培训想产生效果，唯有比竞争对手更坚持、更努力、更用心、更创新、更全面、更系统、更精益求精地全身心投入，才能保证培训可以出效果。

五、新常态买方市场不可控制的企业培训效果及其原因和解决办法之一

图7－4解释了新常态买方市场，不可控制的企业最终培训效果及其原因

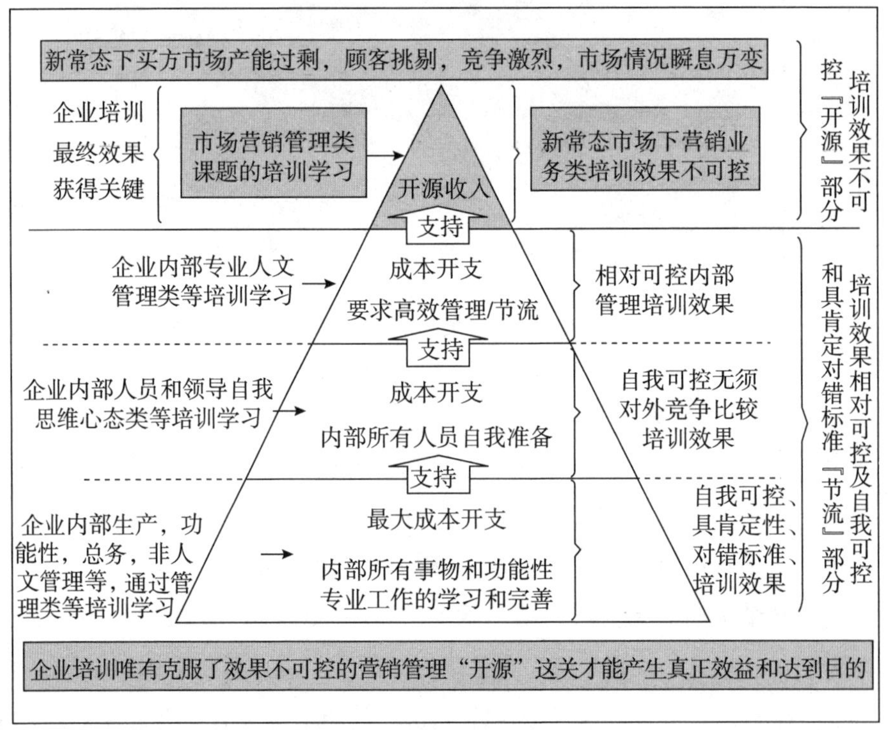

图7－4　新常态下企业不可控制最终业务培训效果及其原因和解决办法

和解决办法。新常态买方市场企业培训最终效果不可控制的原因，前面章节解释过，因为顾客挑剔，市场竞争就不肯定，环境变化就不确定，所以管理无定式。

既然管理无定式，影响企业开源收入的业务培训最终效果也就无法控制。企业培训唯有克服了效果不可控制的营销管理“开源”这关，才能产生真正的培训效益和达到口碑和品牌的目的。

六、企业培训效果虽不可控制但总有战胜的赢家和战败的输家

虽然企业的开源收入部分是不可控制的，继而影响到企业最终的培训效果也不可控制。但这个不可控制，不是不可能。最后总有战胜的赢家和战败的输家。而且这是一个相对比较值，而非绝对值。

中国市场是世界最大的市场，每年的增长率也是发展国家中相对比较高的。这就意味中国市场的业务和培训机会还是最多最大的。谁的业务培训综合水平高，谁的培训效果就好。

七、培训效果是个比较值，实力强的赢面大，实力弱的输面大

企业培训效果其实就是企业经营管理综合实力强弱的反映，要提升培训效果不是在培训方面下功夫，而是在营销管理上下功夫。培训本身就等于是武侠的技巧，营销管理就等于是武侠的内功。“练武不练功，到老一场空”，老盯着培训角度去解决问题是事倍功半。如果去练营销管理基本功，培训效果才会事半功倍地显示出来。图 7－5 反映了影响企业最终培训效果的深层次

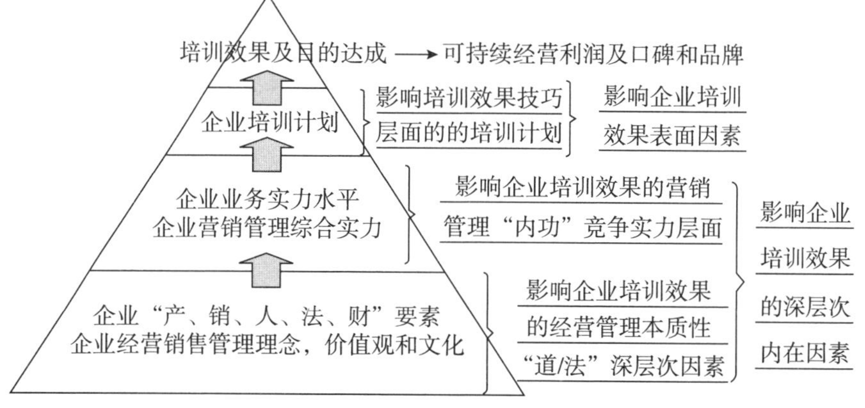

图 7－5　影响企业最终培训效果的深层次内在因素和表面计划和技巧因素

内在因素和表面计划和技巧因素。

事实上，企业的“人道合一”创新竞争意识的全员人文经营管理之道包括企业的经营销售管理理念，价值观和文化；企业的“产、销、人、法、财”的基本实力要素，以及企业的营销管理综合实力和企业业务实力水平等。这些才是影响企业培训效果的深层次内在影响要素。

八、企业任何培训计划效果好坏都是取决于经营管理思路和能力

很多企业培训效果不好，就是没有在深层次的要素里找理由和解决办法，而是在企业的培训计划中找答案和办法。这是“治标不治本”的做法，因为企业如果没有足够好的经验管理理念和实力，企业培训计划又怎会好呢？任何培训计划的效果好坏都是取决于思路和能力，没有好的思路和能力，就不会有好的计划。图7－6是新常态买方市场影响企业最终业务培训效果的要素框架结构。

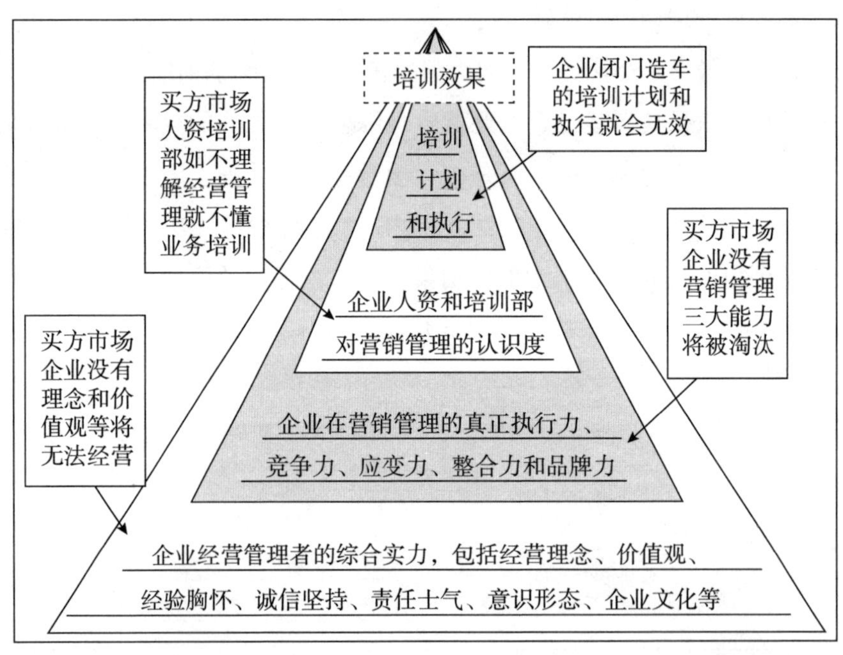

图7－6　新常态买方市场影响企业最终业务培训效果的要素框架结构

图7－5解释了培训效果是受培训计划和执行好坏所影响，但培训计划

和执行不能闭门造车地进行。那如何才是不闭门造车的计划呢？企业的培训计划和执行就必须是企业人力资源部和培训部对市场和营销管理有一定正确的认识。人资培训部如不理解经营管理之道，就一定搞不懂业务培训。而且企业在营销管理上，还必须真正的具备营销管理的三大能力，包括执行力、竞争力和应变力。如此才能形成企业综合的整合力和品牌力。如此业务培训才能在实战中做出效果。因为企业如果不具备市场运作的能力，那再好的业务培训都无法产生实际效果。

但这些企业的营销管理能力又是如何形成的呢？归根结底是来自企业经营管理者的综合经营管理能力和实力，包括经营理念、价值观、经验胸怀、诚信坚持、责任士气、意识形态、企业文化等。图 7 –6 第三层面的企业营销管理三大能力和企业的整合力及品牌力，以及最后层面的经营管理者的综合经营管理能力和实力，都是企业经营管理和培训要修炼的“内功”。

但要做好上述企业培训效果之本的经营管理“内功”，实非短期可以做到的，而且也非人力资源部或培训部有能力做到的。所以他们只能做些表面上看起来合理有效的培训计划，但因为缺乏深层次的内功实力和条件，最终想达到的培训效果还是会大有问题，甚至做不出任何效果。这就是最近“培训无用论”在社会上甚为流行的原因。

因此企业要解决“培训无用论”的难题，不能单靠人力资源或培训部去解决，必须要集全公司所有部门和所有层级的人员群策群力地来解决。尤其是企业中级别越高的人，越有责任去解决培训的问题。科技兴国，培训兴业。科技教育不好的国家，一定不会先进。培训学习有问题的企业，也一定不是优秀企业。

九、不懂经营管理之道和影响培训因素，企业培训就很难有效果

现在很多企业的培训效果不佳，主要是人力资源部或培训部，只看培训本身，不深入考虑培训的目的和那些影响培训的要素。

图 7 –7 解释了影响企业新常态市场最终业务培训学习效果的各种各样因素。企业培训必须先弄清楚这些因素和问题。

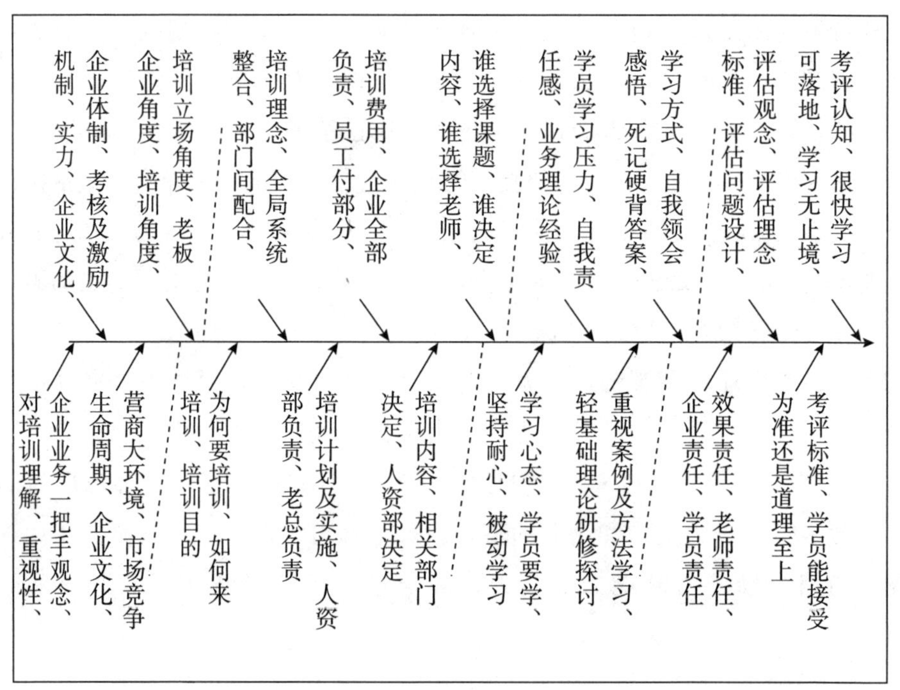

图 7－7　影响企业新常态市场最终业务培训学习效果的各种各样因素

买方市场企业培训的软价值和卖方市场的硬价值比较

物理　V　心理　　数量　V　质量　　物质　V　精神

理性　V　感性　　行为　V　思维　　计划　V　计谋

模式　V　趋势　　战术　V　战略　　复制　V　创新

模仿　V　差异　　产品　V　服务　　绝对　V　相对

固化　V　变化　　状态　V　心态　　劳心　V　劳力

生产　V　生意　　贴牌　V　品牌　　技巧　V　心巧

记性　V　悟性　　知识　V　意识　　办法　V　想法

体力　V　脑力　　招法　V　心法　　工具　V　功力

出工　V　出力　　执行力 V　竞争力　　标准答案　V　活学活用

十、新常态买方市场不同市场生命周期中，企业培训需要达到的水平

在不同的市场生命周期中，企业需要具备的能力和培训需要达到的水平是不一样的。图 7－8 解释了企业培训在不同市场生命周期中需要达到的水平和能力。

短缺时代卖方市场	新常态卖方和买方市场转型期	"十三五"割喉竞争优胜劣汰买方市场	并购潮寡头垄断冠亚季军买方市场
市场成长期	市场逆转期	市场成熟期	市场饱和期
思维/理念	行为/管理控制	氛围/企业文化	作为/品牌文化
开始学习	活学活用	学以致用	无为无招境界
开始入门	自我修炼	沉淀感悟	融会贯通
自我管理	营销管理	品牌管理	企业品牌长青
知识/知道	意识/做到	重视/赚到	本事/悟道
心思	心态	状态	态度
自我认知	改变自己	专业人才	顶尖专业人才
"会"的执行力	"更"的竞争力	"高"的应变力	"最"的品牌创新力

图 7－8　企业培训在不同市场生命周期中需要达到的水平和能力

在短缺时代的卖方市场，市场增长非常快，是市场生命周期的市场成长期。在此期间，企业培训要求的会比较简单，比如思维和理念上有培训的需求，开始入门学习，懂得起码的自我管理，有自我认知的能力，具备会的执行力阶段。

市场成长期到了晚期，供求会逆转，市场会从卖方市场逆转成买方市场。这是个 180 度的改变。企业培训的要求也会比过去的卖方市场难很多，包括要能把培训付诸行动，做好管理控制。培训学习要做到能活学活用和自我修炼。要懂得起码的市场营销管理，要能建立意识的做到需要做的事，心态上要能改变自己，令自己具备更好的竞争力。这些已经是传道、授业、解惑的授业阶段，不是应试教育的复制性培训学习方式能做到的。

之后的市场成熟期和饱和期，估计随着"十三五"到来，市场竞争会更激烈，淘汰率会更高，最后会形成寡头垄断的几家企业才能存活下来。到了这个阶段，企业培训的要求就非常难做到，比如要能形成企业文化和品牌文化，学习的境界要达到学以致用，无招无为以及品牌管理到企业常青的水平；企业培训者都能重视和找到赚钱的核心竞争力，以及具有悟道的本事了，已经改变了态度，并成为顶尖的专业人才，更具备了经营管理的应变力和品牌创新能力。这是到了传道、授业、解惑的解惑阶段了。

这些不同市场生命周期必须要求的培训效果和能力，在字面上的解释似乎不难，但要做到却是非常的难。“十年树木，百年树人”，需要“人”做到一样事往往比知道一样事要难上十倍。当下企业培训需要做到的层级，只是上图左边的第二个层级，也就是市场从卖方到买方市场的逆转期中的要求即可。

第二节　从“重术轻道”到“术道结合”

商场如战场，我们可以用《孙子兵法》始计篇中“道、天、地、将、法”的“五事”来解释企业制胜之道的“本质”。图7-9解释了什么是“五事”以及如何用在企业营销管理和业务培训的制胜之道。

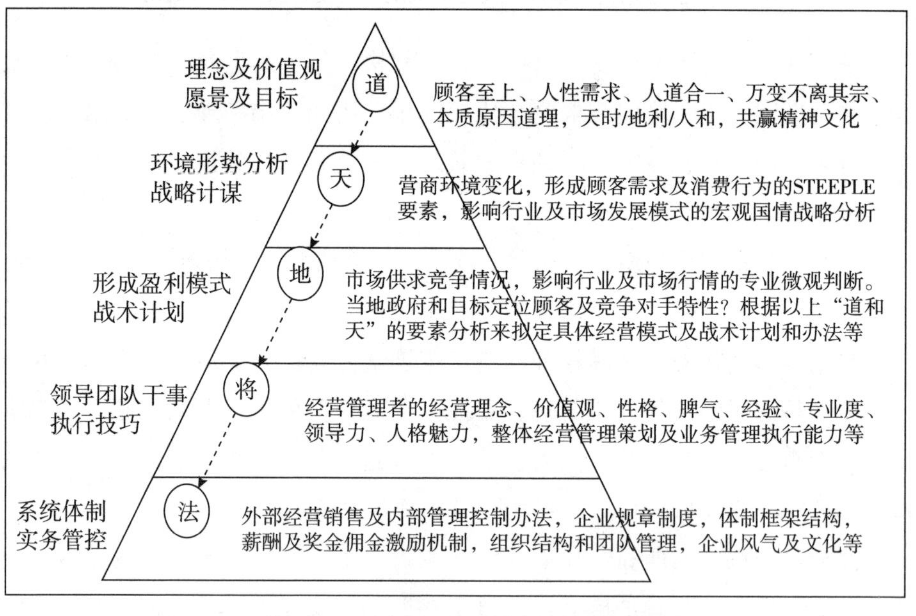

图7-9　《孙子兵法》用在企业营销管理的五事制胜之道

一、公司管理的五大武器

第一，有没有远见，这个远见必须是由使命感和价值观支撑的；第二，有没有战略；第三，有没有制度体系的保障；第四，有没有人才；第五，有没有文化。这里的远见、使命感、价值观、战略、文化等都是“道”；企业制度系统的保障是“术”；管理人才是“将”。

阿里巴巴的文化和价值观都来自马云的“道”。“五事”中的“道”是影响人的最根本原因和要素，要理解和运用了“道”的本质，才能从根本上解决那些和“人”有关的事。以企业的营销管理和业务培训来说，“五事”的“天”是我们生活和存在的宏观大环境，“地”是我们生活和存在的具体地方或市场小环境，“将”是具体的经营管理者，“法”是具体做事和解决问题的办法。

“法”受“将”影响，“将”受“地”影响，“地”受“天”影响，“天”受最后的“道”影响。“道”是治本的“因”，“法”是治标的“果”。天，地，将是影响过程的要素。企业要获取一个解决培训或任何其他问题的好“办法”，就要考虑到前面的“道、天、地、将”等要素。“道”是天道，“法”是人定的，人定的“法”要顺天（新常态营销管理“PEST”四大要素）而为，方才会产生效果。

企业培训和营销管理如果“重术轻道”地把“五事”的“道、天、地、将、法”本末倒置成“法、将、地、天、道”，只想求结果的办法，而不去研究原因的道理和前提，那企业的业务培训和营销管理是做不出效果的。

二、要让业务培训变得有效必须“先道、后术、再技”才行

图7－10是经营管理“道、术、技”水平及能力的检测对比。内中详情希望大家能花点时间仔细去了解一下，也希望大家可以参考本人的另一本著作《让销售变得多余》其中的关于基本营销管理概念和理论论述。“先道后术再技”的企业才会在培训管理境界、高度水平、生命周期、应付买方市场3C能力要求，以及标本兼治方面取得合情合理的优异表现。不然在新常态“互联网＋”竞争激烈的买方市场是无法做出结果的，因为如此做法是不合道理的。

孔子曰：“君子不器。”同样的道理也可以套用在管理学中变成“管理不器”。《道德经》的“道、法、术、器”，也是同样的道理。企业培训做事做人要以“道”为根本，讲究方“法”和利用规律，通过采用最好的行动计划“术”，以及最好的工具（器）和技巧（技），来完成你要达到的培训目的。

三者兼备：一流企业/可持续发展，只懂术和技的无法应变，只懂技的无法壮大发展					
层次	管理境界	高度水平	生命周期	3C能力要求	标本兼治
智慧 道	心法，法相 用心，思路 格局，本事 使命，价值	环境形势 战略分析 计谋眼光 孙子兵法	买方市场 剩余时代 成熟期及 饱和期	环境/天时 变数/变化 change 应变力/快 活学活用/解惑	武功心法 本质原点 万变之宗 七十二变花
经验 术	做法，方法 细心，道路 布局，重视 责任，意识	市场模式 战术安排 计划办法 三十六计	供求逆转 转型时代 市场模式 转变期	市场/地利 竞争/比较 Competition 竞争力/精 学以致用/授业	门派套路 框架结构 过程流程 十八般武艺
聪明 技	手法，方式 耐心，出路 结局，认识 实务，知识	一线做事 战斗细节 技巧执行 士兵枪法	卖方市场 短缺时代 成长期及 导入期	顾客/人和 满足/需求 Customer 执行力/准 熟能生巧/传道	格斗招式 具体细节 耐心操练 无招胜有招

图 7－10 “道、术、技”水平及能力的检测对比

可是这些“形而上”的人文价值理念和无形性的“道、法”，往往是中国企业最不重视的，也是企业培训最忽视的地方。

三、为何顶尖商学院只培训“道、势、术、局”，不培训业务技巧

图 7－11 是几家中国顶尖 EMBA 商学院，也是顶尖的经营管理培训场所的广告。广告中长江商学院认为经营管理培训学习最重要的是“明道，取势及优术”。中欧沃顿商学院认为，董事长要培训学习的就是“重在有道”。中欧国际商学院认为总经理要培训学习的是“总览全局，经始大业，理事自若”。所以“道、术、势、全局、大业”等也是企业培训最重要的内容。

为何以上顶尖商学院，包括世界各地知名商学院的 EMBA 课程中，从来没有安排“技巧”类课程的培训。由此可看出技巧类的培训肯定不是业务培训的重点，或起码没有“道、术、势、局”等重要。因此企业经营管理和业务出了问题，只想到培训“技巧”的，都是治标不治本的短期行为培训，是无法产生长期效果的。

图 7－11　顶尖商学院只培训“道、势、术、局”，不培训业务技巧

以下培训提示请用心参考，并要高度重视和留意。

（1）越老生常谈，越重复啰唆的问题和事情，往往就意味是“严重而长期未能解决”的问题。业务培训管理不能怕啰唆，因为我们有很多人性的弱点每天都会犯。

（2）越大的道理就越多人认同，越经典的话就越有价值，想做好培训就是要多讲这些被越多人认同（必须培训大道理）和越有价值（要强调培训学习那些经典格言）的内容。

（3）人文管理学的培训，就是要避免和克服人性一些与生俱来的劣根性，比如贪婪、懒惰、怕麻烦、不负责等。发挥人类往往需要培训锻炼才能形成的优秀品质。孔子尚且每日三省地提醒自己修身养性，更何况我们普通人呢？

（4）越是流行的经典格言就证明它的价值越大，越有用，越经得起培训的考验。

（5）每天、每时、每刻都有可能提到的话，就证明这些话是每天、每时、每刻都在发生作用。所以企业培训必须非常重视这些每天重复的话。因为如果不把这些唠叨的话纠正和克服了，那每天、每时、每刻都有可能会发生错误。

第三节　有效培训必须按照“道、法、术、技”的规律来推行

上面章节解释过，“道、法”是“术、技”培训产生效果的影响要素和前提条件。尤其在买方市场，影响企业培训和业务成败的要素和原因都是“道，法”的东西。

一、新常态买方市场的企业培训不懂“道、法”将迟早被淘汰

在过去卖方市场因为影响企业成败的重要因素是物理数量性的产能做法和手法问题，不必斗智地应付竞争对手。所以只会做法的“技”和会安排的“术”，大概就可以解决企业的业务和培训问题。尤其是对微小和小型企业，懂“术、技”大概就不成问题了。如图 7－12 所示。

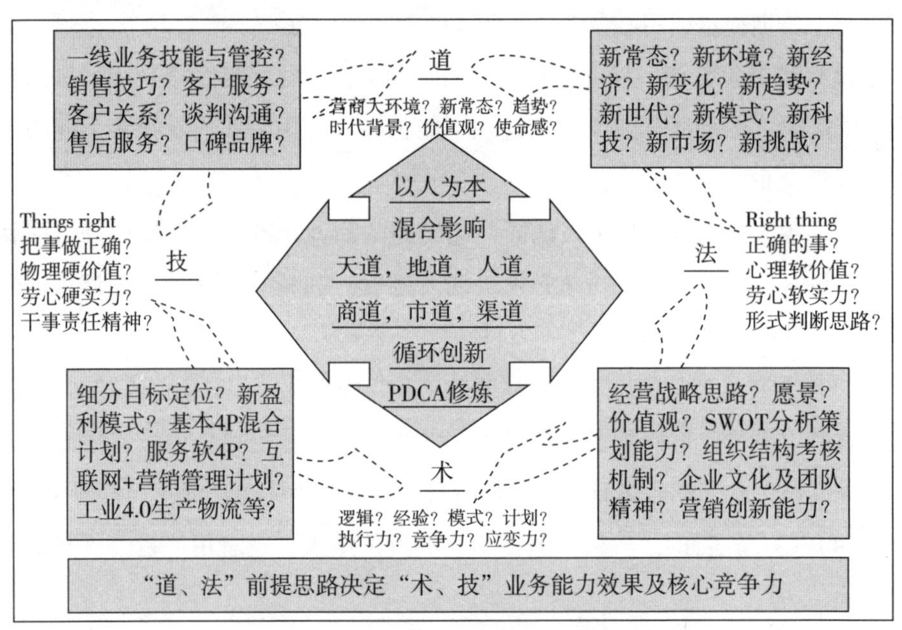

图 7－12　市场循环逻辑框架及系统结构

但在新常态竞争激烈的买方市场，斗智性的计谋、策略、看法、想法、布局、分析、眼光、判断等就非常重要。这些都是营销管理和形成品牌“之

法”的问题。没有看法、想法、办法各种“法”的企业是无法生存的。同样不懂培训“法”的企业也迟早会被淘汰的。中型企业一般都必须要到能够掌握“法”的水平。

而更高层次是能掌握“道”的企业，它能建立自我的信仰和价值观，有创新差异，与众不同的构想、信息、观念、理念、见解和思路等。得“道”的企业因为能从根本上解决问题，所以可以做到企业常青地可持续发展。能得“道”的企业，它的“法、术、技”也自然不成问题。因为高能力和水平的企业，也是从低阶段一步一步往上培训修炼而成的。

二、企业培训必须了解的“道、法、术、技”市场循环逻辑框架

图 7－12 是新常态买方市场下各行业“道、法、术、技”的市场循环逻辑框架及系统结构。中间部分是核心要素的“天道，地道，人道，商道，市道和渠道（“互联网＋”的经销和促销渠道）”。“道、法、术、技”是围绕着核心要素循环混合影响的，这是天道循环变化的道理。不理解这个道理的企业，不但企业培训很难有效果，企业运营也将很难会成功。

经营管理者其实就是“以道驭术”者。“道、法”的最高境界是“大道无术，大器无方”和“无为而治”。就像武侠的最高招是“无招胜有招”以及太极的“招无意在，变化无穷”。新常态买方市场的企业必须懂得如何培训在动态变化环境中和竞争对手出其不意攻其不备地过招。

三、过去卖方市场和新常态买方市场的业务特点及培训重点

图 7－13 用曲线图表解释了过去卖方市场和新常态买方市场的业务特点及培训重点。图 7－13 左边是市场酝酿导入和快速成长期，用曲线图来表示就是导入期的稀缺时代是一条略网上的平行线。快速成长期就是一条几乎是一路往上的直线。这说明在这个时期，生意好做而且几乎没有什么波折和变化。企业培训也只要能满足生意稳定而且向上的生产数量，培训效果的获得是非常容易的。

到了新常态的剩余时代，市场开始出现成熟市场的低成长现象，而且因为竞争激烈、顾客挑剔、环境变化等原因，市场不再是一条线的稳定往上增长了，而是产生了上下的波动，市场变得时好时坏，企业无法掌握和控制。这个时候企业就需要斗智斗勇，经营上要“道法为重，术技次

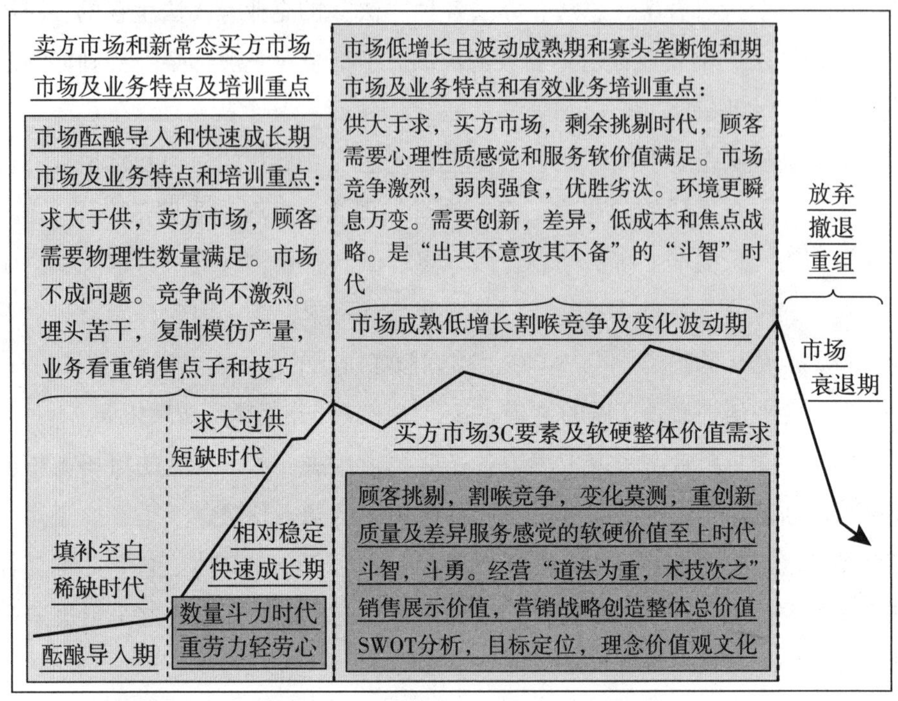

图 7－13　过去卖方市场和新常态买方市场的业务特点及培训重点

之”了。

那企业培训自然也要以道法为重，多培训那些“治本”的思路性、创新性、概念性、想法性、分析性的内容。少培训那些“指标”的办法性、手法性、技巧性的内容。新常态买方市场的企业培训一定要先重道法，再论术技，才会产生效果。

四、企业培训不谋万世者，不足谋一时，不谋全局者，不足谋一城

企业培训是一个需要长时间才能产生效果的系统工程，需要全局观和懂得因果效应，不是短期就可以产生效益的。所谓“不谋万世者，不足谋一时，不谋全局者，不足谋一城”，企业培训如果不懂这个道理，而产生急功近利的心态，那培训就永远无法产生效果了。

《易经》中说：“君子藏器于身，待时而用。”优秀的企业一定会平时“修炼和培训”营销管理的内功。如果等到市道行情不好，市场竞争残酷了才开始加强营销管理培训，这往往已经来不及了。

五、万变不离其宗，培训学习了解了“宗”就能应付万变

培训管理是一门人文科学，是和人打交道的科学。前面说的生活需求环境、市场供求竞争、顾客满足需求、企业经营管理等都是和人打交道的事情。所以人类生活中越基本，越普遍，越常见，越人性，越是毛病，越难克服的事就是企业培训管理最核心的道理和需要做到的事，是“万变不离其宗”的“宗”。能了解这个“宗”就能应付万变。“宗”也意味着“万变”都和它有关，就是什么事讲到底都会牵涉它。研究业务培训管理时越是重复碰到的，不断提到的，避都避不开的道理就是这个“宗”或“道”。

如果企业发现有很多不同错误、问题的原因和道理都一样的话，那这个共同的原因道理就是重要的原理。就是“万变不离其宗”的“宗”，能明白这个“原理的宗”，就能解决相关的所有问题和失误。比如如果这个“原理的宗”影响了100个问题和失误，而你忽视了这个“原理的宗”，那你这100个问题就永远无法解决。反之你解决了“原理的宗”的问题，就标本兼治地解决了那100个问题。所以企业培训对“原理的宗”要非常重视，这个“原理的宗”也往往就是前面章节讲的“道、法”。

既然“宗”这么重要，就需要天天培训学习，从不同的方面，不同的事例培训出感觉，培训出意识，培训出重视，才能真正感悟这些人文科学的道理。感悟了道理，形成了意识和重视，才能做到企业培训的效果。

企业亏本就是知道做不到，没有每天培训，没有产生意识和重视的感悟。业务管理培训是一个潜移默化的过程，不能一蹴而就，要逐渐累积，不断重复培训修炼。不断培训修炼就意味不断去重复修正和磨炼。已经知道的事也叫PDCA（Plan、Do、Check、Action），就是不断重复培训地做这四个过程。

第四节　从只“培”不“训”到培养与训练相结合

前面章节解释过，人文管理生意科学和自然物理生产科学的学习和培训方式是不一样的。自然物理性的生产科学是没有变化，没有竞争，而且有全

球统一的标准答案的，所以可以复制、模仿地来培训学习和生产。贴牌生产就是复制、模仿、克隆品牌商的“创新原件”，然后大规模地按照统一的标准来重复制造。所以这种培训效果绝对可控、可衡量、可产生效果。

一、哪些课题培训一学就有效？哪些课题培训效果是比拼的结果

图 7－14 三角形的最下面两个层面就是物理性，有标准答案，不用面对竞争和变化的培训，比如贴牌生产、现场 5S 管理、财务会计、心灵鸡汤、领导力、成功激励、很多企业的内部事务管理等，这些课题的培训一定能产生效果。

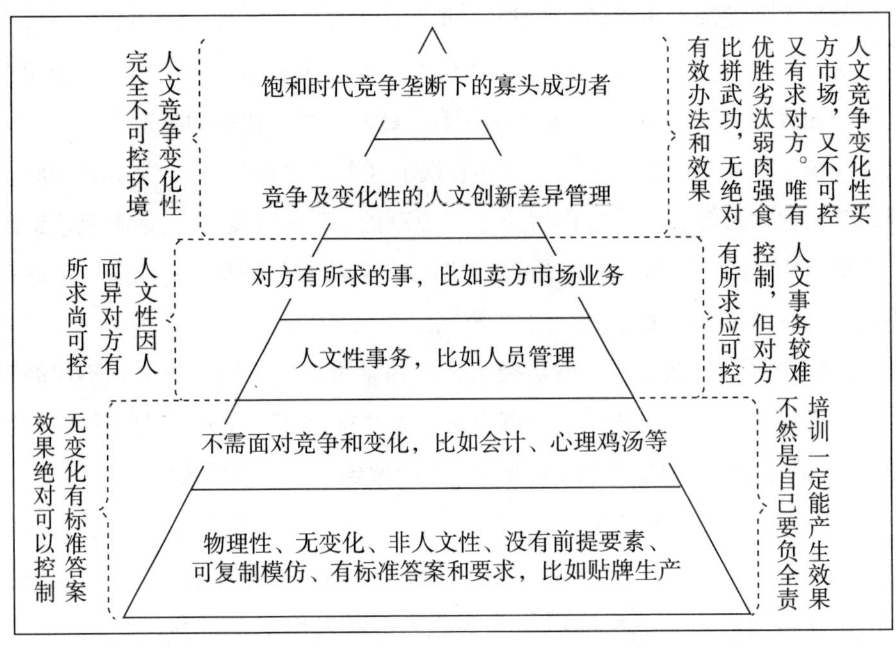

图 7－14　不同事情，不同市场竞争所能做到的不同业务培训效果

图 7－14 三角形的中间两个层面是人文性培训。本来人文性的培训会因人而异，比较难控制。但因为对方有求于你，比如企业内部人员管理、卖方市场的求大过供、顾客不敢挑剔等原因，令此类课程的培训效果，尚在相对可以控制的情况。比上述绝对可以控制课题的效果会差点，但结果尚属可以接受。

图 7－14 三角形的最高两个层面就是新常态“互联网＋”，顾客挑剔、竞争激烈、瞬息万变的剩余时代买方市场。这是一个人文竞争变化无穷，又不

可控和有求于对方的环境和市场完全不可控制买方市场。这种情况下任何和市场及业务相关的课题都无法掌控，因此相关的培训效果也无法控制。培训效果都是优胜劣汰、弱肉强食、比拼武功（内功的修炼）的结果。

在这种情况下培训效果如果还承诺保证，那只有五个可能性：①市场垄断的产品或企业；②背后有极佳的政治或政策力量来支持；③把情景假设或控制在某一特定可掌控的情况下；④各方面实力、品牌、竞争力和应变力属业内最强的企业，因为最强所以效果好的可能性是最大的；⑤忽悠、瞎承诺，先赚培训的钱，日后的效果日后再说。

二、企业培训的效果及人员能力本事的提升，20%靠老师，80%要靠自己

新常态"互联网+"竞争激烈买方市场的企业培训效果及人员能力本事的提升，20%靠老师，80%要靠自己。图7－15解释了为何靠自己要比靠老师重要这么多。

图7－15三角形的底部，是企业培训传道的入门阶段。执行力在卖方市场是非常管用的，因为市场求大过供，顾客要的是数量性的重复生产。企业

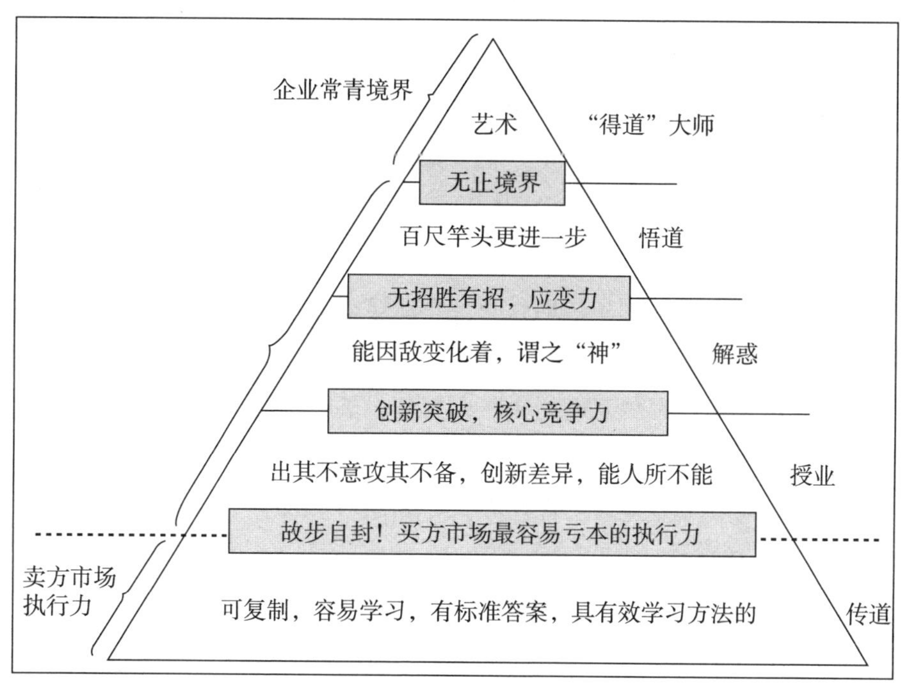

图7－15　企业培训的效果及人员能力本事的提升

培训只要做到会重复生产，能满足标准化的产品设计图，培训就会产生效果。

中间的三个部分等于是“授业，解惑和悟道”的三个层次的水平。现在知识泛滥，传道的知识学习和学会怎么做的执行力，已经没有什么价值，因为在买方市场懂得做，有执行力会的人太多了。会做的执行力绝对不是竞争力，反而是买方市场最容易亏本的原因。亏本就是有了执行力，没有竞争力。

新常态买方市场的竞争力和应变力，绝对是不可复制、无法模仿学习的。一定是自己懂，创新差异，深思熟虑，能人所不能，出其不意，想出来的。师傅带进门，竞争力和应变力的本事修行要靠自己。自己不努力修炼竞争力和应变力的企业培训，是不可能会产生培训效果的。所以企业培训的效果及人员能力本事的提升，20%靠老师，80%要靠自己。

最高境界是到了“得道”大师的地步，企业也可以做到可持续经营、企业常青的境界。企业亏本最危险的情况就是培训只要求落地执行力，以为培训学习的目的就是学会了、会做了，而且越容易学习、越可复制模仿、有标准答案、具有效学习方法的培训越是危险。因为它让企业故步自封，不再钻研和进步了。

要知道最高境界是学无止境的，如果企业培训把目的和标准定死了，就意味着以后不会再进步和提升了。企业竞争力和应变力是学无止境的，而且无招胜有招，无是没有止境，没有标准答案，没有办法教会的，只能靠自己去“悟”。

三、新常态“互联网+”时代下，企业培训如何达到最终目的及有效结果三大阶段

图7-16是新常态“互联网+”时代下，买方市场企业培训如何达到最终目的及有效结果（利润和品牌）三大阶段。起点是正确的培训理念、思路、认知和原理；其次是企业通用管理及个人和团队的培训；终点的营销（开源）管理（节流）培训结果部分。

（1）企业培训的效果第一步来自正确的培训理念、思路、认知和原理，这等于是交通工具起航的“大方向”。这个大方向万一错了，后面做的事都会错。在新常态“互联网+”买方市场的转型时期，企业就非常容易犯这个错

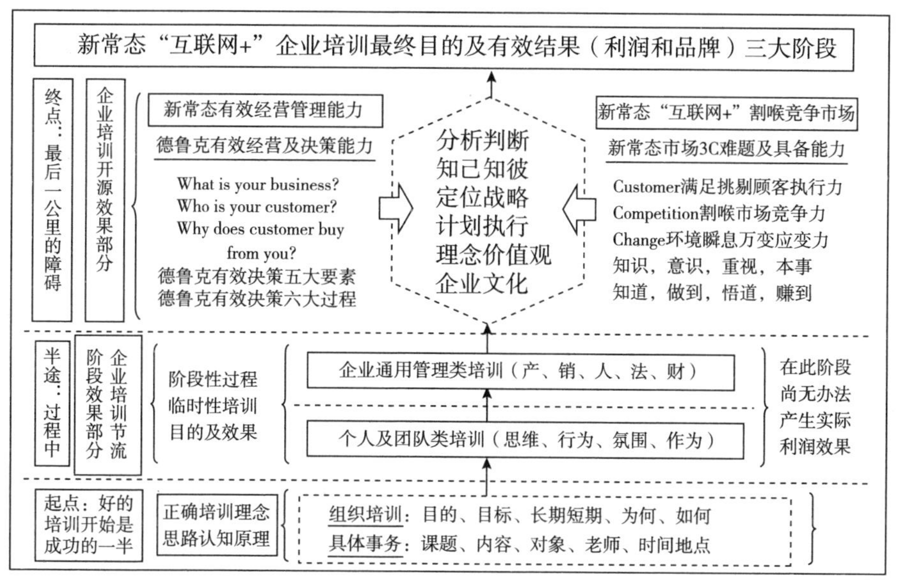

图7－16　新常态"互联网＋"企业培训最终目的及有效结果的三大阶段

误。甚至目前培训效果不佳的企业，超过80%都是因为这个错误，即用过去卖方市场的经营来面对新常态的买方市场。

（2）培训有效的中点是企业通用管理类和个人及团队的培训。这是培训有效的企业内部备战阶段，是取得培训最终效果的阶段性过程。通用管理类的培训，基本包括"产、销、人、法、财"五大部分，个人及团队培训，基本包括"思维、行为、氛围和作为"的部分。这部分的培训只能产生临时或现场培训完的效果，尚不能产生最终培训效果。就像打仗前的备战，备战培训固然有现场培训结束效果好坏可以评估。但终究尚未上战场，还不能说备战培训效果好，打仗效果就一定好。备战到底是一种预测和假设，和实际战场效果会有很大出入。

（3）企业培训最终能否有效，要看市场营销管理的最终一公里能否做出效果。它包括实战上能否做到分析判断、知己知彼、定位战略、计划执行、理念价值观、企业文化等。企业还必须要具备经营管理的能力，能否理解德鲁克最有名的三句话（请参考图7－16左上角的英文）和是否具备解决买方市场3C难题的三大能力（请参考图7－16右上角的三大能力以及其他意思、重视、本事等能力）。

市场营销管理是企业培训最后开源赚钱的部分，也是企业培训最终的目的，做到营销管理的利润收入和市场品牌的买卖双方双赢。理论上解释如何做营销似乎不难，但实际要做到上面这些问题及要求的培训效果，却并不容易。就好像运动场上的比赛，要会一个项目不难，要拿到冠、亚、季军就不容易了。

四、培训的效果都必须靠自己去领悟的，易学有效的都要付极高版权费

图 7－17 告诉我们什么是真正有用的，值得我们去学习的价值？怎么才能得到这些有用的价值？我们要如何去学习？我们要付出些什么？为何天将降大任于斯人也，必先劳其筋骨，苦其心志？为何 CEO 是培训不出来的？

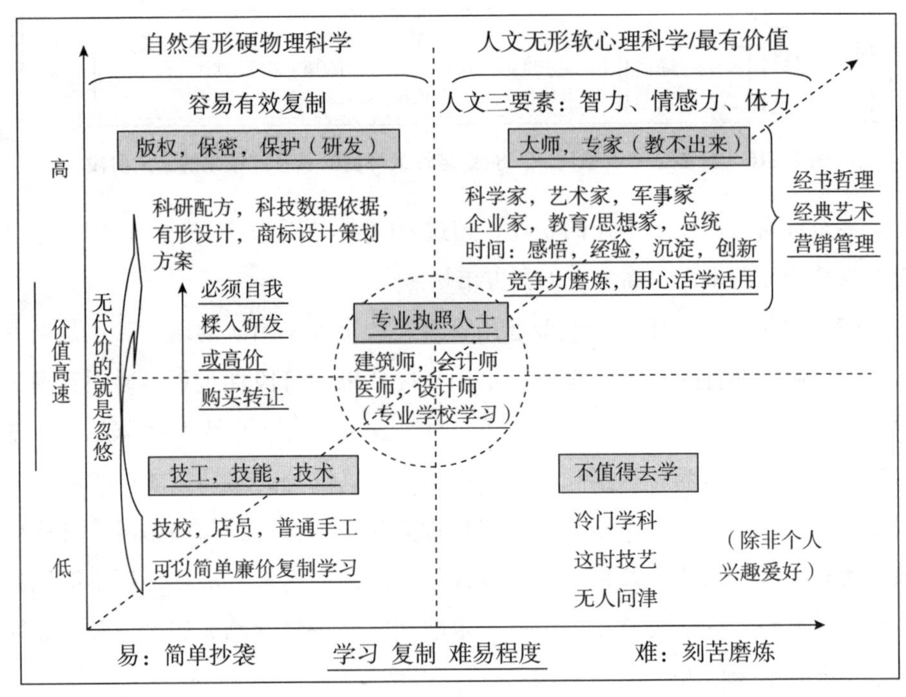

图 7－17　学习复杂难易程度与价值的关系

以下图解两个坐轴和有五个象限，纵轴代表价值高低，横轴代表学习的复杂和难易程度。

（1）第一个左下角的象限代表简单易学，低价值的技工、技能类知识。

（2）右下角的代表不值得去学的冷漠学科，过时技能、技术、无人问津的知识。

（3）中间圆圈代表专业可考证照的工作，比如建筑师、会计师、医师、设计师等，通过专业学校或学习可以学到的知识。

（4）左上角是非常有有价值，而且容易复制、模仿，有效获取的知识，比如研发配方、科技数据、有形设计商标等自然有形硬物理科学知识。这些知识都需要保护、保密或版权保障的。这些知识只有通过自己大量的研发投入或高代价，高价购买转让得来的。如果有人说这些知识不需要研发投入，或不需要高代价就能让你获得，那就是“忽悠”。

（5）右上角是人文概念无形软科学，是最有价值的人类学问。通常能真正具备这种学问的一流人才，我们都称之为大师，甚至比专家水平还高，比如哲学家、思想家、艺术家、教育家、科学家、军事家、企业家等。这些软科学、软人才、软实力都不是复制、模仿、抄袭能学到的。这需要时间、灵感、经验、沉淀、感悟、创新等不断磨炼，融会贯通的竞争力，再加以灵活妙用，做到心灵合一的无为境界，才能有所成就。

五、企业培训效果的过程是由“培养”和“训练”两部分组成的

图7－18解释了企业培训效果的过程是由“培养”和“训练”两部分组成的。培养的部分包括“培”的知识传递。现在学校的教育也以这部分为主体，主要的学习方式是复制、抄袭和记忆。但在电脑流行后，知识变得泛滥了。这部分的价值就没有过去这么大了。这在教育学习就是第一步的传道或传递道理的阶段。但在自然科学没有变化的内容来说，记忆和复制还是有它一定的作用。

培养的另一个部分是“养”，是养成习惯、养成意识、养成有用的人。这部分就非常适合人文管理科学的学习。“养”不是纯粹的知识学习，是在人脑，人心中养成思维、看法、人文责任和心态、想法，能举一反三。“养”是“传道”后的“授业”和“解惑”阶段。企业培训如果只“培”不“养”是无法学会人文管理学的。

六、培训真正能产生效果的是训练，只“培”不“训”是没有效果的

培训的第二部分是“训练”，训练就是把培养学到的知识和人文性的东西，通过不断地重复把它巩固下来。前面章节解释过的，企业管理光有知识是不行的，要把知识通过日积月累的训练变成意识、习惯、技能、做法的

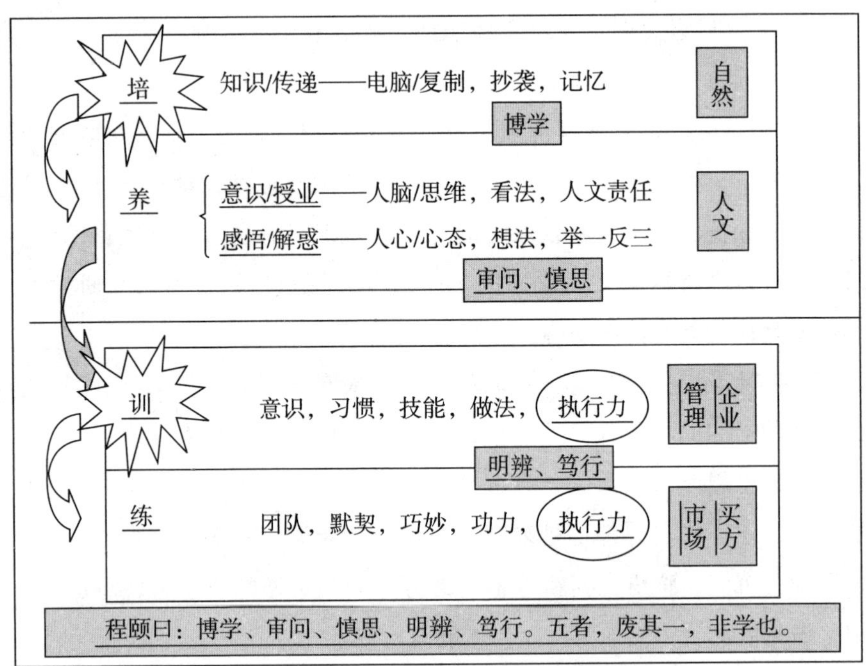

图7－18　企业培训完整过程及效果

“执行力”。就像学开车，知道了刹车、油门、方向盘，如果不去训练是无法学会开车的（执行力）。所以真正培训学会做一件事，不只是培养的知识问题，更是在训练中重复锻炼而成的“执行力”问题。

在一般情况下培训有了学会做的“执行力”，就可以算是培训有了效果。但在有竞争比较的情况下，比如当下新常态竞争激烈的买方市场，只有执行力是不够的。培训一定要培出“竞争力”才会产生效果。竞争力是在执行力的基础上再不断地修炼才会产生的。比如团队的默契、技能的巧妙、比做法更高水平的功力等竞争力，都是在修炼中锻炼出来的。

南宋大学者程颐说：“博学，审问，慎思，明辨，笃行。五者，废其一，非学也。”其中的博学就是培训的“培”，审问和慎思就是培养的“养”，明辨和笃行就是最后的“训和练”。做不到“训和练”，就无法做到“明辨和笃行”，最后也做不到企业管理的执行力和买方市场的竞争力。

中国企业在买方市场培训学习效果不好的原因大致如图7－19所示

培训学到的都是经营管理的表面功夫，只占买方市场业务成功20%的要素。这在卖方市场尚可盈利，到了买方市场完全没有竞争力。培训没学到的都是经营管理的里面功夫，在买方市场占业务成功80%的要素和原因，结果都因为缺乏内功竞争力，完全无法令业务培训产生实质的效果。

√ 学了知识	没意识		√ 学了计划	没计谋
√ 学了工具	没功力		√ 学了动手	没动脑
√ 学了办法	没想法		√ 学了细节	没系统
√ 学了方法	没方向	?	√ 学了听话	没听进
√ 学了流程	没过程		√ 学了治标	没治本
√ 学了战术	没战略		√ 学了手法	没心法
√ 学了技巧	没心巧	?	√ 学了抢位	没定位
√ 有了表格	没表述		√ 学了部门	没布局
√ 有了心动	没行动		√ 学了体制	没机制
√ 有了定量	没定性	?	√ 学了激励	没鼓励
√ 有了培训	没培养		√ 学了学习	没练习
√ 有了武器	没武功		√ 学了速度	没力度

图7－19　企业在买方市场培训学习无效的原因

业务培训管理所有知识性的办法、工具、技巧（武器和工具）基本上都可免费找到。能最佳运用这些武器和工具的“人”（武功和功力）才是最重要的。亏本的企业就是培训了武器没有培训武功；培训了工具没有培训功力，施展不出工具的效果；培训了办法没有培训心法，无法应变；培训了技巧，但有技无巧。现在到了“新常态互联网＋”竞争激烈的买方市场，这种没有全面培训的企业，最后做了竞争对手的垫脚石。

第八章

做一个有效的培训实操流程

每一个培训项目都不是一个孤立的活动，而应该是使企业整体运作的一个方面，是企业提高竞争力和员工个人发展的一种手段。要想充分实现培训的效力就必须策划好每一次的培训活动，拥有完善的培训流程系统。

第一节　培训流程全攻略

企业开展培训工作时一定要按照规范的流程来进行。培训的工作主要包括：企业战略需求、培训需求管理、培训计划制订、培训实施管控、培训效果评估等。图8－1、图8－2更能清楚地展示。

一、培训整体流程

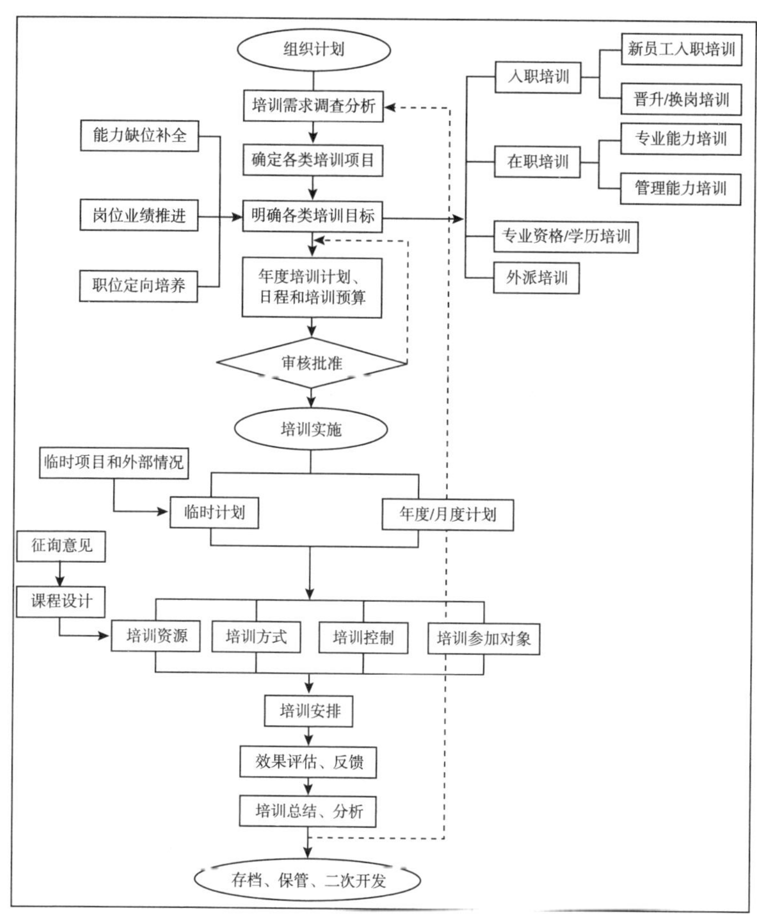

图8－1　培训整体流程

二、培训总流程说明

流程简图	作业内容	负责部门	流程文件链接
培训需求调查 ↓	• 分析新员工个体特点和岗位聘任的相对差距，引发的培训需求 • 每一新培训年度开始前进行需求调查，各部门及时提供反馈意见 • 去年培训总结、分析作为部分培训需求起点	人力资源部&各部门负责人	员工个人需求调查表 部门需求调查表
培训项目和目标 ↓	• 培训项目：从员工加入公司开始，分别设置为四类培训 • 针对各个阶段、各种发展状态员工培训需求制订各种相应的培训课程 • 培训目标：主要以流程图中三类目标制订 • 在职培训内容在层次上分为业务技能、职业技能与管理能力、意识	人力资源部	《培训与发展制度》
培训计划和预算 ↓	• 每一新培训年度开始前确定该年培训计划、各项目预算 • 制订各季度、月度培训日程安排 • 报经公司董事会批准	人力资源部	《年度培训计划和预算》 年度培训课程表
阶段性计划 ↓	• 每月结合部门需求，制订部门计划，公司层培训按计划和预算执行 • 临时计划：根据临时性的项目、群体或者外部情况的变化做的阶段性补充	人力资源部	
具体培训计划准备 ↓	• 培训方式：外聘、外派、内训 • 培训资源：寻找市场或内部资源并进行审核，征询各部门意见，结合培训内部目标设计课程 • 对外聘培训机构及个人进行合作方评审，对培训合同培训地点等商务环节进行控制 • 确定培训参加对象，做好通知和工作协调	人力资源部	《外聘培训合同》（培训方提供） 《培训服务期协议书》
培训安排 ↓	• 培训参加人员协调 • 培训过程现场信息、过程控制 • 发放并回收现场效果反馈表 • 以合适的方式进行培训结果的考核 • 培训过程费用记录	人力资源部	培训签到表 《培训记录》
培训评估总结 ↓	• 每次根据培训效果反馈，对培训进行主客观的总结报告 • 依照评估总结报告，提出建议 • 将反馈结果作为下一次需求调查的起点之一	人力资源部	培训效果评估表
存档再开发	• 员工培训记录系统存档 • 建立员工能力培训动态管理卡记录 • 培训资料保管，以便于二次开发	人力资源部	《员工培训档案》

图 8－2　培训总流程说明

三、培训流程操作说明

1. 培训需求调查分析

（1）人力资源部或培训部在每年年底向各部门培训专员发放“员工个人培训需求调查表”；各部门培训专员将员工的个人培训需求总结形成各部门个人需求总结，发送给各部门负责人。

（2）人力资源部或培训部向各部门领导发放“部门需求调查表”。

（3）由各部门负责人根据本部门的实际业务工作需要，结合对员工职业发展的规划和员工的培训需求，针对部门内不同项目、不同职能和不同岗位，向人力资源部提交本部门各类培训需求。

（4）人力资源部或培训部根据各部门负责人反馈整理，配合各部门确定《部门年度培训计划》，并以季度为单位在过程中督促执行，培训专员在每季度末将本季度培训执行情况总结表交给人力资源部或培训部汇总归档。

2. 年度培训计划制订

（1）建议书和必要性确认

1）人力资源部或培训部根据员工个人及管理人员需求进行分析总结，结合管理层访谈，以培训项目为单位，编写“公司年度培训计划建议书”提交董事会。

2）董事会对公司《年度培训计划建议书》进行审核，提出修改意见，确认。

（2）最终审核

1）董事会确认下一年度的《公司年度培训计划及预算》。培训计划包含要件：培训目标、课程名称、受训范围、预计人数、培训人数、培训时间、培训地点、培训教师、培训费用预算。

2）人力资源部或培训部根据公司董事会最终审议决定的年度培训计划，调研外部供应商情况，设计制订课程，制作并发布次年度的“公司年度培训课程表”。

3. 培训组织实施

各部门必须严格按照公司《部门年度培训计划》组织培训。

（1）项目分工

1）入职培训：包含新员工入职培训和新晋/换岗人员培训两类。

①新员工入职培训：由人力资源部在新员工入职一个月内统一负责组织实施。

②新晋/换岗人员培训：在人员发生晋升、换岗一个月内，由其所在部门负责人安排进行，人力资源部提供必要协助。

2）在职培训：包含专业能力培训和管理能力发展培训两部分。

①专业能力培训：包含业务知识培训和业务技能培训两类：业务知识培训由各部门培训专员根据各部门各岗位需求组织实施；业务技能培训由各部门组队负责人开发设计，部门组织实施。

②管理能力发展培训：由人力资源部结合外部咨询机构等资源统一组织实施。

3）专业资格培训：由本人或各部门向人力资源部提出申请，上报公司部门经理批准后由人力资源部负责组织实施。

4）外派培训：由有需求的个人或部门提出申请，经相关批准后实施，人力资源部负责跟进后期学习成果转化过程。

（2）培训项目组织实施流程

1）培训申请

①对于公司年度培训计划内培训由各部门培训专员按计划组织实施。

②对于年度培训计划外培训以及临时需要的培训，由部门培训专员填写《培训实施申请》并经由部门负责人审批并交至人力资源部备案后，方可组织实施。

③公司认可的外派培训以及岗位资格认定培训与考试，经部门负责人批准后实施，员工在培训或考试合适，凭获得的相关证书以及收费凭证等资料，公司可给予报销相关费用并签订《培训服务期协议》。

2）培训前准备

由培训组织者负责，进行包括但不限于下列准备工作：

①培训资料审核：要求外部或内部培训师根据公司的培训需求事先提交培训课程大纲和讲义教材，并征求相关部门负责人的意见，对培训课程大纲和讲义教材提出修改意见。

②安排实施细节：确定培训时间和期间、培训场地，通知参加学员和相

关部门，准备培训讲义和签到表、培训课程评估表，培训开始前按照培训师要求准备相关设备和场地布置。

3）培训时控制管理

①考勤管理：要求让参加培训所有受训对象在“培训签到表”上签到。

②协助培训授课，组织协调各类资源保证培训顺利实施。

③课程结束，组织进行课程效果反馈并填写《培训记录》。

4）培训后总结报告

①培训组织者须在课程结束后一周内，将填写的《培训记录》交由部门负责人或人力资源部确认，人力资源部培训负责人记录备案。

②根据不同的培训情况，由参加培训学员填写“讲师培训效果评估表”（附件9），对本次培训课程以及讲师进行评估并由部门培训负责人交至人力资源部备案。

5）培训实施其他事项

①所有公司组织的培训活动或课程，受训人员必须亲自签到并全程出席。因故不能参加培训的员工，需在收到由人力资源部发出培训通知后，由直属上级签字确认，人力资源部培训部门备案登记。

②如因特殊原因不能事先请假的，员工应通过电话或其他方式在培训当日及时通知培训组织者，并说明具体事由。

③各部门负责人对本部门受训员工的培训态度、行为转变、业绩提高等结果进行考核，考核结果作为绩效考核的一部分，成为年度调薪和职位晋升依据之一。

④组织者应对培训资料（如教材、补充资料及其他资料）是否备份存档予以判断。经判断需要存档的，培训组织部门应负责将有关资料予以备份并存档。

4. 培训评估改进（见表8－1）

（1）学习评估

为了解受训员工的学习效果，根据培训内容及形式等，培训组织者可在培训课程结束后视具体情况采用测试形式对受训员工进行考核。根据情况也可采用角色扮演、模拟练习等方法来对学习效果予以测评。

表 8-1 培训评估表

层次	评估内容	评估方法	评估时间	评估单位
反应评估	衡量学员对具体培训课程、讲师与培训组织的满意度	问卷调查、面谈观察、综合座谈	课程结束时	培训单位
学习评估	衡量学员对于培训内容、技巧、概念的吸收与掌握程度	提问、笔试、口试、模拟练习与演示、角色扮演、演讲、文章	课程进行时、课程结束	培训单位
行为评估	衡量学员在培训后的行为改变是否因培训所导致	问卷调查、行为观察、访谈、绩效评估、管理能力评鉴、任务项目法、360 度评估	三个月或半年以后	学员直接主管
结果评估	衡量培训给公司的业绩带来的影响	个人与组织绩效指标、生产率、缺勤率、离职率、成本效益分析、客户与市场调查、360 度满意度调查	公司每半年绩效评估	学员的单位主管

（2）行为评估

培训组织者根据培训课程的内容，通过问卷调查、行为观察、访谈、行为改善实施计划、绩效评估、任务目标等手段关注考察受训员工在工作中的行为方式改善和绩效提高的程度，评估培训效果。

（3）培训课程评估

为及时得到受训员工对培训课程的反馈信息并加以改善，每一个培训项目结束后由培训组织者用座谈会或问卷形式向受训人员进行培训课程评估，将评估内容予以汇总分析后以作改善参考。

（4）培训效果评估

对受训员工进行培训效果评估的项目，在培训结束后的半年内，培训组织者应该按照计划实施相关评估活动，并负责将相关评估情况记录并保存。

（5）培训改进

培训组织部门应在每年年底对全年的培训实施情况予以回顾，总结各培训项目的成功要点和改善之处，并在此基础上考虑安排下年度培训计划。

根据培训计划实施的具体状况及训后评估、培训效果跟踪和其他有关培训课程及培训计划的反馈信息，各相关部门应在其后的培训安排中予以改进。

四、附件

附件1：

员工个人培训需求调查

部门		项目/职能	
姓名		职位	

1. 请对公司今年的培训计划和实施情况提出建议与意见。

2. 本年度您所参加的培训是否满足您的职业及个人发展需要？请在相应的分值后用“√”表示，5为最高分表示非常满足，4表示满足，3表示符合，2表示一般，1表示不满足。

5－□　4－□　3－□　2－□　1－□

您的评判理由与意见：

3. 请填写下一年度您需要参加的培训。

1. 通用能力培训	□希望/有需要参加 □不希望/不需要参加
2. 专业技术培训	□希望/有需要参加 □不希望/不需要参加
请详细列出您需要参加的<u>通用能力培训</u>内容：	
请详细列出您需要参加的<u>专业技术培训</u>内容：	

4. 其他意见。

附件 2：

管理人员培训需求调查

部门		日期	
问卷填写人		联系方式	

感谢您帮助我们不断改善服务的质量。

个人基本信息

姓名：　　　　　　职位：　　　　　　部门：

整体培训信息

1. 您本人在过去的一年中参加过多少天培训？

□没有	□1～2 天	□3～4 天	□4～10 天	□10 天以上

如果您在过去一年中参加过培训，请注明培训的内容：

2. 作为公司的高层（中层）管理者，您认为公司哪类人最迫切需要培训？

□高管层	□中层经理	□主管级员工	□一般员工

具体培训需求

高管层填写	中层经理填写
1. 作为公司的高层管理者，您最希望在以下哪些方面得到进一步的发展和提高？ （1）关于提升管理及领导力方面的培训 □ 发展高效领导力 □ 高效领导的策略性工具 □ 策略性思考及规划 □ 跨文化沟通 □ 人才选拔与保留 □ 继任计划	1. 作为公司的中层管理人员，您最希望在下面哪些方面得到进一步的发展和提高？ （1）关于提升管理以及领导力方面的培训 □ 管理与管理变革 □ 团队建设 □ 如何激励和留住关键人才 □ 团队教练（辅导）技巧 □ 中高阶主管的管理技巧 □ 领导力发展

续　表

高管层填写	中层经理填写
□ 团队教练（辅导）技巧 □ 打造高绩效团队 □ 谈判技巧 □ 其他（请注明）： （2）沟通与人际技巧 □ 高效沟通 □ 冲突管理 □ 跨文化沟通 □ 跨部门的高效沟通 □ 高效会议技巧 □ 影响式演讲技巧 （3）个人成长与发展 □ 高效时间管理 □ 商务礼仪展现与专业形象 □ 压力管理——工作中的情绪管理 □ 项目管理技术与工具 □ 创新思维与问题解决 （4）关于跨部门专业知识和技能的培训 □ 大客户销售 □ 销售团队管理 □ 关键客户管理 □ 渠道管理 □ 客户服务 □ 企业品牌管理 □ 市场竞争策略 □ 产品知识 □ 库存管理 □ 供应链管理 □ 全面质量管理 □ 环境经营 □ 卓越绩效管理 □ 行业发展趋势及行业最佳实践 □ 非财务经理的财务管理 □ 有效预算及成本控制 □ 非人力资源经理的人力资源管理 （5）其他培训课程需求：	□ 跨文化沟通技巧 □ 业务经理和技术经理的人力资源管理 □ 行为面试法 □ 打造高绩效团队 □ 其他（请注明）： （2）沟通与人际技巧 □ 高效沟通 □ 冲突管理 □ 跨文化沟通 □ 跨部门的高效沟通 □ 高效会议技巧 （3）影响式演讲技巧个人成长与发展 □ 高效时间管理 □ 商务礼仪展现与专业形象 □ 压力管理——工作中的情绪管理 □ 项目管理基础 □ 创新思维与问题解决 （4）关于跨部门的专业知识及技能的培训 □ 基础市场营销（结合商战模拟训练） □ 销售技巧 □ 销售团队管理 □ 关键客户管理 □ 客户服务 □ 企业品牌管理 □ 市场竞争策略 □ 产品知识 □ 库存管理 □ 供应链管理 □ 全面质量管理 □ 环境经营 □ 卓越绩效管理 □ 行业发展趋势及最佳实践 □ 非财务经理的财务管理 □ 有效预算及成本控制 □ 非人力资源经理的人力资源管理 （5）其他培训课程需求：

续 表

高管层填写	中层经理填写
2. 您倾向于哪种类型的培训？ □ 公司内训项目 □ 参加公开课	2. 您认为您公司的中层经理最适合参加哪种类型的培训？ □ 公司内训项目 □ 参加公开课
3. 您倾向于哪类讲师提供的培训？ □ 中文讲师 □ 日文讲师 □ 英文讲师	3. 您倾向于哪类讲师提供的培训？ □ 中文讲师 □ 日文讲师 □ 英文讲师
4. 你希望一年内参加几次培训？ □ 一年 1 ~ 2 次 □ 一年 3 ~ 5 次 □ 一年 5 次以上	4. 你希望一年内参加几次培训？ □ 一年 1 ~ 2 次 □ 一年 3 ~ 5 次 □ 一年 5 次以上
5. 你认为一次培训课程最适合的天数为： □ 一天 □ 两天 □ 三天 □ 四天 □ 四天以上	5. 你认为一次培训课程最适合的天数为： □ 一天 □ 两天 □ 三天 □ 四天 □ 四天以上
6. 你在一年中参加培训课程的最佳时间为（可选 2 ~ 3 个时段）： □ 一月 □ 二月 □ 三月 □ 四月 □ 五月 □ 六月 □ 七月 □ 八月 □ 九月 □ 十月 □ 十一月 □ 十二月	6. 你在一年中参加培训课程的最佳时间为（可选 2 ~ 3 个时段）： □ 一月 □ 二月 □ 三月 □ 四月 □ 五月 □ 六月 □ 七月 □ 八月 □ 九月 □ 十月 □ 十一月 □ 十二月
7. 你喜欢的培训场所为： □ 市内，酒店 □ 公司内 □ 市郊，封闭式上课	7. 你喜欢的培训场所为： □ 市内，酒店 □ 公司内 □ 市郊，封闭式上课

感谢您的反馈和意见！

附件3：

年度培训计划及预算

计划人：　　　　　　　　　　　申请时间：

编　号：

序号	课程名称	培训目标	受训范围	人数	培训时间	培训地点	培训预算	培训师	预算	备注

附件4：

年度培训课程表

<table>
<tr><td colspan="3" rowspan="2">项目/时间</td><td colspan="3">7月</td><td colspan="3">8月</td><td colspan="3">9月</td><td colspan="3">10月</td><td colspan="3">11月</td><td colspan="3">12月</td></tr>
<tr><td>课程</td><td>讲师</td><td>受训对象</td><td>课程</td><td>讲师</td><td>受训对象</td><td>课程</td><td>讲师</td><td>受训对象</td><td>课程</td><td>讲师</td><td>受训对象</td><td>课程</td><td>讲师</td><td>受训对象</td><td>课程</td><td>讲师</td><td>受训对象</td></tr>
<tr><td rowspan="3">基础项目</td><td colspan="2">管理干部培训</td><td></td><td></td><td></td><td></td><td></td><td></td><td></td><td></td><td></td><td></td><td></td><td></td><td></td><td></td><td></td><td></td><td></td><td></td></tr>
<tr><td colspan="2">新员工入职培训</td><td></td><td></td><td></td><td></td><td></td><td></td><td></td><td></td><td></td><td></td><td></td><td></td><td></td><td></td><td></td><td></td><td></td><td></td></tr>
<tr><td colspan="2">轮岗项目</td><td></td><td></td><td></td><td></td><td></td><td></td><td></td><td></td><td></td><td></td><td></td><td></td><td></td><td></td><td></td><td></td><td></td><td></td></tr>
<tr><td rowspan="12">重点项目</td><td colspan="2" rowspan="4">领导力提升项目</td><td></td><td></td><td></td><td></td><td></td><td></td><td></td><td></td><td></td><td></td><td></td><td></td><td></td><td></td><td></td><td></td><td></td><td></td></tr>
<tr><td></td><td></td><td></td><td></td><td></td><td></td><td></td><td></td><td></td><td></td><td></td><td></td><td></td><td></td><td></td><td></td><td></td><td></td></tr>
<tr><td></td><td></td><td></td><td></td><td></td><td></td><td></td><td></td><td></td><td></td><td></td><td></td><td></td><td></td><td></td><td></td><td></td><td></td></tr>
<tr><td></td><td></td><td></td><td></td><td></td><td></td><td></td><td></td><td></td><td></td><td></td><td></td><td></td><td></td><td></td><td></td><td></td><td></td></tr>
<tr><td rowspan="8">专业能力提升项目</td><td rowspan="4">职业能力提升（内部开发）</td><td></td><td></td><td></td><td></td><td></td><td></td><td></td><td></td><td></td><td></td><td></td><td></td><td></td><td></td><td></td><td></td><td></td><td></td></tr>
<tr><td></td><td></td><td></td><td></td><td></td><td></td><td></td><td></td><td></td><td></td><td></td><td></td><td></td><td></td><td></td><td></td><td></td><td></td></tr>
<tr><td></td><td></td><td></td><td></td><td></td><td></td><td></td><td></td><td></td><td></td><td></td><td></td><td></td><td></td><td></td><td></td><td></td><td></td></tr>
<tr><td></td><td></td><td></td><td></td><td></td><td></td><td></td><td></td><td></td><td></td><td></td><td></td><td></td><td></td><td></td><td></td><td></td><td></td></tr>
<tr><td rowspan="3">业务能力提升</td><td></td><td></td><td></td><td></td><td></td><td></td><td></td><td></td><td></td><td></td><td></td><td></td><td></td><td></td><td></td><td></td><td></td><td></td></tr>
<tr><td></td><td></td><td></td><td></td><td></td><td></td><td></td><td></td><td></td><td></td><td></td><td></td><td></td><td></td><td></td><td></td><td></td><td></td></tr>
<tr><td></td><td></td><td></td><td></td><td></td><td></td><td></td><td></td><td></td><td></td><td></td><td></td><td></td><td></td><td></td><td></td><td></td><td></td></tr>
<tr><td>外派MBA</td><td></td><td></td><td></td><td></td><td></td><td></td><td></td><td></td><td></td><td></td><td></td><td></td><td></td><td></td><td></td><td></td><td></td><td></td></tr>
<tr><td rowspan="2"></td><td rowspan="2">其他</td><td>全员拓展</td><td></td><td></td><td></td><td></td><td></td><td></td><td></td><td></td><td></td><td></td><td></td><td></td><td></td><td></td><td></td><td></td><td></td><td></td></tr>
<tr><td>其他特殊培训</td><td></td><td></td><td></td><td></td><td></td><td></td><td></td><td></td><td></td><td></td><td></td><td></td><td></td><td></td><td></td><td></td><td></td><td></td></tr>
</table>

附件 5：

培训申请表

申请人：　　　　　　　　申请时间：　　　　　　　　编号：

申请人所属部门		培训时间	自年月日 至年月日
培训课程名称		预计费用	计　　万元人民币
项目类别	□ 在职培训 □ 专业资格/学历培训 □ 临时项目培训 □ 脱岗培训		
培训内容			
培训目的			
参训人员	总计人		
培训方式	□ 外训 □ 公司内部		
培训师			
部门负责人意见			
HR 审核意见			
总经理审批意见			

附件 6：

培训服务期协议（编号：　　）

甲方：____________

乙方：____________　身份证号：__________________

××××××有限公司（以下简称甲方）与员工（以下简称乙方），就甲方派遣乙方参加培训事宜，经双方协商一致，签订如下协议。

一、甲方根据公司战略和人力资源开发需要，派遣乙方参加培训，乙方自愿接受甲方派遣。

二、甲方派遣乙方参加（机构）专题培训，时间为　年　月　日至　年　月　日。

三、乙方培训期间，由甲方提供如下培训费用（含培训时由公司及相关机构支付的学费、资料费、交通费、住宿费及其他与培训有关的费用，事先不可确知的费用于培训结束后核实，并附相应的单据复印件作为凭据）。

四、乙方培训期满后，应向甲方提交能说明培训结果的成绩证明和培训证书等资料，并附书面培训总结等有关证件。

五、乙方培训后服务期责任为　年（自乙方培训结束后开始计算）。

六、乙方不论何种原因，在培训后的服务期内提出与甲方解除劳动关系者，须退还未履行服务期责任应分摊的培训费用：

赔偿金 = 公司支付的培训费用 ×（1 - 员工实际服务月数/应服务月数）。

七、协议有效期内，乙方严重违反甲方有关规章制度或触犯国家法律，被甲方辞退时，乙方应按规定向甲方赔偿。

八、因乙方个人原因未完成培训（包括成绩不合格）或被培训机构中途退回者，乙方须退还全部费用。

九、本协议为特定培训项目协议，有关服务期责任、培训费用、违约金等具体事项如与公司有关员工培训的其他规定不一致时，以本协议为准。

十、本协议在执行中如发生争议，可协商解决，协商不成，须在甲方所在地有管辖权的人民法院诉讼解决。

十一、本协议一式两份，甲乙双方各执一份，自签署之日起生效。

甲方：（法定代表人签字）　　　　　　　　乙方：（签字）

年　月　日　　　　　　　　　　　　　　年　月　日

附件 7：

培训签到表

会议/课程名称：　　　　　　　　　日期：

序号	姓名	职位/部门	序号	姓名	职位/部门
1			19		
2			20		
3			21		
4			22		
5			23		
6			24		
7			25		
8			26		
9			27		
10			28		
11			29		
12			30		
13			31		
14			32		
15			33		
16			34		
17			35		
18			36		

附件 8：

培训记录

<table>
<tr><td>培训课程名称</td><td colspan="3"></td></tr>
<tr><td>培训时间</td><td></td><td>培训地点</td><td></td></tr>
<tr><td>讲师</td><td></td><td>记录人</td><td></td></tr>
<tr><td>参加培训人员</td><td colspan="3"></td></tr>
<tr><td colspan="4">培训内容概要</td></tr>
<tr><td colspan="4"></td></tr>
<tr><td rowspan="4">培训效果评价</td><td colspan="2">1. 现场提问</td><td>□</td></tr>
<tr><td colspan="2">2. 试卷调查</td><td>□</td></tr>
<tr><td colspan="2">3. 讨论调查</td><td>□</td></tr>
<tr><td colspan="2">4. 其他</td><td>□</td></tr>
<tr><td colspan="4">存在问题：

解决办法：</td></tr>
</table>

附件9：

讲师培训效果评估表（学员填写）

部　　门：　　　　　　　　　　姓　　名：

培训内容：　　　　　　　　　　培训时间：

请就下面每一项进行评价，并请在相对应的分数上打“√”：

课程内容	一般	良好	优秀
1. 课程目标是否符合我的工作和个人发展需要	6	8	10
2. 课程知识是否深度适中、易于理解	6	8	10
3. 课程内容是否切合实际、便于应用	6	8	10
培训师			
4. 培训师表达是否清楚、态度友善	6	8	10
5. 培训师对培训内容是否有独特精辟见解	6	8	10
6. 培训师是否鼓励学员参与，现场气氛很好	6	8	10
7. 培训师对学员提问是否做出回答与指导	6	8	10
培训收获			
8. 获得了适用的新知识和新理念	6	8	10
9. 获得了可以在工作上应用的一些有效的技巧或技术	6	8	10
10. 促进客观审视自己以及自己的工作，帮助对过去的工作进行总结与思考	6	8	10
11. 整体上您对这次课程的满意程度是：A. 不满　B. 满意　C. 非常满意			
12. 你给予这次培训的总评分是（以100分计）：			
13. 本次培训你认为哪些内容对你的帮助最大？			
14. 你认为课程或讲师最应改进的地方有哪些？			
15. 请你提出其他培训建议或培训需求：			
说明：1. 填写完整后及时将本表交人力资源部。 2. 请给予你真实的评估意见，以帮助我们不断提高培训质量与水平。			

第二节　让业务培训变得有效的12个宏观步骤

图8－3解释了在新常态“互联网＋”时代，竞争激烈和瞬息万变的买方市场下，让企业培训变得有效的12个宏观步骤。

第一步：企业培训负责人、领导以及企业一把手必须先要有正确的看法、想法、理念、价值观、心态以及一定的格局。如果第一步就做不到，以后就会不断产生问题。这就是俗语说的“千军易得一将难求”或“将帅无能，累死三军”。

第二步：要先了解当时的营商PEST四大环境的天时，市场供求及成熟情况的地利，以及消费客户的需求偏好、消费行为等的人和。这是企业能否成功的外部不可控制的机会，如果没有机会任何事都办不成。所以说“没有成功的企业，只有时代的企业”。也没有一个办法会在任何时代、任何市场、任何人的情况下都可行。不会分析天时、地利和人和的企业是很难成功的。

企业培训有效结果及最终目的（顾客、雇员、雇主、社会都满意的可持续发展效果）

12.新常态买方市场一线业务团队管理：业务激励机制，软硬长短考核内容，一线技巧及责任意识

11.新常态买方市场企业4大营销管理能力：一线执行力，市场竞争力，环境应变力，企业创新力

10.新常态买方市场3C大难题：挑剔顾客（Customer），割喉竞争（Competition），快速变化（Change）

9.新常态买方市场企业必要实施三大波特竞争战略：创新差异化，全面低成本，焦点极致战略

8.新常态买方市场有效营销管理四大过程：SWOT分析，定位及4P计划，业务执行和团队管控

7.新常态买方市场企业营销管理三大层面：战略分析之道，战术计划之术，战斗执行技巧实施

6.新常态买方市场经营管理硬软实力：科技，设备，物资，意识形态，精神士气，企业文化等

5.新常态买方市场马斯洛顾客需求层级：顾客生理和安全物流硬需求到社会增重及自我体现软需求

4.新常态买方市场马斯洛产品价值层级：产品生理和安全硬价值及社会尊重及自我体现体验软价值

3.新常态买方市场马斯洛雇员需求层级：雇员生理及物资酬劳硬需求及社会增重和精神体现软需求

2.新常态买方市场影响业务本质全要素：PEST四大环境/天时，市场情况/地利，消费顾客/人和

1.新常态买方市场经营管理理念及价值观：领导一把手看法，想法，理念，价值观，心态，格局

新常态“互联网+”买方市场企业培训想达到的有效结果及最终目的必须具备的知识和能力

图8－3　让企业培训更有效的12个步骤

第三步：企业的培训负责人要了解员工的生理及物资酬劳的硬需要，以及社会尊重和精神体现的软需求（马斯洛的雇员物质和精神需求或管理学上的物质和精神文明）。为什么要这样？因为不如此，就无法招聘到足够及合格的雇员来做事。

第四步：企业的培训负责人要了解产品的生理和安全物理硬需求，以及社会尊重和自我体验的软需求，即产品的整体价值有物理性硬价值及心理和服务性软价值。为什么要这样？因为如果不了解这些，就不能产生有价值的产品和客户满意的服务，那这个企业也是无法生存的。

第五步：企业的培训负责人要了解客户整体需求的生理和安全物理性硬需求到社会尊重及自我体现的软需求，也就是马斯洛客户人性阶层需求的基本阶层物理硬需求和高阶层的心理软需求。为什么要这样？因为如果不能了解这些就无法了解客户的需求，因此而无法提供客户需要而且具有硬软整体价值的产品和服务，这个企业也就没有价值了。

第六步：企业本身要具备一定的硬软实力，包括科技、设备、物质、关系、意识形态、精神士气、企业问题等。企业如果不具备这些，在新常态“互联网 +”竞争激烈，市场瞬息万变的买方市场下，就很难立足。

第七步：要能掌握买方市场经营管理的三大层面，包括战略分析之道，战术计划，战斗执行技巧的实施。如果不懂这些，在新常态“互联网 +”竞争激烈的买方市场下，企业被淘汰是迟早的事。

第八步：要能懂得如何去做到买方市场营销管理的四大基本过程，包括 SWOT 分析，目标定位及营销 4P 计划，一线业务执行和整体团队的管理控制。这是企业营销管理的基本事项，如果做不到，那就无法做好营销收入。如果企业收入有问题，那又如何生存呢？

第九步：要懂得并做到买方市场波特最有名的三大竞争战略，包括创新差异化战略，全面低成本及焦点极致战略。如果做不到，企业就缺乏竞争力，那在割喉竞争的新常态“互联网 +”时代，被竞争对手淘汰也是迟早的事。

第十步：要能克服买方市场的 3C 大难题，包括挑剔客户（Customer），割喉竞争（Competition）和快速变化（Change）。这三个 C 的难题都是企业自身无法控制的，都是和挑剔客户和竞争对手以及剧烈变化一个相对比较的结果，能克服这三个要素的企业就能好好生存，反之则无法经营下去。

第十一步：要有买方市场四大基本营销管理能力，包括满足一线客户的执行力，对方市场竞争对手的竞争力，环境剧烈变化的应变力以及企业经营管理的创新力（出其不意攻其无备的能力）。企业要有了这些能力才能在竞争激烈的买方市场立于不败之地。

第十二步：最后要懂得一线业务团队的管理，包括业务的激励和软硬、长短兼顾的考核机制，以及一线的相关业务技巧和责任意识等。这个最后的一步说简单很简单，但说难也很难。如果企业前面的十一个步骤都做到位，那这一步顺理成章地就很容易完成。如果前面的十一步做不到，严重的后果就是企业根本无法生存，即使后果没这么严重，也会极大地影响到最后第十二步的效果。企业做培训也是一样的道理，如果企业连经营管理的治理之道都不懂，那何来培训的效果呢?

企业的培训效果，一定是建立在企业有效经营管理之后的。

前面十一步等于是商战的备战，最后的第十二步等于是上战场去打仗。备战充分的就赢面大，备战不足的就输面大。就像《孙子兵法》说的："夫未战而庙算胜者，得算多也；未战而庙算不胜者，得算少也；多算胜，少算不胜，而况于无算乎!"所以，企业的培训效果，一定是建立在企业未雨绸缪、有充分准备的基础之上的。

中国过去因为是短缺的卖方市场，竞争不激烈，淘汰也不严重。所以企业一般备战都不足。新常态"互联网+"时代产能过剩、供求逆转，很快就变成竞争惨烈、淘汰残酷的买方市场。很多企业都来不及适应，也不知如何去适应。过去也没有经历过买方市场的经营，心态上尚存侥幸的心理。诸此种种原因，导致企业不知如何去培训学习。

第三节　业务培训如何更加有效的微观步骤

业务人员是市场的开拓者、企业利润的直接实现者，其工作态度、知识水平和职业素质在很大程度上决定了企业的利润水平及市场竞争力。业务人员要想不断提升自己的销售业绩，就需要不断通过企业培训来提高自己的销售技能。企业为了实现销售目标和利润目标，要不断对业务人员进行心态、产品知识、销售技巧等方面的培训。

一、业务人员培训需求分析

不同企业的产品不同，目标客户不同，对业务人员的素质要求也不同。针对自己企业的业务人员，应该从哪些方面开展培训工作才能帮助业务人员提升业绩？业务人员究竟需要在哪些方面提升自己？为了弄清这些问题，就需要对企业业务人员进行培训需求分析。

对业务人员的培训需求进行分析，主要应从组织、工作岗位和个人能力三个角度展开，如图 8－4 所示。

为了使培训更具有实际意义，一般企业在实施培训前都会进行培训需求调查，调查期间除了需要人力资源部门的组织与协调外，还需要借助各种调查工具来收集相关的培训需求信息，如调查问卷、考核量表等。

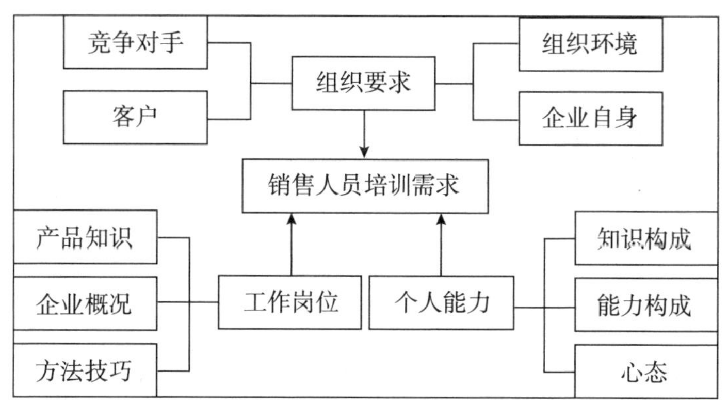

图 8－4　业务人员培训需求分析

（一）组织要求分析

1. 组织环境分析

组织环境分析主要是分析市场知识、合同知识、商业贸易条例、法律法规对业务人员培训需求的影响。

2. 客户分析

客户分析主要是分析客户的资料、定位和需求以及客户服务方面的知识等对业务人员培训需求的影响。

3. 企业自身分析

企业自身分析主要分析企业概况、企业文化、组织结构、企业对客户所负的责任、产品与服务、销售渠道、业务策略等对业务人员培训需求的影响。

4. 竞争对手分析

竞争对手分析主要分析竞争对手的行业地位、产品及市场销售情况等对业务人员培训需求的影响。

（二）工作岗位分析

业务人员的主要岗位职责是市场开发、完成企业销售目标及回款、维护良好的客户关系、收集市场信息等。业务人员的这些职责决定了业务人员的培训应该从以下几个方面进行。

（1）岗位任职资格分析。

（2）工作关系分析。

（3）工作任务和职责分析。

通过对业务人员进行工作任务和职责分析，了解业务人员的工作表现或状态，找出二者之间的差距，确定培训需求和目标（见表8－2）。

（4）销售的方法和技巧。

表8－2　　　　　　工作任务和职责培训需求分析

目前的状态	培训希望达到的效果
从不同渠道收集相关信息	能较准确地判断出潜在客户
清晰、流利地向客户介绍产品知识	有效地掌握销售技巧并成功地将产品销售出去
准确地回答客户提出的问题	与客户产生共鸣
完成本职工作	能有效地进行自我激励

（三）个人分析

1. 知识掌握程度分析

（1）产品知识，主要包括本企业产品的性能、价位、特点、使用技巧及注意事项、市场同类产品状况等。

（2）专业知识，包括市场营销知识、消费心理学等。

（3）其他相关知识。

2. 能力分析

（1）市场分析能力，包括对市场信息的敏感度、对市场前景的预测能力等。

（2）人际沟通能力，包括与客户沟通的能力、谈判能力、谈话技巧等。

（3）灵活应变能力，即业务人员根据环境的变化和状况的改变做出适时调整的能力。

（4）团队合作能力，包括与上级、同事、客户等相关人员的合作能力。

（5）承压能力，包括每月需完成一定销售定额的心理承受能力、应对客户拒绝的承受能力、对客户投诉的巧妙处理能力等。

3. 个人工作绩效分析

个人工作绩效分析主要指通过考核业务人员的工作绩效情况，分析业务人员目前的工作绩效与企业所期望的结果之间的差距，最终找出业务人员需要改进的地方。

（四）工作态度

业务人员要想取得好的销售业绩，除了应具备一定的销售能力外，自身的工作态度也是不可忽视的一个重要因素。企业可以利用表 8－3 收集员工这方面的信息。

表 8－3　　员工工作态度评价表

姓名		入职时间		填表日期	
评价项目				评分	
遵守企业相关管理制度				□1 □2 □3 □4 □5	
出勤状况				□1 □2 □3 □4 □5	
工作责任心				□1 □2 □3 □4 □5	
信用度				□1 □2 □3 □4 □5	
无论客户的年龄、外貌、态度如何，都能积极主动接近，并保持良好的态度				□1 □2 □3 □4 □5	
即使在心情不好的时候，也能对客户笑脸相迎				□1 □2 □3 □4 □5	
从客户的角度想问题、开展工作				□1 □2 □3 □4 □5	

续 表

评价项目	评分
即使客户故意刁难，也不介意	□1 □2 □3 □4 □5
认为替客户解决困难（即使不是自身工作范围内的）是件愉快的事	□1 □2 □3 □4 □5
及时、有效地帮助其他部门解决问题	□1 □2 □3 □4 □5
具有良好的团队合作意识（包括与上级、同事、客户等）	□1 □2 □3 □4 □5
填表说明：1—差；2—一般；3—较好；4—好；5—优	

二、撰写业务人员培训需求分析报告

企业应以业务人员培训需求调查的相关信息和分析结果为基础，参考企业业务人员培训管理制度、人力资源部绩效考核标准、业务人员曾经参加过的培训等方面的记录，明确培训需求和培训目标，最终将这些内容形成书面的业务人员培训需求分析报告。

一般来说，业务人员培训需求分析报告应包括业务人员的学历状况、销售经验情况、目前岗位和职位、各培训需求点人数比例、课程设置建议等，下面是某公司业务人员培训需求报告示例，供读者参考。

[案例]

业务人员培训需求分析报告

人力资源部对本公司销售公司的536名业务人员进行了培训需求问卷调查，收到有效问卷530份。现将问卷内容进行统计分析，以为2007年开展销售培训提供参考和依据。

一、业务人员总体概况

1. 调查问卷统计情况从学历上看，公司业务人员主要由大专和高中（包括职高）毕业的人员组成，约占公司总业务人员的77.4%；从男女比例上看，公司男女比例比较适中，男女员工的比例为14∶11；在是否参加过系统的销售培训一栏内，有71.3%的人回答从未参加过；在“在本公司任职时间”一栏内，55%的人未满一年，有20%的人仍在试用期；在“是否有销售经验”

一栏内，32.3%的人回答从未有过销售经验；在回答“是否对销售充满信心”时，63.8%的人回答“没有足够的信心”；在回答“如何看待自己的销售业绩”时，47%的人回答“完成每月规定的销售任务有困难”，只有21%的人回答可以超额完成；在选择“你在销售中遇到的最主要的问题”时，有77.9%的人选择“不知道在销售中如何沟通”；在回答“你是否觉得系统的销售培训可以帮助你提高销售业绩”时，有72%的人选择“一定能”。

2. 调查问卷结论分析

从调查问卷显示的结果中可以得出以下几个结论。

（1）公司业务人员的总体学历水平比较低，应该进行相关知识培训。

（2）大部分业务人员（71.3%）没有经历过系统的培训。

（3）有一半以上的业务人员在公司工作还不满一年。

（4）有1/5的员工刚刚进入公司，非常需要接受业务指导和培训。

（5）有近1/3的员工没有任何销售经验，这非常不利于开展销售业务。

（6）有近2/3的员工对销售工作没有足够的信心。

（7）有将近一半的员工无法按月完成任务。

（8）绝大多数人认为销售培训可以提高业绩，非常必要。

二、业务人员学历情况

从530份调查问卷中，可以看出目前公司业务人员的学历状况（见表8-4）。

表8-4　业务人员学历状况

	博士	硕士	本科	专科	高中	职高	其他
人数	5	15	30	63	197	213	7
所占比例	1%	2.8%	5.6%	11.9%	37.2%	40.2%	1.3%

可见，高中和职高毕业的人是公司销售的主力军，这也反映出公司销售队伍整体的学历水平比较低。公司非常有必要系统地对他们进行培训，以提高他们的知识水平和销售能力。

三、业务人员从事销售概况

调查问卷对业务人员是否从事过销售工作进行了调查，结果公司有近1/3

的员工从来没有任何销售经验，这一数字也充分说明了为什么有47%的人回答无法完成当月的销售任务。

对于这些从来都没有从事过销售工作的员工，公司应提供销售基础知识的培训，并指派专门的人员分组进行指导，结合他们目前的销售实践，让他们逐渐了解应该如何进行销售。

四、业务人员职位情况

把530人按照级别可以分为三类，如表8－5所示。

表8－5　业务人员职位状况

	经理级	主管级	业务员
人数	35	92	403
所占比例	6.6%	17.4%	76%

从表8－5中可以看出，公司的培训对象主要是两部分人，一部分为管理者，一部分为业务员，业务员培训是重点。

五、业务人员培训需求点概况

在设计调查问卷时，我们对业务人员的心态和销售技巧分别进行了设计。在销售技巧的相关问题中，以下七个问题比较突出。如有77.9%的人面临"不知道在销售中如何沟通"这一问题。其他的问题依次是"不知道如何处理客户异议""不知道如何成交""不知道如何接近客户""不知道如何介绍产品""无法找到客户""不知道如何处理客户关系"，如表8－6所示。

表8－6　业务人员需求点分析

	无法找到客户	不知道如何介绍产品	不知道如何接近客户	不知道如何处理客户异议	不知道如何成交	不知道如何处理客户关系	不知道在销售中如何沟通
人数	205	315	284	348	337	190	413
所占比例	38.7%	59.4%	53.6%	65.7%	63.6%	35.8%	77.9%

六、业务人员培训课程设计建议

针对培训调查问卷显示的这些实际情况，建议公司对业务人员从两个层面、分两批进行培训。两个层面主要是指心态层面和销售技巧层面，公司应从这两个层面进行课程设计。

分批是指把所有的业务人员分成两批：一批是针对管理人员，对他们主要进行销售队伍的建设和管理、如何管理下属、如何指导下属等方面的培训；另一批主要是针对业务人员，对他们要有计划、有步骤、分阶段地进行培训。针对这些业务员，建议公司开发以下课程，如表8－7所示。

表8－7 业务人员培训课程表

课程名称	主要内容
发现客户的N个地方	告诉业务人员到哪里去寻找潜在客户
如何接近客户	告诉业务人员应该如何去接近不同性格的客户
如何进行产品介绍和演示	告诉业务人员如何介绍产品、如何给客户演示产品
如何消除客户异议	列出客户异议的类型，并逐个给出解决办法
如何成交	告诉业务人员成交的时机和方法
与客户的N次沟通	举例说明如何和客户进行销售沟通
建立良好的客户关系	告诉业务人员如何通过售后服务建立良好的客户关系
销售目标管理	告诉业务人员如何进行目标管理
管理自己	告诉业务人员如何规划自己、如何进行时间管理

这是一张业务人员的《培训需求确认表》，可作为《培训需求分析报告》的附件呈报，如表8－8所示。

表8－8 业务人员张××培训需求确认表

评分项目	要求	自评	经理评	实际	差距	建议措施
回应外部和内部客户的要求、询问和问题	5	4	4	4	1	客户关系培训
具有上下级及企业内部相互服务的意识	5	5	3	3	2	内部服务培训
从客户角度想问题及工作	5	4	4	4	1	客户关系培训
及时有效地帮助下属解决问题	5	3	3	2	3	如何指导下属

续　表

评分项目		要求	自评	经理评	实际	差距	建议措施
主动寻求他人对自己服务满意度的反馈		5	4	3	3	2	座谈会
有效组织销售团队，按月完成销售任务		5	3	3	3	2	团队建设培训
姓名	张××	部门		销售部		职位	销售主管

填写说明：

1. 以“回应外部和内部客户的要求、询问和问题”为例，5 分表示“能够快速并关切地回应客户的要求、询问和问题”，3 分表示“能及时、积极地回应客户的抱怨”，1 分表示“对客户的要求、询问及问题回应得特别慢”。

2. 要标注业务人员目前的能力表现。

3. 标出那些最重要的能力差距。

三、明确业务人员培训目标

（一）业务人员培训的总目标

业务人员培训的总目标是提高业务人员整体素质和销售技能，增加业务人员对企业的了解和信任，激发业务人员的潜能，提高业务人员的自信心，从而提高业务人员的业绩，进而提高企业的销售额和市场占有率，达成企业的市场目标，实现企业的经营业绩。企业通过有计划、有针对性的培训，可以逐步提高业务人员的水平，如图 8－5 所示。

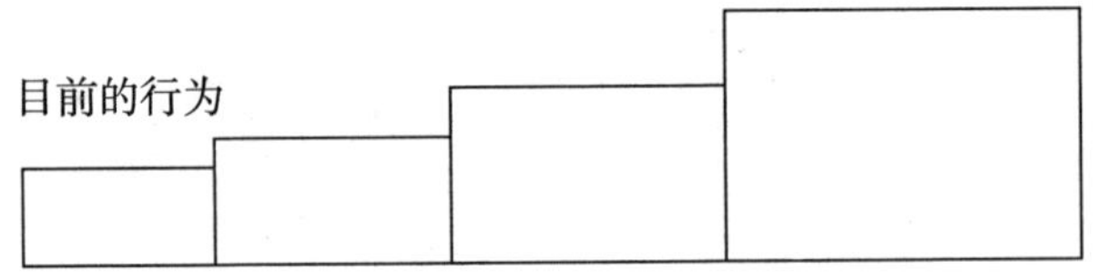

图 8－5　培训期望

（二）业务人员培训的基本目标

（1）掌握系统的销售理论和销售技巧。

（2）增加业务人员的产品知识、行业知识。

（3）提高业务人员的自信心，帮助他们树立积极心态。

（4）提高业务人员的社交能力及与人沟通的能力。

（5）增强业务人员目标管理和团队合作意识。

（6）提高业务人员与客户建立长久业务关系的意识和能力。

四、设置业务人员培训课程

业务人员所承受的工作压力比较大，所经受的拒绝和挫折相对也比较多，因此，对业务人员除了进行一般的营销理念、销售理论、销售策略、市场开发策略和销售技巧的培训以外，还需要对其进行提高心理素质、树立积极心态、自我减压等方面的培训。

（一）业务人员培训课程设置的三个层面

（1）知识培训，包括企业知识、产品知识、行业知识、专业销售知识等。

（2）销售技巧培训，包括基本销售技巧、沟通技巧、专业服务技巧等。

（3）心理素质和心态的培训。

（二）确定业务人员培训课程体系

业务人员培训课程设置的具体内容（见表8－9）。

有8－9　　业务人员培训课程内容

课程内容	培训对象		
	高层	中层	基层
现代市场营销与销售	√	√	√
销售基本概念和理论		√	√
销售与社会、企业及个人的关系	√	√	√
销售产品或服务所属行业的专业知识		√	√
客户类型及心理把握	√	√	√
销售渠道的开发与管理	√	√	
业务人员的素质、品德与态度要求			√
业务人员的仪表和礼仪技巧			√
业务人员的自我日标和计划管理	√	√	√

续　表

课程内容	培训对象		
	高层	中层	基层
销售前的准备			√
客户约见与心理距离的拉近			√
销售谈判艺术		√	√
观察、倾听和询问技巧		√	√
业务人员的时间管理	√	√	√
促成销售的方法		√	√
与客户道别的方法		√	√
增加销售业绩的方法		√	√
如何处理销售过程中的异义		√	√
如何与客户建立长久的业务关系		√	√
怎样进行电话销售		√	√
面对大客户的销售艺术	√	√	√
业务人员的团队共识	√	√	√
销售合同的起草与订立		√	√
业务人员的潜能开发	√	√	√
业务人员心理素质训练			√
业务人员的心态			√

（三）业务人员培训课程设置与开发的步骤

业务人员培训课程的设置与开发，一般遵循三个步骤。首先，按照课程的重要程度，建立培训课程体系；其次，进行课程大纲的编制；最后，按照课程大纲进行教材开发和完善。

1. 按照课程的重要程度，建立培训课程体系

究竟要培训什么内容？哪些内容更重要？这些内容应是怎样的一个体系？要解决这些问题，就要对培训需求调查中的各个需求点进行分类整理，并按照需求程度的高低，细化为各类课程。

有的培训需求调查已经明确到各个问题和各类课程，根据调查结果，课

程的重要程度自然就呈现出来了；有的培训需求调查只明确了培训需求的大方向或内容（例如，销售基础理论、销售技巧、销售心态等），这就需要进一步细化需求点，通过再次调查分析，将其具体明确到解决某一类问题的课程上，如表 8－10 所示。

表 8－10　　业务人员培训课程体系调查

<table>
<tr><td colspan="6">为了科学设置业务人员培训课程体系，请根据您的需求的重要程度，给表中的调查项目按 5 分制打分。</td></tr>
<tr><td colspan="2">调查项目</td><td>1 分
（不重要）</td><td>3 分
（一般）</td><td>5 分
（很重要）</td><td>备注
说明</td></tr>
<tr><td rowspan="4">基本原理和知识</td><td>市场营销学的基本原理</td><td></td><td></td><td></td><td></td></tr>
<tr><td>企业营销操作的演变过程</td><td></td><td></td><td></td><td></td></tr>
<tr><td>有关产品介绍和专业知识</td><td></td><td></td><td></td><td></td></tr>
<tr><td>有关行业知识</td><td></td><td></td><td></td><td></td></tr>
<tr><td rowspan="8">专业销售技巧与操作方法</td><td>市场开发的流程与技巧</td><td></td><td></td><td></td><td></td></tr>
<tr><td>如何分析市场和把握市场的趋势</td><td></td><td></td><td></td><td></td></tr>
<tr><td>突破市场的几大策略</td><td></td><td></td><td></td><td></td></tr>
<tr><td>挖掘客户需求信息的方法和技巧</td><td></td><td></td><td></td><td></td></tr>
<tr><td>打动客户的产品展示方法和技巧</td><td></td><td></td><td></td><td></td></tr>
<tr><td>专业销售的开场白</td><td></td><td></td><td></td><td></td></tr>
<tr><td>专业销售的流程和步骤</td><td></td><td></td><td></td><td></td></tr>
<tr><td>销售现场的基本动作介绍</td><td></td><td></td><td></td><td></td></tr>
<tr><td rowspan="2">专业销售技巧与操作方法</td><td>拜访客户与接待客户的礼仪</td><td></td><td></td><td></td><td></td></tr>
<tr><td>把握缔结协议的关键时机分析</td><td></td><td></td><td></td><td></td></tr>
<tr><td rowspan="4">态度和心理素质</td><td>如何应对客户的拒绝</td><td></td><td></td><td></td><td></td></tr>
<tr><td>改善个人销售工作习惯</td><td></td><td></td><td></td><td></td></tr>
<tr><td>诚信销售</td><td></td><td></td><td></td><td></td></tr>
<tr><td>成功学等励志类课程</td><td></td><td></td><td></td><td></td></tr>
</table>

姓名		部门		职位		日期	

对此表进行统计，就可以基本上得到各类课程的重要性排序，从而建立

起培训课程体系。

2. 编写课程大纲

在确立了培训课程体系以后，就要编写各个课程的大纲，也就是确定各个课程的内容模块。在编写培训大纲的时候，最重要的一点就是保证大纲要适合本企业产品的特点和本企业营销的特点，只有这样才能编写出适合自己企业个性的培训教材。

3. 培训教材的开发与完善

在对培训教材的大纲反复修改并定稿后，就要进行培训内容的编制与开发。整个课程教材的初稿完成后，要经过试讲和不断修改，直到最后定稿。

五、确定培训的时间、地点

（一）何时需要对业务人员进行培训

1. 有大批新业务人员加入企业时

对于新入职的员工，要集中进行培训

2. 业务人员业绩整体下滑时

在企业销售业绩整体下滑时，企业可以考虑对全员进行培训。

3. 新产品上市时

企业有新的产品上市时，一般要对业务人员进行产品知识、产品定位、销售对象分析等培训，以使业务人员了解新产品以及消费对象。

4. 市场竞争激烈时

同类产品在广告、价格、经销商策略、促销策略上做出调整时，为了应对这种竞争的变化，企业需要对业务人员进行培训，以提高业务人员应对竞争的能力。

5. 业务人员升职时

当业务人员升任为销售主管或者销售主管升任为销售经理或者区域经理时，因为角色发生了变化，职责也发生了变化，此时企业需要对他们进行培训。

另外，在培训时间的安排上，要考虑产品销售的淡、旺季，培训要尽量避开产品销售的旺季，以免影响销售活动的开展。

（二）选择培训地点

业务人员培训地点的选择要保证业务人员的培训实施过程不会被中断或受到干扰。根据培训方式的不同，培训的地点也会有所不同。

（1）拓展性训练多在室外或者专门的拓展训练基地进行。

（2）理论性或者知识性培训多选在室内，一般在公司的会议室或者酒店、宾馆进行。

（3）比较重要的中高层销售培训多选在郊区的酒店、度假村或者异地，以最大限度减少干扰。

六、培训讲师的选择

选择业务人员的培训讲师时，资历和经验是应首要考虑的因素。培训讲师一般由学有专长、富有销售经验的专家学者，或由实践经验丰富的销售骨干、销售经理担当。

销售培训对培训讲师的实战经验要求比较高，一个没有从事过销售的培训师只能讲述一些理论或者一些心态方面的东西，对于销售实践和技巧类的课程一定要聘请那些销售一线的骨干或有着相当丰富销售经验的人来讲授。

七、培训方法的选择

业务人员培训方法因培训内容、培训对象不同而不同。一般的企业对基层业务人员的培训较多。基层业务人员培训课程的设置和培训方法的运用，如表 8 - 11 所示。

表 8 - 11　　基层业务人员常用培训方法

培训方法	简单介绍	培训内容
室内课堂教学	由销售专家或销售经验丰富的业务人员讲授相关知识	企业概况、产品知识、销售原理、心理素质培训
	最原始的方法，同时也是一种有效的方法	
	应用广泛，费用低，能增加受训人员的实用知识	
	仅为单向沟通，受训人员参加讨论的机会较少	
会议培训	讨论由主讲老师或销售专家组织	销售原理、心理素质、态度培训
	双向沟通，受训人员有机会参与提意见，交流想法、经验	

续　表

培训方法	简单介绍	培训内容
实例讨论研究	受训人员亲自参与的实战培训方法	销售方法、技巧、态度培训
	受训人员分析销售实例，并给出实例中问题的解决办法	
角色扮演	由讲师扮演客户，向受训人员（扮演业务人员）提出各种问题，以检查学员接受和处理问题的能力和技巧	方法、技能、技巧、反应能力培训
	接近于一种测验，能对受训人员的优缺点进行客观的评价	
情景模拟	模仿多种业务情景，让受训人员在一定时间内做出决定	方法、技能、技巧、适应能力培训
	观察受训人员面对新情况的适应能力	
参观学习	现场体验式学习	产品生产流程、现场销售
	业务人员观察、体会产品生产过程	
	这些知识有利于应对客户的拒绝和投诉	
现场辅导	新进业务人员接受课堂培训后，由经验丰富的业务人员辅导，在工作岗位上练兵	销售业务流程、电话技巧、工作方法培训
	有利于受训人员较快地熟悉业务	
	技能传授的有效途径，促进了辅导人员的能力提升	
E－Learning（电子学习）	在传统授课的基础上，E－Learning 培训是业务人员了解企业、熟悉产品和销售渠道的有效工具	企业概况、产品知识、销售原理、技能培训
	时间、地点选择灵活，既可同步学习也可异步学习	
	有利于培训效果的跟踪和反馈	

八、制定培训实施计划表

培训实施计划表是培训实施的行动指南，表 8－12 是某电池生产企业对新进业务人员的培训实施计划表。

表 8－12　　新进业务人员培训实施计划

日期	培训时间	培训内容	培训讲师	培训方法
××月××日	8：00—9：00	企业规章制度	人力资源经理	课堂讲授
	9：30—11：00	企业产品（电池）说明书	产品部经理	课堂讲授、自学
	13：30—15：00	业务人员培训资料汇编		自学
	15：30—17：00	企业业务人员工作手册	销售主管或经理	课堂讲授
××月××日	8：00—11：00	企业战略目标与现状，市场形势分析，产品（电池）目标市场与竞争状况，产品（电池）的销售渠道	营销总监	课堂讲授、配合多媒体
	13：30—17：00	营销与销售的区别，营销观念的演变，了解客户的方法和途径，与客户建立关系及关系维护，销售技巧	外聘讲师	课堂讲授配合多媒体、案例讨论
	晚上	学习心得总结	全体受训人员	
××月××日	8：00—11：00	参观生产车间，了解电池生产情况及其性能，熟悉生产工艺	生产车间主任	现场参观学习
	13：30—17：00	参观质检部门，了解产品质检及检测方法，了解客户投诉的主要问题及解决方法	质检部门经理	现场参观学习
	晚上	参观心得总结	全体受训人员	
××月××日	8：00—11：00	学习有关电池的专业知识	产品部经理	讲解、示范
	13：30—17：00	由销售骨干结合自身经历讲解销售技巧和注意事项	销售骨干	辅导、角色扮演
	晚上	学习心得总结	全体受训人员	

续　表

日期	培训时间	培训内容	培训讲师	培训方法
××月××日	8：00—11：00	ISO 质量管理体系	产品部经理	讲解
		业务人员礼仪规范与注意事项	外聘讲师	讲解、情景模拟
	13：30—17：00	出差及财务报销规定，主要业务流程介绍	办公室主任	讲解
	晚上	学习心得总结	全体受训人员	
××月××日	8：00—11：00	产品知识测试	办公室人员	
	下午	销售技巧测试	办公室人员	
××月××日	上午	人力资源部公布考试结果，举行培训结业仪式，颁发结业证书		

在培训期间，还可以穿插现场演示部分（例如，一分钟自我介绍、新产品一分钟介绍、老客户回访、处理客户投诉、客户退货等内容），以提高业务人员实际销售技巧。

九、培训的实施与监控

进行业务人员培训除了应做好上述准备工作外，还需要准备一些其他事项，包括培训辅助设备的准备、培训经费的预算、发布培训通知等相关事宜。

在业务人员培训的实施过程中，除了按照计划表中的时间、地点等开展具体的培训工作以外，同时还应注意对整个培训过程的监控，并做好相应的培训记录，以便培训完成后对培训工作进行评估。

［案例］

A 公司业务人员培训

A 公司是一家集生产、研发、销售于一体的高科技公司，其主营产品是电脑，于业务人员的培训主要采用课堂讲授和现场模拟学习相结合的教学方法。

首先，A 公司为业务人员开发了持续时间很长、强度很大的理论学习课程。课程从早上8点到晚上6点，另外还有附加的课外作业，常常使学员熬到半夜，目的是向员工灌输这样的理念：在商界，人们必须学会合理安排自己的时间，必须明白“全力以赴”意味着什么。

全球分公司负责培训工作的中层管理人员会检查分公司的教学大纲，这个大纲包括公司员工的素养要求、信念原则、价值观、生产的基本知识等方面的内容。

课程开始之前，要对受训人员进行分班，分班时的考试是根据学员的知识水平层次来决定的。

销售培训的课程分为两期。第一期课程包括公司经营方针方面的很多内容，如销售政策、市场营销实践以及计算机概念和公司产品介绍；第二期课程主要是学习如何销售。

课堂讲授是培训中最普通、最常见的方法。课堂讲授法最大的长处在于能在相对较短的时间内向很多人提供大量信息。虽然这种培训方法或多或少地把受训者置于被动地位，但在A公司看来，最原始的方法往往是最有效的。

在理论学习过程中，受训人员要利用一定时间去访问客户，从实际工作中得到体会；同时，要清楚地了解产品的特点、性能以及可能带来的效益。

受训人员还要学习提问和倾听的技巧，以及如何寻找客户和达到目标等。假若客户认为产品的价格太高，业务人员就必须先看看客户是否还有其他要求，价格是否只是个借口，否则单靠合理的价格建议并不能使你得到客户的承诺。

其次，扮演销售角色是A公司销售培训的一个基本组成部分。具体方法如下：受训人员在课堂上扮演销售员，讲师扮演客户，向受训人员提出各种问题，以检查其接受和处理问题的能力和技巧，并对每个受训人员的优缺点进行客观的评价。

让受训人员在分公司的会议上，在经验丰富的业务人员面前演习销售过程。这种情况下受训人员有时受到的批评可能十分尖锐，但他们也因此增强了信心，并赢得了同事的尊敬。

再次，案例研究是A公司专为销售培训开发的具有代表性的、最复杂的培训方法之一。它集中考虑一种假设的案例，内容囊括各个行业，涉及经营管理人员、执行人员、市场营销人员，并对案例内容进行详尽的分析。这种分析能清楚地表现个人的特点、工作态度，甚至决策能力。

为了能创造出逼真的环境，案例人员通常由教员扮演。在这个培训中，受训人员需要针对各种人员完成一系列错综复杂的拜访。面对众多的问题，受训人员必须接触这个组织中的所有人员——从普通接待人员到董事会成员。

最后，A公司还就一些关键领域（例如，联络技巧、与客户沟通的能力、一般企业经营知识等），对受训人员进行测试、评价和衡量。在测试试题的安排上，增加了主观因素，受训人员要进行销售演习，这是一项具有很高的价值和收益的活动。一个用户通常只能从一个业务人员如何表达自己的知识来鉴别其能力的高低。

十、业务人员培训评估的内容

（一）对培训讲师及课程的评价

即对讲师的培训技巧、教材的质量、培训课程设置的是否合理、课程内容是否实用等项目进行评价。

（二）对培训组织工作的评价

主要是对培训组织工作者的工作情况（包括培训需求调查、培训场所选择、培训时间安排、培训食宿情况等内容）进行评价。

（三）对受训业务人员接受培训的效果的评估

对受训业务人员接受培训的效果的评估主要包括以下三个方面的内容。

（1）受训业务人员对培训知识的掌握程度。

（2）受训业务人员的服务意识。

受训业务人员的服务意识评估是指评估受训人员对客户及相关人员的服务水平是否有所提高。其中重要的指标之一是客户投诉率。

（3）受训业务人员的业绩。

即考核业务人员的月、季及年销售任务是否按时完成；与未培训前相比，其工作业绩有何变化。

十一、业务人员培训评估的方法

（一）测试法

对业务人员进行培训知识掌握程度（例如，企业规章制度、产品知识、行业知识）评估的最直接的方法就是考试。测试法就是由培训讲师或培训组织人员编制试题，在培训结束时或结束后一定的时间对业务人员进行测试的一种方法。

测试法实施的关键在于设计一份合理的、能反映学员实际学习效果的试卷。下面是某品牌手机业务人员培训测试题范本。

［案例］

某品牌手机业务人员培训测试题

本次考试的题目主要是根据《手机业务人员工作手册》的内容设计的，涉及手机专业知识等各个方面的内容。考试总时间为40分钟，满分为100分。

另外，考试成绩低于80分者需要重新接受培训。希望大家仔细、认真地填写试卷。

（1）GSM是全球移动通信系统的英文缩写。目前，中国GSM的接入号有________。

（2）CDMA系统的优点有________、________、________、________、________。

（3）待机时间是指手机一次性充满电的情况下______，的时间总长度，可以参照通话时间的总长度。

（4）通话时间是指手机一次性充满电后，可以用来通话的时间总长度，手机电池用________来表示。

（5）个人识别码（PIN）是为全球通手机被盗用而设定的密码，由________组成，初始值是________，用户可以按照手机说明书操作更改。如果连续输入错误的PIN，手机就将被锁住。

（6）使得人们使用手机时不需要用手一直举着或用头戴式耳机通话的功能是________。

（7）双频手机可以同时在MHz系统或者MHz系统下使用。

（8）呼叫转移是指________。

（9）呼叫等待是指________。

（10）SIM卡是Subscriber Identity Model（用户识别模块）的简写，它用于________。

(11) 请解释“重复拨号功能”的具体内容。

(12) 如何向客户解释“解码锁（PUK)”的注意事项。

(13) 请解释手机的“漫游”功能及其限制条件。

(14) 简单介绍手机“多方通话”功能。

(15)“移动传真和移动数据传输服务”功能的主要内容包括哪些?

(16) 有关退货、换货、修理的法律知识。

1）产品自售出之日起内，发生性能故障，消费者可以选择退货、换货或修理。

2）产品自售出之日起内，发生性能故障，消费者可以选择换货或修理。本单位服务承诺为：“______、______、______”三包政策。

(17) 国家《消费者权益保护法》规定，经营者提供商品或者服务有欺诈行为的，应当按照消费者的要求赔偿其受到的损失，赔偿的金额为消费者购买商品的价款或者接受服务的费用的________倍。

(二) 观察法

对于销售技巧、态度的培训，培训实施部门可以运用观察法，通过观察业务人员的工作，并做好相应的观察记录来实施培训。表 8－13 是一份观察记录表的范本。

表 8－13　销售技巧培训效果观察记录

<table>
<tr><td>培训课程</td><td colspan="2">销售技巧培训</td><td>培训日期</td><td>年　月　日</td></tr>
<tr><td>观察对象</td><td colspan="2">销售员接待客户的整个过程</td><td>观察记录员</td><td></td></tr>
<tr><td rowspan="6">观察到的现象</td><td rowspan="2">培训前</td><td colspan="3">（填写示范：客户快到时，才开始仓促地准备合同和相关的业务资料）</td></tr>
<tr><td colspan="3">（填写示范：该销售员未打领带，皮鞋上沾有灰尘）</td></tr>
<tr><td rowspan="4">培训后</td><td colspan="3">（填写示范：没有在电梯口迎接客户，因为在准备合同）</td></tr>
<tr><td colspan="3">（填写示范：准备好合同和相关的业务资料，等待客户的到来）</td></tr>
<tr><td colspan="3">（填写示范：事先与客户约好时间，当天精神抖擞地来上班）</td></tr>
<tr><td colspan="3">（填写示范：为客户收好雨伞，放好衣物）</td></tr>
<tr><td rowspan="2">观察结论</td><td colspan="4">1.</td></tr>
<tr><td colspan="4">2.</td></tr>
<tr><td>其他特殊情况</td><td colspan="4"></td></tr>
</table>

（三）问卷调查法

问卷调查法的测试范围较广，涉及培训课程、培训讲师、培训组织、受训人员参与程度等多个方面的内容（见表8－14）。

表8－14　　销售培训效果评估调查

评价对象	具体调查内容	1分	2分	3分	4分	5分
培训组织者	对此次培训计划的整体评价					
	本次培训的组织安排工作做得是否到位					
	您觉得本次培训的后期工作做得如何					
培训课程	课程内容是否清晰明确					
	您认为培训教材适合您吗					
	您觉得培训内容对您销售工作的指导性强吗					
	课堂气氛活跃程度					
	视觉辅助工具的运用是否合适					
	您认为受训人员参与程度如何					
	您认为在课程内容方面应有哪些改进					
培训方法	在此次培训过程中，您接触到哪几种培训方法					
	培训方法的灵活性、活泼性程度					
培训讲师	仪表仪态					
	语言表达能力					
	肢体语言运用技巧					
	语调运用技巧					
	问题问答的准确性					
	授课技巧运用程度					

（四）成本—收益分析法

1. 业务人员培训成本

（1）直接费用，包括讲师酬劳、培训场地租金、培训器材费、教材费等一些培训支出。

（2）间接费用，主要涉及培训组织人员、受训员工、领导支持所付出的时间成本。

2. 业务人员培训收益

业务人员培训收益可根据销售业绩提升的幅度、客户投诉率下降的比例等指标衡量。

3. 计算投资收益率

投资收益率 =（培训收益 - 培训成本）×100%

下面以一个例子来说明运用成本—收益分析法对业务人员培训效果做出评估。某公司销售部门共有 10 个人，培训前，业务人员的月销售额为 21000 元；经过培训，业务人员的工作信心得到提高，每个人的月销售额平均提高 5%，客户的投诉率也有所降低。培训所发生的费用如表 8 - 15 所示。

（1）成本分析

表 8 - 15　　业务人员培训成本分析

成本构成	具体名目	金额（元）
直接费用	讲师费用（酬劳、交通、食宿）	6000
	培训资料购买费用（VCD 光盘、教材、印刷品）	5000
	培训场地、设备器材租金	1500
	其他杂费	600
间接成本	培训组织人员及辅导员的时间成本（小时工资水平 × 所耗时间）	7000
	受训业务人员的时间成本（小时工资水平 × 所耗时间）	36050
	领导给予支持的时间成本（小时工资水平 × 所耗时间）	500
总成本		61150

（2）收益分析

表 8 - 16 简单分析了此项培训的收益。

表 8－16　业务人员培训收益分析

销售成果	衡量指标	培训前情况	培训后效果	年收益
销售业绩	销售额	21000 元	提高了 5%	（21000×5%×10÷20）×240＝126000 元
工作状态	信心、激情			无法用金额来表示，但对提高业绩发挥间接作用
备注：每个月按平均 20 个工作日计算				

（3）计算投资收益率

在不考虑间接收益和培训效益所持续的年限的情况下，可以算出此次培训的投资收益率为 126000÷61150＝2.06，可得出投入产出比为 1∶2.06。

实际上，由培训带来的无形收益是无法用数字准确衡量的，培训的投资收益率一般来说比计算所得的要高。

十二、撰写业务人员培训评估报告

人力资源部将上述各种表格的运用情况及得到的结果汇总并加以分析的过程，就是收集和整理评估信息的过程，把这些资料进行分类整理，就形成了培训评估报告。员工培训评估报告的撰写应力求客观、公正。其内容主要是对培训实施的日的和性质、培训评估实施过程和方法以及评估的结果等方面的说明。业务人员培训评估报告的范本如表 8－17 所示。

表 8－17　关于××××培训评估报告

一、培训项目基本情况			
培训项目名称		培训对象	
培训讲师		培训机构	
主办单位		受训人数	
培训日期		培训地点	
培训项目实施背景	（略）		
二、培训评估实施过程及方法（略）			

十三、培训评估结果分析

本次培训总评估的平均值为3.3分，介于“达到期望值”与“高于期望值”之间。具体到每项内容的总评估分数如图8－6所示。

1. 关于课程内容的评估

各项分数介于2.6～3.2（如图8－6所示）。

2. 关于培训讲师的评估

各项分数介于3.2～3.6。“授课连续性”和“多媒体运用”项目得分最高为3.6。

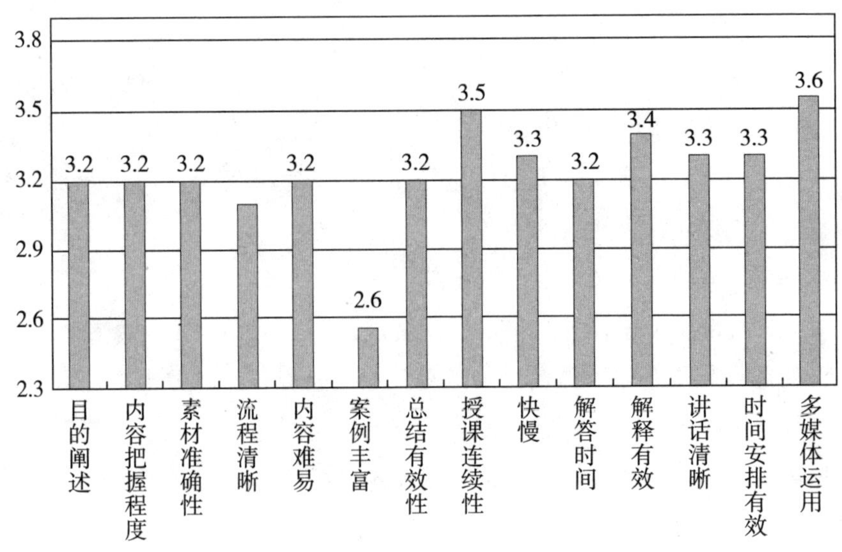

图8－6　课程内容评估

3. 收集的部分学员意见（见表8－18）

表8－18　学员意见

	觉得培训中需要改进的地方	觉得培训中的亮点有哪些
意见1	内容较多，可设专题	对工作有实际帮助
意见2	增加案例，提问的方式需改进	清晰、敏捷、易懂
意见3	增加案例，提前发放培训材料	重点突出，内容全面
意见4	多配合案例，讲义可以再生动一些	
意见5	讲师互动少，案倒少	
意见6	应多用实例讲解，容易理解	

4. 关于受训员工的评估

（1）培训结束后，通过测试，发现学员对培训内容的掌握比较到位（附成绩统计表格）。

（2）培训结束后一个月，某些学员的销售业绩提高了（附销售数据的简单比较）。

十四、业务人员培训管理制度

［案例］

业务人员培训管理制度

第一章　总　则

第一条　为提高本企业业务人员的综合能力和销售业绩，特制定本制度。

第二条　企业业务人员培训要根据企业的销售目标和营销总监的指示进行。

第三条　凡本企业所属的业务人员培训及相关事项均按本制度办理。

第二章　业务人员培训管理规定

第一条　业务人员培训工作程序。

（1）明确企业经营方针与经营目标。

（2）了解业务人员现状及需要解决的问题。

（3）分析以上问题并将问题分类。

（4）分析关键要素。

（5）制订业务人员培训计划。

（6）设计业务人员培训课程。

（7）确定业务人员培训方式。

（8）按计划实施业务人员培训。

（9）评估业务人员培训效果（培训成效、遗留的问题）。

第二条　业务人员培训计划的内容包括培训目标、培训时间、培训地点、培训方式、培训师资、培训内容等。

第三条　培训计划的制定应考虑到新入业务人员培训、业务人员提升培训、销售主管培训等不同人员培训的差异。

第四条　确定业务人员培训的目标——提高业务人员的综合素质。

(1) 挖掘业务人员的潜能。

(2) 增加业务人员对企业的信任和归属感。

(3) 训练业务人员的工作方法。

(4) 改善业务人员的工作态度。

(5) 终极目标——提高利润水平。

第五条　确定业务人员培训时间。业务人员培训时间需要根据实际情况来确定，确定时主要应考虑下列五个方面的因素。

1. 产品属性

产品属性越复杂，所需的培训时间越长。

2. 市场状况

市场竞争越激烈、越复杂，所需的培训时间越长；应该避免与销售旺季发生冲突。

3. 业务人员素质

业务人员素质越高，所需的培训时间越短。

4. 所需的销售技巧

业务人员被要求的销售技巧越复杂，所需的培训时间越长。

5. 组织管理要求

管理要求越严，所需的培训时间越长。

第六条　确定培训内容。

培训内容因工作需要及业务人员素质而异。总的来说，培训内容包括以下七大方面。

(1) 企业概况，包括企业的发展历史、经营目标、组织结构、财务状况、主要设施及主要管理人员等。

(2) 产品知识，包括主要产品和销量、产品生产过程、产品生产技术、产品的动能用途、企业专为每种产品制定的销售要点及销售说明等。

(3) 目标客户，包括目标客户的类型、购买动机、购买习惯和行为等。

(4) 竞争对手，包括竞争对手的产品、市场策略、销售政策等。

(5) 销售知识和技巧，包括市场营销基础知识、销售活动分析、公关知识、广告与促销、产品定价、现场销售的程序和责任、谈判策略与技巧、与客户的沟通技巧等。

(6) 相关法律知识，包括合同法、产品质量法、客户赊销与信用风险管理制度等。

(7) 财务知识，包括合理支配销售费用、票据结算知识等。

第七条　选择培训地点。

按培训地点不同，可分为集中培训和分开培训。

1. 集中培训

集中培训一般由总公司统一举办，参训人员为全体业务人员。集中培训适用于一般知识和态度方面的培训，可以保证培训的质量和水平。

2. 分开培训

分开培训是指由各分公司分别自行培训所属业务人员。适用于特殊目标的培训，可结合销售实践来进行。

第八条　选择培训方式。

(1) 在职培训。

(2) 销售会议培训。

(3) 定期设班培训或函授。

第九条　选择培训讲师。培训讲师应由具备专长和富有销售经验的专家、学者或经验丰富的高级业务人员、销售经理担任。培训讲师应具备五个条件。

(1) 透彻了解所授的课程。

(2) 对担任讲师有浓厚的兴趣。

(3) 灵活运用培训方法。

(4) 能够补充和修正所用的教材。

(5) 具备乐于训练和教导的精神。

第十条　选择培训方法。

常用的培训方法有课堂教学法、会议培训法、模拟培训法、实地培训法。

1. 课堂教学法

课堂教学法是一种比较正规、应用比较广泛的培训方法，由销售专家或有丰富销售经验的业务人员采用讲授的形式将知识传授给受训人员。

2. 会议培训法

组织业务人员就某一专门议题进行讨论，会议由培训讲师或销售专家组织。业务人员有机会表达自己的意见，交流想法和经验。

3. 模拟培训法

模拟培训法是由受训人员亲自参与并具有一定实战意义的培训方法，其具体做法又可分为实例研究法、角色扮演法、销售情景模拟法。

4. 实地培训法

实地培训法适用于新进人员的销售培训。新进人员在由有经验的业务人员带一段时间后，开始独立工作，从而能够较快地熟悉业务，达到很好的效果。

第三章　销售骨干培训管理规定

第一条　参加此类培训的业务人员是指参加工作两年以上，一线销售业绩突出有一些下属并有组织管理经验的非管理人员。

第二条　销售骨干培训计划如表 8－19 所示。

表 8－19　　销售骨干培训计划

<table>
<tr><th colspan="2">第一天</th><th>第二天</th><th>第三天</th></tr>
<tr><td rowspan="2">上年</td><td>10：00 集合（10～15 人）</td><td>8：30 各组发表探讨结果，交流意见</td><td rowspan="2">8：30 如何提高管理水平</td></tr>
<tr><td>10：30 销售经理致词</td><td>10：30 角色扮演训练</td></tr>
<tr><td rowspan="3">下午</td><td>13：00 说明销售骨干正确的工作态度</td><td rowspan="3">13：00 继续学习训练业务人员的现场训练方法（在职培训技巧）</td><td rowspan="2">13：00 关于管理技巧的案例分析</td></tr>
<tr><td>15：00 个人发表看法、小组讨论</td></tr>
<tr><td>17：00 归纳总结</td><td>15：30 分公司总经理致辞</td></tr>
<tr><td rowspan="2">晚上</td><td>18：00 学习训练新进业务人员的现场训练方法（在职培训技巧）</td><td>18：00 如何进一步提高个人业绩</td><td rowspan="2"></td></tr>
<tr><td>20：00 探讨如何在工作中训练业务人员</td><td>20：30 分享个人业绩提高技巧</td></tr>
</table>

第三条　销售骨干培训实施重点。

1. 确定培训方式

采用三天两个晚上的集体住宿方式，参加人数 10～15 人为宜，销售经理一名。

2. 选择培训方法采用授课、分组讨论、角色扮演等方法。

3. 拟订行动计划书。

4. 培训评估准备。

事先设计好用于培训课程评估的调查问卷，培训结束后受训人需要写出受训报告。

第四条　培养制订销售计划的能力。

销售计划的内容包括：达到销售目标的重要性阐述、培养制定销售目标的能力、学习商业谈判策略技巧、制定达成目标的有效的行动计划。

第五条　培训结束后，需要评价销售骨干培训的实施效果，填写“培训效果评价表”或《培训效果调查问卷》。

第六条　销售骨干培训实施时应注意的几点。

1. 参训人员的态度

实施培训前要使参训者明确意识到自己就是解决问题的执行者。

2. 参训人员的层次

参加此类培训的业务人员须通晓企业的各种活动，在处理与其他部门的关系时须有较强的沟通、协调能力。

第七条　与销售骨干培训相关的其他事项可参照《业务人员培训管理规定》执行。

第四章　销售经理培训管理规定

第一条　本培训的目标是改进销售经理的工作态度，通过让其学习现场训练技巧学会培训高级销售人才。

第二条　制订销售经理培训计划。

第三条　实施销售经理培训要确保企业销售计划的贯彻落实，确保达到改进销售经理工作态度的目的。

第四条　销售经理培训的方法。

1. 会议式授课法

这种方法是在会议上探讨、分析具有良好业绩的下属的能力特征（见表8－20），分析采用何种方法可培养这种能力。

表8－20　良好业绩下属的能力特征

能力发展阶段	能力特征	记录能力的表现
第一阶段	基本工作、日常工作的执行程度	（销售经理记录下属的表现）
第二阶段	对客户的协助及对订货的执行程度	（销售经理记录下属的表现）
第三阶段	与客户维持信赖关系、做好销售咨询之外，更积极开展销售行动以达到销售目标的执行程度	（销售经理记录下属的表现）

2. 现场培训法

通过现场培训使销售经理掌握现场培训法的基本形式及举措，如表8－21所示。

表8－21　现场培训的基本形式及举措

形式	类型	具体举措
指导业务人员的工作	教师型	正确地指导下属的工作；观察下属的工作，并提出方法和技能的改善技巧
用工作锻炼下属	工作负荷型	发掘下属的潜能；分配工作，充分授权；指定下属应完成的目标、应达到的标准；评价成果；让下属参与制订销售计划
整顿工作环境	环境关系型	开展有助于培养下属的工作；加强有关人员之间的沟通管理
关注人	对人关注型	使用体贴性话语；信赖下属；激励下属；对下属的努力给予适当的奖励

第五条　与销售经理培训相关的其他事项可参照《业务人员培训管理规

定》执行。

第五章　附　则

第一条　受训销售骨干和销售经理有责任承担培训业务人员的任务，将所学知识传授给业务人员，发扬团队精神，实现企业的销售目标和市场目标。

第二条　业务人员培训所花的费用由培训项目负责人申请，报财务经理和总经理审核；在培训结束后提供各种财务凭证，于财务部报销。多退少补。

第三条　本制度提交总经理审批后颁布实施。

第四条　本制度未尽事宜，可随时增补，并提交总经理审批后生效。

第五条　本制度由人力资源部监督执行，最终解释权归人力资源部。

第九章

企业培训的创新与趋势

德鲁克说：“任何企业体都有且只有两个最基本的功能，那就是市场营销与创新。”可见营销和创新对企业有多重要。《孙子兵法》说：“兵者，国之大事，死生之地，存亡之道，不可不察也。”“营销和创新”就是企业的生死存亡之道，不可不察。不懂营销和创新的企业是无法存活的，那培训就更没有效果了。

在过去的短缺时代，需要满足的是“物理数量的硬需求”。这是一种产能数量的复制，是不需要营销和创新的。但在新常态产能过剩的剩余时代，需要满足的是“心理质量的软需求”，而且还要面对激烈的竞争。这些都是智能的“斗智”问题。要做到出其不意攻其无备，想到别人想不到的事，这些都需要“创新”。所以著名管理顾问詹姆斯·莫尔斯说：“可持续竞争的唯一优势来自于超过竞争对手的创新能力。”

未来的“十三五”，国家经济发展大战略讲的是“经济发展模式的改变”，从硬工厂生产复制时代进入软市场生意创新时代。我们现在需要的是新型创新型软人才，不再是过去的传统记忆型硬人才。

美刊认为 中国高端人才仍严重不足

中国什么都不缺
独缺创新性人才

中国高端人才市场竞争激烈

上海科学营吸引全国800多名中学师生，大家认为——
创新，不能成天围着“标准答案”转

我国专业技术人员总量已跃居世界第一，但——
高层次创新人才极其缺乏

当今知识泛滥，人的价值体现不再是知识的本身而是以人为本的活学活用。

所以在未来新常态“互联网+”时代和竞争激烈的成熟期买方市场下，企业必须要非常重视培训创新思维，培训创造出具差异化感觉的独特产品及满足客户服务性的软需求和软价值。对内要培训出员工心理责任意识，精益求精的创新精神，创建优秀企业文化的软实力，不然就没有竞争力。企业如果忽视培训创新竞争力，那在未来，企业的任何培训都不会产生效果的。

第一节　企业培训无效的原罪

中国传统的应试教育学习方式令大多的业务培训只会模仿和复制不会创新，阻碍了社会和企业发展的发展进步。

一、妨碍企业员工创造性思维和创新意识的发展

真正的智育不是传授知识，而是点燃智慧、启发思维、培养思维方式。特别是文科教育的思想性更明显，它教的是思想，是思维方式，是对人生和社会问题的思考，是对人性的思考和回答，是生活的态度，是对社会和人生的理解，也是对人对事的处理方法。其实也是创造力，是社会的活力。这些东西是没有标准答案的。

教育培训最应该培养的是学员的怀疑、探究精神，培养学员的思考、比较、辨别的能力。但是应试教育要做的恰恰相反，它把学生的创造性思维引进死胡同让学员相信“标准答案”的绝对正确。然而，用统一的标准在生产线上生产出来的器件是好器件，用统一的标准去塑造人才绝不是好办法。

二、应试教育磨灭了我们对学习的兴趣

学习的优秀，人生的成功，在很大程度上要依靠兴趣和决心。如果自己没有强烈的学习兴趣，不真正下定决心学好功课，那一般是不会取得好的学习成绩的。所以，真正的教育，应当善于激发学习兴趣。

获得2010年度诺贝尔物理学奖的英国曼彻斯特大学科学家安德烈·海姆和康斯坦丁·诺沃肖洛夫说，他们对待科研像游戏一样专注，像游戏一样充满兴趣，在游戏中体会快乐。我们知道游戏会使人充满兴趣，所以，用游戏的态度去对待科学研究，不受任何行政干预，不受任何获奖和晋升职称的名利诱惑，这是科研的原始动力。

应试教育机械的教学机制，以单调乏味的讲课方式、被动被迫的学习形式、无休无止的补课，很大程度上消磨了我们从小的学习热情。

当一个人痛苦、无奈地学习时，这种学习就很难是智慧的学习，很难是创造性的学习。因为，只有当一个人视学习为快乐时，他智慧的源泉才会被发掘，他创造的潜能才会被激活。

在应试教育体制下，中国多数学生都体会不到学习的乐趣，于是学生便本能地逃避或减少这种体验不到兴趣的应试学习，而把更多的时间用在那些能给他们带来兴趣的事情上。追求快乐，逃避痛苦，是人的本性。对我们企业来说，更是如此。如果学习带给员工的都是痛苦的体验和回忆，那么他们怎么能够不厌恶学习呢？

第二节　企业培训创新的三大基本要素、四大实践感悟和八大环境要求

什么是创新？就是动脑筋，想办法，做出差异化，做到唯一独特。

唯有如此才能与众不同，避开竞争，提升竞争力。经营管理者就是自己想出与众不同，适合自己的办法。这种与众不同，适合自己的办法就是“差异化和创新”。

前面提过人文管理科学是“管理无定式”，而且肯定而放之四海而皆准的经营管理办法是没有的。只有规律可循，无绝对定式。孙子兵法的“出其不意攻其无备”。中国古代都相信的“大道无术，大器无方”。最高招式是“无招胜有招”，最佳管理是“无为而治”。

就像兵法的三十六计中，哪一计管用呢？可以说每一计都管用，也可能都不管用。如果应用“对”了就有正效果，用“错”了反而是负效果。会应用的人是计越多越好，不会用的人是计越多，效果越差。因为对不懂的人用“计”只能靠蒙，“计”越多被蒙中的机会越小，效果越差。

现代管理学大师亨利·明茨伯格在他的《管理工作的本质》一书中说过：“今天管理仍是一门艺术，而非一门科学。”既然是艺术，一定是没有肯定和固定形式的，而且艺术最重要和讲究的就是创新和创作能力。企业的经营管理也一样。

一、中国企业为何不懂创新？为何培训不出创新？忽视创新的原因是什么？

以下是中国企业经营管理者为何不懂创新、为何培训不出创新、为何没

有创新能力、为何对创新认识不足、为何不重视创新的各种原因。

（1）前面章节说过，中国的应试教育方式导致大家只会死记硬背地学习，而不懂分析判断，习惯性不肯自己动脑筋，想办法去“创新差异”。

我一个朋友的孩子还在读幼儿园。一天幼儿园老师测试学生，考卷上有一个问题是“弯弯的月亮像什么?”孩子答像“香蕉”。结果被老师批成答案“错误”，因为标准答案是像“小船”。小孩子回家就问爸爸，像香蕉为什么就算错呢？朋友不知怎么向小孩解释应试教育，只能说：“记得老师说答案像小船，下次就回答像小船。”一个这么小的孩子遭遇到这种教育方式，那么这个孩子的学习将来还有创新力吗？

（2）错误的案例学习方式。很多企业培训对经营管理的学习只喜欢听案例，不喜欢讲原理。那案例教学和方程式教学有什么不同呢？方程式教学是可以死记硬背的，而案例教学一定要先分析判断，而后活学活用。而分析判断和活学活用就是动脑筋，想办法的一种“创新”能力。

（3）所有成文的“案例”都是过去发生过的事。经营管理一定是未来的事。马云说：“经济学家讲的是过去的事，企业家做的是未来的事。”所以我们不能模仿、抄袭、复制学习案例，必须用创新差异的思路来理解和分析。但中国目前的社会，就是最缺“创新型未来决策思维”的管理人才。

应试教育的结果是学历越高，右脑“创新”能力越下降，导致“分析判断创新差异性的营销缺失”。没有独立创新的思路的能力就没有差异个性的营销，再没有什么比老师的“标准答案”更能扼杀人的创造性了。这令学生思维越来越趋同，想象力越来越枯萎，人文社会科学被严重边缘化，一代代人重复左脑记忆式教育，右脑分析型的人才可能被扼杀。

现在的知识泛滥唯有把知识用自己“创新”的思路，灵活应用起来才有价值。所以在国外人文管理社会科学，也叫“创新应用科学”，就是能够活学活用的学以致用才有价值。

二、培训创新能力的三大基本要素、四大实践感悟和八大环境要求

（1）培训“创新”的核心要素是“知识、灵感和热情”，这是创新能力的三大基本要素。其实这三个基本要素，孔子在两千年前，就已经告诉了我们如何学习创新了。子曰：“不愤，不启，举一隅不以三隅反者，不为复也”。

就是说没有热情，没有灵感，不会举一反三，自我创新，活学活用的就不再重复教他了。（如图9－1所示）

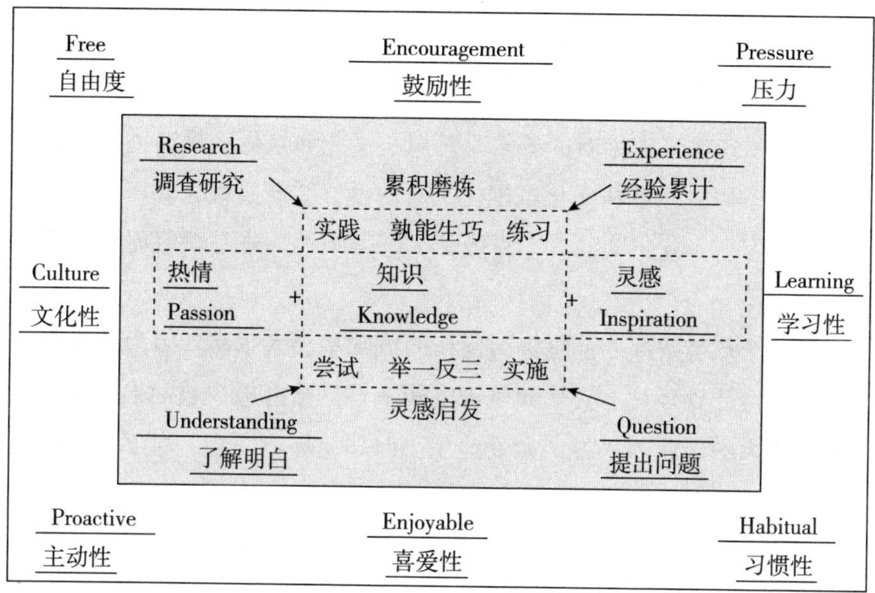

图9－1　创新基本三要素

（2）有了创新核心三要素（知识，激情，灵感），还要有以下四大实践感悟才行。

1）练习累积相关经验。

2）实施观察看出问题。

3）不断尝试了解认识相关事情。

4）从实践中调查研究相关事务等。

最后必须从相关经验、问题、认识、调研中，才能培训出有效契合实际、具相关性、可执行的、有创意的“创新”。

培训创新的这四个步骤都需要不断地累积、实践、尝试和调研的。而且并不是企业或经营管理者做了这四样事情，就一定能培训出“创新”的结果。因为上述创新三大要素中的激情和灵感不是我们可以控制的。这里面还包括个人的天赋和勤奋，以及你的经营管理基本功力和感悟程度如何。

企业培训创新不是哗众取宠，且毫无根据的想法。如果没有实际的可行性，不符合我们前面对经营管理基本能力的要求。对企业来说，是没有意义的。也许学术界或理论界可以比较天马行空地去想象，但企业必须做到具有相对有竞争力的实践可行性才行。

(3) 影响创新培训更深层次的八大气氛环境要求

更深层次影响培训创新的要素是环境、文化和氛围。培训创新还要有一个具备以下条件的环境和文化氛围。①自由度，②鼓励性，③压力性，④文化性，⑤学习型，⑥主动性，⑦喜爱新，⑧习惯性。这是学习创新的八大气氛环境要求。

有这八个环境条件，企业培训创新的成功率会大很多。因为通常每个人多多少少都会受到环境、文化和氛围的影响。虽然有极少数的人，可能对创新本就有极大的天赋和兴趣，如爱迪生。但如果环境适合，那创新成功的人数和成功的机会就会大很多。

为了提升整个公司所有人的创新性，企业领导应该尽量提供一个适合和激励创新的环境和企业文化。

企业经营管理的“创新”，可以在所有过程中创新，比如蓝海战略、体制管理、目标定位、销售模式、产品研发、价格条件、促销广告、客户服务、销售技巧等，都可以做出“创新和差异化”。所以企业如果缺乏培训创新和差异化的能力，那上述这么多事都无法做好。那企业的任何培训都会变得无济于事了。

(4) “创新”的4I (Improvement，Integration，Innovation，Invention) 内容是掌握以上八个常用管理工具的必备能力

企业培训常用的八大管理工具，绝大部分都是原则性和要素分析性的东西，比如MAKASH原则、PDCA原则、SMART原则、6W1H原则、STAR原则、SWOT分析法、企业制造5W2H1E要素、二八原则等。这就意味着答案要通过这些原则和要素分析，自己动脑筋去找。这种要素分析和自己动脑筋去找答案的行为，就是一种“创新”能力。所以如果没有创新能力，也就掌握不了以上八大管理工具。

创新是包含有4个“I”的内容和过程：从最简单的改进 (Improvement)，

到把很多亮点整合（Integration）起来，然后量变到质变就会形成创新（Innovation），最后创新能力很强的人就会形成创新最高境界的发明（Invention）。这四个过程都是不同程度和级别的“创新”。所有创新差异化的“办法”都是靠自己心灵“感悟”出来的“灵感和创意”。而且创新是一种“意识”，不是可以“复制或拷贝别人”的知识。

第三节　企业培训的趋势与未来

由于企业培训需要员工一边接受培训一边工作，以及以往的企业培训内容比较零散，难以形成系统。再加上企业对员工的知识和技能的要求不断提高，所以企业培训在不断地改变和发展。未来，企业培训的趋势我们认为会有如下几点。

一、对于实效课程的开发工作将更加重视

当前企业培训还比较注重讲师的包装，打造讲师品牌，然而很多外企并不注重老师的包装，相应的他们注重学员的问题，注重课程的品质，注重课后的追踪。这种关注点的差别也导致了国内企业培训当前问题。

二、内训工作所占比重会更大

以前企业培训全部寄托在外部培训师的身上，未来的培训是由外到内，建立自己的课程体系，培养自己的讲师团队。企业百分之七十以上的课程要由企业内部讲师承担，岗位技能、企业文化制度等只能由企业内部讲师讲才有针对性，而由成本低的外部讲师传授一些通用管理技能。企业借助外部的培训力量做导师，教我们把整个企业内部这套培训系统建立起来，这是一个趋势。

三、培训方法从单一化到多样化

在传统的培训中，通常以课堂讲授和实地观摩为主。

课堂讲授多是“填鸭式”。在实地观摩中，多是培训师带领学员到生产一线观看工人的实际操作。培训方法比较单一，员工被动地参与其中，常常感到苦不堪言，因此员工的抵触情绪较高。

现代的培训方法则多种多样，既有讲授，又有游戏、角色扮演、小组讨

论、案例分析、辩论、视频教学等方法。在一门培训课程中，员工需要主动出击，带着问题参加学习。在学习过程中培训师还会穿插使用各种培训方法：小组讨论法可使学员之间相互交流和沟通；游戏法可使学员在“玩耍”中领悟培训内容的含义；角色扮演法则使学员设身处地地从对方角度着眼，体会对方的感受；案例分析使学员通过案例，阐明基本原理，强化理论学习，理解理论知识，并能够举一反三，自觉地把所学的理论和知识付诸实践。培训师让每一位学员都主动地参与其中，畅所欲言，给每一位学员一个自我表现的机会。多种多样的培训方法使培训内容丰富多彩，既加深了员工对培训内容的理解和掌握，又更大地发挥了员工的学习积极性和主动性。这种参与式培训方法较以往的被动式培训方法更为科学和有效，大大地提高了培训质量。

四、员工态度从消极对抗到积极参与

传统观念中，参加培训的员工都是那些工作表现不佳的人员，再加上培训内容枯燥、方法单一、工具落后，员工对参加培训有抵触情绪。而在未来，工作种类随着知识的更新而更新，传统的工作岗位不断地减少，甚至是消失，更多的工作岗位不断地涌现出来。企业员工为了避免被淘汰，只有积极更新知识和提高技能以适应社会的发展。在这种社会大背景下，员工的学习积极性和主动性大大提高。同时，在培训中，员工可以向经理提出自己需要接受的培训课程，公司培训部门、管理人员、员工三方协商安排。这种培训因为有员工本人的参与和决策，而且是员工的实际所需，员工往往更有主动性，更乐于参与，培训效果也更好。

五、对于培训调研评估等方面工作的重视

以前的培训只注重课堂的气氛，未来的培训将变成训前、训中、训后全过程的衔接，把训前和训后的功夫做足、做到位。

六、培训模式越来越专业化

一般来讲，大企业一般都设有自己的专业培训机构，常见的形式有培训中心、人力资源开发中心、企业大学等。超大型公司的培训机构多以企业大学的形式出现，如摩托罗拉大学、西门子管理学院、麦当劳大学。这些大学都有自己独立的教学培训设施，员工可以在大学里接受培训，食宿都可在大学里，十分方便。同时，公司也可以委托学校代培或企业与学校联合培训。

而小型公司则趋于把培训工作外包给专职的培训公司或管理顾问机构，即在培训方面进行虚拟管理。公司把培训职能进行外包，部分原因是因为这些机构不仅有足够的师资队伍、充分的信息、专业的培训技巧，而且还可以提供更广泛的交流机会。小型公司把培训工作外包出去，既可以保证培训的质量，同时因为本企业不再设专职的培训师，也可以减轻本企业培训工作的负担，降低成本。近年来，一些大型公司也开始青睐“外包”这种形式。“外包”正成为现代员工培训的一种流行趋势。

总　结

影响企业经营管理培训效果最常见的26个问题和误失

影响企业经营管理培训效果的因素有很多，但最常见的有以下26个问题：

1. 喜欢复制、模仿、抄袭学习营销和销售成功案例

“案例”是不具复制性的。工商管理（包括经营销售管理）用案例方式教学就意味着不可复制，不然就是“方程式”教学。复制模仿学习的案例，往往会导致张冠李戴地误用，就如司马懿中空城计的案例，下次再碰到司马懿不可复制同样的空城计。案例学习的目的是展开思考，训练自己分析问题的能力。案例是没有标准答案的，是不可重复的。一定是先确诊后下药，先分析后想办法。

2. 只培训解决问题的办法，不想学习诊断问题的想法

解决业务问题的办法都是来自想法，不可能是没有想法就能产生办法的，就像从来没有医生只学开方的办法而不学诊断的想法。不然，不经诊断就能有有效的方子那就是神药了。

所以，为什么所有的管理大师讲的都是“思路和想法”，从来没有大师讲具体“做法和办法”。这是我们的企业培训和管理人才需要好好思考的问题。大前研一说过：“现在的时代，即使想去图书馆寻求解答，也未必找得到。答案是靠自己找的。在没有答案的现在，还在想要从哪里找出解答的话，那就是愚蠢至极。”

但是中国的应试教育，令我们不会也不习惯用感悟创新式的方式来学习想法。无法做到知其然，更不能知其所以然。碰到问题自己不会想办法，因为自己没有更深层次地去学想法。这是现在“培训无用论”兴起的原因。

3. 误认为培训业务管理可落地执行就是成功到位了

这在过去没有竞争或竞争不激烈的短缺时代，也许可以产生培训业务效果。但现在在产能过剩、竞争非常激烈且顾客非常挑剔的市场成熟期，再把落地当成是学习成败的目标，那是一个很大的误区，是企业营销业务人员及销售团队培训不出业绩和效果的重大原因。

因为在竞争激烈的买方市场，谁都会做，谁都能落地。不会落地的早已无法生存了。买方市场比的不是落地，是落地后的竞争力。是谁比谁落地得更好，更有水平。就像职业棋手，比的是谁的段位水平更高，谁的功力更好。如果把培训的要求定在落地，就很可能忽视了段位和功力的竞争力。

4. 不懂“有道无术，术尚可求，有术无道，止于术”的道理

要知道在买方市场，技巧的效果要看计划的战术是否有效。而计划的战术是否“有效”要看战略的“道”是否分析得合理。所以“道”的战略可以影响到“术”的战术。而“术”的战术，最后影响到战术技巧的效果。培训效果的产生也必须是按照“先道，后术，再技巧”的顺序。

可是很多企业做业务培训时，还是习惯了以前卖方市场“重技巧，轻战术，忽视战略之道”的做法。这可能是对当下新常态市场转变的认识度不够，又或者是旧习难改。社会上培训业务技巧的课题和老师非常多，但培训经营战略之道的就少得可怜。这证明很多企业培训还是“重技巧、轻战术、忽视战略之道”。

5. 只知道培训业务工具和表格，不重视练习功力和内功

在知识泛滥的当下，几乎任何业务的工具和表格都可以轻易获取。但有了工具或表格不等于有水平和有竞争力。业务工具和表格的作用并不是工具和表格本身，而是如何利用这些工具和表格的功力和内功水平。

工具和表格本身是死的，它的作用是“零”，它需要培训使用者的功力和内功水平来激活它。水平不够或不会正确使用销售工具和表格的人，他的作用很有可能会变成“负”价值。不但起不了作用，反而还会因为误用而越做越错。所以如果企业培训只要求培训工具和表格，不培训功力和内功，那培训效果一定是“负”价值的。

6. 只求培训执行力的招式，不求锻炼更高境界的内功竞争力

这个问题和上面的问题一样，执行力的招式也需要更高境界的内功竞争力来激活它。在买方市场的成熟期，所有竞争对手都有执行力。就好像参加比赛一样，每个选手都一定“会”（具备执行力），不会的人连去参加比赛的资格都没有。大家比的不再是执行力而是竞争力。而竞争力是来自具备了执行力后，水平和能力的锻炼和再提升。

“师傅带进门，修行靠自己”，培训人才竞争力的提升，是学员自我刻苦修行及专研提升的结果。因此德鲁克说：“卓有成效的管理者有一个共同点，那就是他们在实践中都要经历过刻苦学习和耐心训练。”

7. 培训还用过去卖方市场经验来解决未来买方市场问题

用过去的经验来判断问题，在一般情况下是正常的，几乎所有的人都是如此判断和解决问题的。不过因为新常态的经济发展模式转型，市场产生了卖方到买方市场刚好 180 度相反的颠覆转变。如果培训还用过去旧常态卖方市场的经验和判断，想在新常态下解决买方市场的问题是行不通的，甚至还是一个因方向逆转了的“负资产”。如此培训的效果不但出不来，而且还非常容易出错。

8. 企业培训条块分割地解决经营管理的业务问题

前面解释过影响业务问题的要素有很多，它们必须是混合一体来运营的。因此德鲁克说：“每个成员的贡献是不同的，但每个成员的贡献必须融成一个整体。”影响企业经营管理业务问题的原因是综合性的，不是某一个单一要素所能决定的。

所以企业培训经营管理的业务问题，也不能条块分割地去培训，必须用上下系统的，全局木桶的观念来培训。也许学习研究的时候，我们会一个一个要素地探讨问题。但在真正培训和解决实务问题和困难时，就必须全局性、系统性、平衡性、软硬结合性、结构有效性等的综合来看，绝不可条块分割地培训经营管理问题。

9. 不懂培训专业知识时要深入，总结解决办法时要浅出

所谓的专业知识就一定是深入的，但解决问题的办法一定是浅出的。就像专业的医生，在学习专业医学知识时一定是“深入”的，他们往往要花 5 ~ 10

年的工夫。但向病人解释病情和开方时一定是“浅出”的，只花 5 ~ 10 分钟即可。这就是所谓“深入浅出”或“厚积薄发”的道理。

同样的道理，企业专业管理人员在培训时必须深入，在向顾客解释时就必须浅出。而且是培训时道理越深入越好，但解释解决办法时越浅出越好。所以培训老师教得专业原理越深入的是越有水平，对学生越有用。反之，培训老师教得越浅，越容易明白，越容易上手的，对学生就越没用，因为越没有竞争力。

10. 不知生产者的企业培训时要重过程，消费者购买时只看结果的道理

生产者的企业是先有管理制造的过程，后有顾客购买成交业绩的结果。过程是因，业绩是果。企业是先有管理过程的“因”，后有业绩好坏的“果”。所以企业培训也必须先从经营管理的过程做起。所以马云说：“经营管理既要追求结果，更要注重过程。”

现在很多企业对业绩的培训和考核，只培训和考核业绩的结果，而不培训和考核那些影响业绩的过程，这是很没有道理的。虽然业绩的结果非常重要，但结果是来自好的过程。不重视培训和考核良好过程的，只想要业绩好结果的，就是一厢情愿的“白日梦”。那培训又怎么会产生效果呢？

11. 越重视培训业务技巧的企业通常业务绩效也会越差

这个听起来好像没有道理的事，但在新常态的买方市场就是如此。前面解释过培训效果的产生也必须是按照“先道，后术，再技巧”的顺序。如果企业“品牌经营管理之道”做到位的话，任何业务技巧的难题都可迎刃而解。这就是德鲁克说的经营管理最高境界的“让销售变得多余”。

因为越重视业务技巧培训的企业，往往会忽视经营管理之道的培训。因而形成培训轻重不分，培训重点本末倒置的现象。所以越重视培训业务技巧的企业，通常业务绩效也会越差。

12. 企业分不清是老板或高层管理“大”还是培训市场道理“大”

前面章节解释过，在卖方市场因为是市场和顾客求企业，所以老板最大，市场和顾客最小。但在买方市场是企业求市场和顾客，而且还要应付竞争对手。所以是市场和顾客最大，企业和老板最小。马云说：“在阿里巴巴顾客最大，一线员工次之，经理又次之，经理的下面是部门总管。部门总管下面是

总监，总监再下面是最小的他。”星巴克也是把总部定位是为一线员工服务的下属。这是买方市场有名的企业和顾客之间的“倒三角”结构关系。

但现在很多企业就是很怕老板，不怕市场和顾客。培训时也往往是老板和高层管理说了算，而不是尊重市场规律和道理的来培训。企业培训如果不能把“老板大还是道理大”这个逻辑搞清楚，就永远没有办法讲道理和真正地尊重市场规律。那培训出效果的可能性也就微乎其微了。

13. 市场改变了但企业培训还没“意识和重视”到市场的变化

在政府大力宣传新常态经济发展模式的转变下，相信每一个企业都知道市场在改变。但知道一件事和形成“意识和重视”是两码事。比如每一个人都知道红灯不能闯的知识，但具体闯了没有就是交通安全“意识”问题。改变我们行为效果的不是知道的知识，而是做到的“意识和重视”。

当下很多的企业培训就是知道了环境和市场的变化，但没有培训成“意识和重视”环境和市场的变化。以为知道了就行，但始终形不成意识去做到它，那就是纸上谈兵，也是企业培训学习无效和企业亏本最大的原因之一。

14. 重培训有形销售技巧和手法，轻无形销售心法和变化

在竞争激烈的买方市场，竞争对手都在“出其不意，攻其不备”地动脑筋，想办法。马云说：“无招胜有招。真正有招数的人不是高手，创新就是把棍法糅合在刀法里面，把刀法糅合在鞭法里面。”最高水平是变化无穷的心法，最高招是变化莫测的无招，而非有形的销售技巧和手法。

所以企业培训也必须懂得这个道理。如果企业培训只重有形的销售手法和技巧，而轻视无形的心法和变化，那培训出来的效果和水平一定很有限。所以马云还说：“最难的是拥抱变化。”也就是说培训应付变化的应变力是最难的。

15. 企业培训欠缺宏观环境战略眼光和微观市场分析判断能力

前面章节解释过，现代企业经营管理的宏观战略眼光和微观市场分析判断的能力非常重要。大前研一说过：“战略性思考的第一步是培养确实发现问题的分析力。”这就是经营管理的战略眼光和市场分析判断的能力。

如果企业培训欠缺了分析判断能力的学习，就不能“治本”地了解和解决影响业务好坏的深层次和本质性的背后原因。所以，大前研一还说过：“对

于不知道问题本质的人而言，要做到正确处理业务是不可能的。”因此企业培训的效果，在很大程度上是看能否培训出“对环境和市场的分析判断能力”。

16. 培训急功近利，没耐心，不锻炼业务核心竞争力的内功

因为企业通常都要求最高效益，最快见效。所以企业一般考核业绩也都以每个月或每季度来考核。这样自然就养成企业培训急功近利的心态，业务人员就更不可能有耐心和用心去锻炼业务核心竞争力的内功了。

这样造成的结果是企业培训和业务员工都没耐心，不肯用心去练内功。但在新常态竞争激烈的买方市场，缺乏竞争力的企业培训又怎么会有效果呢？归根结底是企业利润最大化的急功近利心态，导致企业培训缺失业务核心竞争力。

17. 不知道藏在系统的魔鬼比藏在细节的更可怕、更严重

我们常说要成功的活，要留意“藏在细节的魔鬼”。其实“藏在系统的魔鬼”更可怕、更严重。因为藏在细节的魔鬼，它的影响面是有部门区域限制性的。但藏在系统中的魔鬼就会影响到整体事情的全局。比如万一房子的框架结构系统有问题，它修改起来比改装修细节要麻烦多了，问题也严重多了。

企业培训也有“系统”和“细节”的问题，而且培训的系统问题往往是无形及不容易感知的，比较难发现。因为系统问题不容易发现也就很难处理和解决。容易发现的“细节”问题反而比较容易处理和解决，所以企业培训的无效和严重的误失，多半是在培训系统的魔鬼出了问题，而非培训细节的魔鬼有问题。

18. 企业对培训认识的误失：光培不训，光说不练

培训是由“培”和“训”两个部分结合起来的。培是培养，指的是知识道理的学习；训是训练，指的是练习巩固学到的知识和道理。在知识泛滥的今天，知识和道理都可以轻易获取。难的是“训”，是需要非常有耐心、用心、专心地把学到的知识和道理，通过不断的练习来加强巩固。如果光培不训、光说不练，就不可能形成培训竞争力和培训效果了。

19. 不知道培训与管理先进理念都是从基本功开始修炼

大部分人都喜欢学习先进的理念，认为越先进越好，越有价值。这在科技和科学上是合理的。比如新科技和新科学理论会淘汰或取代旧科技或旧科学理论。但在人文科学的培训与管理上就不是这样了，而是越先进的培训管

理理念，越需要从传统基本功开始修炼。

人文性的培训管理学的理念是一种累积现象。它是越基本的越重要，越常见、越普及、越本质性的就越重要。这和万变不离其宗的“宗”和回归基本面“原点”的道理是相通的。基本功越扎实的人越容易学会先进理念。所以雷军说：“要勤奋，要努力，练好基本功。基本功决定了你能不能看到风来的风向，也决定了你能飞多远不掉下来。”新的风向就是先进的理念，但能飞得远不掉下来就是基本功的培训。

20. 只培训案例而不学习原理

案例是没有标准答案的，第一步都是先分析问题，再对症下药地想办法解决问题。所以案例培训真正要学的是“想法”而非“办法”。那想法是怎么形成的呢？想法是“根据原理”再结合自己的“经验”感悟出来的。

哈佛大学教案例，是在教一小时的案例前，要求学生自己先研究 4 ~ 5 小时的原理，还要有起码几年的实践经验。老师教案例是没有标准答案的，答案是否正确，是学生们共同研讨的结果。所以研讨案例是要“结合原理和实战经验”的。

如果培训只学案例，不学基础原理和实战经验。一来无法探讨出有效合理的办法，二来因为没有原理的思路，自然就会死记硬背地模仿和复制案例中的办法。然后生搬硬套，张冠李戴地误用到自己的工作中去。这就是中了“案例病毒”。

21. 只喜欢培训成功学，不重视失败学，结果因掉以轻心而失败

马云说：“我们要多听失败学，少听成功学。”因为成功是不可复制的，但失败是可以避免的。成功学培训得太多的人，他会过度的激情兴奋而导致盲目自信，因而对失败的要素和原因会忽略不重视。所谓兵者诡道也，商场如战场。大企业家都是如履薄冰，战战兢兢地在做生意。多听失败学，少盲目培训成功学，培训才会起到效果。所以马云说：“MBA 就是教了太多成功的案例，令学生很容易想入非非，认为成功是很容易的而掉以轻心。”

真正能令企业培训成功的是“万变不离其宗的基本功”，以及能尽量避免那些失败的原因。企业培训了成功的基本功，避免了失败的短板，再抓住了机会，培训自然就会有效果。

22. 培训管理上下欠系统，左右欠沟通，全局分工但不和谐

影响业务培训效果的有，系统性的上下结合关系和木桶性的左右默契关系。这样就形成了一个矩阵（Matrix）式企业组织结构。所以德鲁克说："组织中的职位都是相互联系，相互依存的，会牵一发而动全身。"

所以企业培训不可有以下现象：虽然分了工，但不和谐。上下欠系统，左右欠沟通，不能发挥全体整合力。而且还会因内部掣肘，形成内耗。就像一个人的五脏六腑形成排斥现象，那这个人会有竞争力吗？

23. 培训不重视企业和产品的软需求及相关软价值

产品的价值包括自然物理性的硬价值和人文心理性的软价值。比如衣服的温度是物理性的硬价值，风度是心理性的软价值。汽车的交通运输功能是物理性的硬价值，"拉风"抢眼球是心理性的软价值。软价值比硬价值对顾客来说要更有价值。

软需求和软价值是一种心理的感觉，是无法复制模仿的。但当下中国企业的培训都是以复制模仿为主，所以非常缺乏和不重视企业和产品的软需求和相关软价值的培训，导致培训效果一直不能提升价值。

24. 企业业务培训学习要求简单易学及开心娱乐化

德鲁克说："经营管理决策学习必须要经历熬受痛苦的一段过程。"然而业务学习和培训又怎么可能简单易学和开心呢？但人"好逸恶劳"的本性，往往令我们要求简单易学及能够开心欢乐。所以业务培训的名言是"听听真激动，想想就心动，回去无法行动"。

在割喉竞争、计划没有变化快的当下，任何简单易学并能解决问题的培训，都是带有忽悠及夸大成分的。现在电脑软件这么发达，连下棋这么伤脑筋的事，软件都可以比人脑下棋下得好。那做生意比下棋重要多了，为何就没有生意包成功软件呢？可见业务培训学习绝不可能是简单、易学、开心、马上就能够产生效果的。

25. 让 HR 来决定和甄选业务培训课题内容及老师

这也是企业业务培训效果不好的原因之一。因为 HR 一般都对做业务不是这么内行，不太懂的。他们甄选业务培训课题内容及老师的标准，一般都是看学员喜欢什么样的内容及老师。而能让学员激动兴奋，简单易学的培训

课题和内容以及老师通常会比较受欢迎。但恰恰是这种课题内容和培训方式，对竞争激烈的买方市场的培训是最没有用的。所以让 HR 甄选课题和老师的方式是大有问题的，必须是 HR 与业务负责人共同来完成才行。

26. 不能正确地理解和掌握生命周期的变化规律

生命周期这个概念很多人都知道。但能正确地掌握生命周期变化规律的企业和培训主管就不多了。在不同的生命周期中，业务培训要做的事是完全不一样的，必须要有不同的应变办法。

这是做生意和做培训最难掌控的部分。马云说过："洞悉变化是带团队最头痛的事。"企业培训的失败，往往是在市场和产品生命周期变化中，无法培训出正确的判断和应变的能力。

未来，企业转型和改变培训观念是迎接新常态挑战的唯一之路。

为什么企业培训有这么多毛病和问题解决不了呢？我们觉得大致有以下几个原因：

（1）培训经验和水平太差，没有与时俱进的意识。

（2）侥幸，怕麻烦及急功近利的心态，不想对培训做改变。

（3）培训的专研精神及奋斗心不够强，改进培训问题的努力不够。

（4）没有到"切肤之痛"的感觉，对解决培训的问题可拖就拖。

（5）最大效益化地贪图眼前利益，没有未雨绸缪地为培训做长远的布局。

（6）取巧心态，希望培训老师能教会可以一招致命解决问题的简单绝招。

（7）没有耐心去练培训基本功和回归理论基本面。

（8）不重视培训软要素的概念、心态、原理、责任、价值观、使命感等。

（9）过去高速成长的经济令企业很浮躁，不能适应新常态的新竞争形势。

（10）新常态及新经济的变化在中国是前所未有的，企业培训一时还无法真正理解及想到到底该怎么办。

德鲁克说过："管理者必须增进其知识与技巧，必须养成各种新的工作习惯，同时也必须放弃旧的工作习惯。有效的管理者的自我提高，是组织发展的关键所在。"现在就是企业培训业务管理者需要改变观念，改变思维习惯的时候了。当下培训遇到了前所未有，最艰难的困境和最严峻的挑战。这个挑战来自这个新时代，而企业转型和改变培训观念是迎接新常态挑战的唯一之路。

附　录

“十三五”规划中供给侧改革的各种解释图表与简要解释资料

所谓供给侧改革是指从供给角度对经济进行结构性优化，增加有效供给。它针对的是当前我国经济领域存在的“供给跟不上需求”的突出矛盾。应该说，供给侧改革本质上是需求引领的供给侧结构性优化。

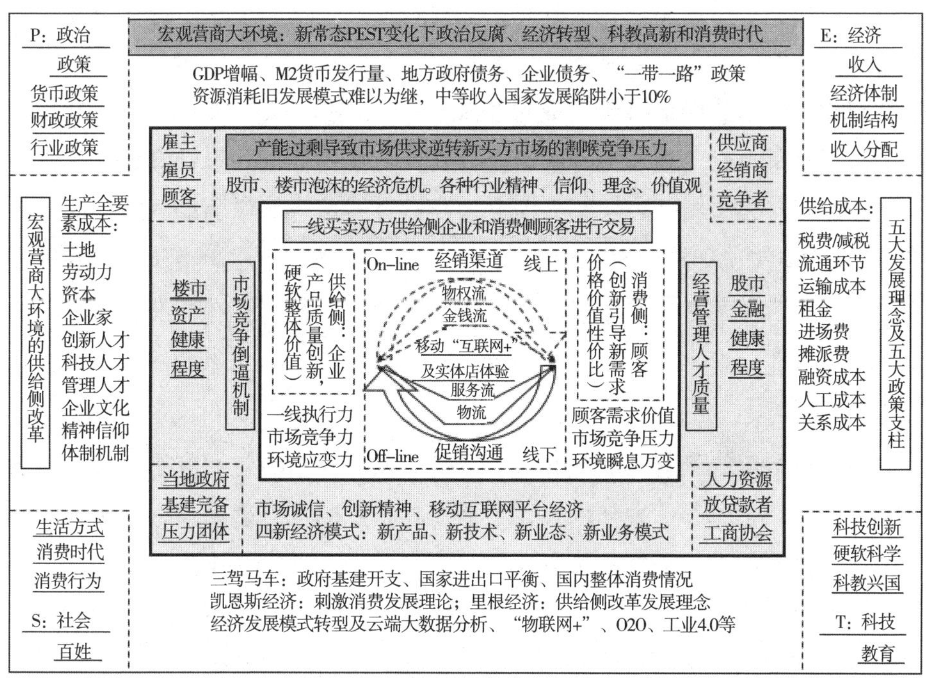

图1　供给侧改革的新常态环境、产能过剩买方市场及一线买卖双方交易解释图

人才资源作为第一资源，是重要的“创新”供给要素。目前我国中低端人才“过剩”，人才同质化问题严重。如何增加人才的有效供给，优化形成支撑我国经济转型再平衡的人才结构，提高人才要素生产率，是当前的重要问题。另外，高技能人才、高层次创新型科技人才以及中高级专业管理人才供给不足，缺乏人文经营管理要素的企业家精神和一线动手执行员工的工匠精神，以及企业需要不断坚持努力修炼的精益求精精神。缺乏这些，企业就无法形成有效的核心竞争力。

贯彻落实五大发展理念（创新、协调、绿色、开放、共享）及五大政策支柱（宏观政策要稳、产业政策要准、微观政策要活、改革政策要实、社会政策要托底），整体融合，有机结合，相互配合，旨在为推进供给侧结构性改革营造更好的环境和条件。五大重点任务（去产能、去库存、去杠杆、降成本、补短板）是推进供给侧结构性改革必须抓住的关键点。

供给侧改革只是一个阶段，更为重要的是研究需求端的行为变化和产业供应链的高效供应价值链（如工业 4.0、中国制造 2025），以得到大量的供给侧方面的创新及科技驱动。只有产业结构跟上，高端制造业和现代服务业加快发展，产能过剩行业得到抑制，才能形成核心竞争力。

在供给侧改革中，中小企业要积极行动，降成本、去产能、加快创新、提升核心竞争力、实现转型升级；充分发挥市场主体的积极性和创造性，围绕产业互联网智能制造等战略方向，加快培育有市场竞争力的创新产品，并将创新重点转向研发设计、营销网络、品牌培育等制约产业结构优化升级等关键环节；将传统产业的中低端产品、中低端服务进行优化升级，引导生产要素在各产业间合理流动，优化配置；在提高全要素生产率的同时，提升企业核心竞争力。

所谓供给侧改革有两层含义：一是提高供给体系质量和效率，其主要表现为去产能、去库存、去杠杆等；二是提高企业的生产率和投入产出比，其主要表现是降成本、补短板等五大任务。供给侧改革本质是提高生产率，提高企业竞争力，提高投入产出比，实际就是强调“效率驱动”。“效率驱动”就是认识新常态、适应新常态、引导新常态，是通过供给侧改革和技术创新等手段来提高“全要素生产率”。如果这个转型不能实现，中国就存在落入“中等收入陷阱”的可能性。

推进供给侧结构性改革还需要政策保障。供给侧改革的政策保障，主要有四层含义：一是宏观经济政策要稳，二是微观经济政策要活，三是社会政策要托底，四是改革政策要落实。

供给侧改革市场会产生图 2 中间方框文字解释的现象，包括楼市和股市变化。

图 2 供给侧改革市场会产生的现象及楼市、股市变化

供给侧改革企业需要了解的全面性的知识以及各种营销管理系统性能力如图 3 所示。

供给侧改革主要是对营商环境的整理，行业市场的清理，社会消费的梳理，以及企业创新的管理。供给侧改革就是政府帮企业改革和优化上述环境，并尽量摒除影响企业发展的外部威胁（Threat）。这是政府帮企业优化新常态买方市场那些外部不可控的影响要素。

既然政府帮企业优化了不可控制的外部影响要素，那企业在自身的创新管理上就强化了优点和强项（Strength）及避免了自己的弱点（Weakness），企业就可以成功地将外部优势和自身强项（O 结合 S）相结合，达到成功经营的目的。这也是企业成功的基本原理。供给侧改革就是要提升企业成功的概率及增强企业经营管理的水平。

顾客满意执行力
买方市场竞争力
环境变化应变力
公司经营创新力

卖方市场和买方市场逆转

物理数量需求VS心理质量需求

目标方向定位战略

营销管理+产业链价值整合+资本协同运作+吻合趋势形式=企业快速规模实力增长

知识、意识、重视、本事
知道、做到、赚到、悟到
趋势、形式、模式、做事
分析、计划、执行、管控
道、天、地、将、法

思路、战略、战术、战技

亏本因重有形做法的“术、技”，轻无形想法的“道、法”，急功近利，治标不治本

有效组织7S、7P、7M、7C
管理是克服人员的毛病
营销是满足顾客的毛病

“人道合一”创新意识营销管理
隐形或无形误失和毛病的错误纠正
SWOT，外部O/T结合内部S/W
大数据、“互联网+”、四新模式
O2O、C2M、C2B、PPP、工业4.0

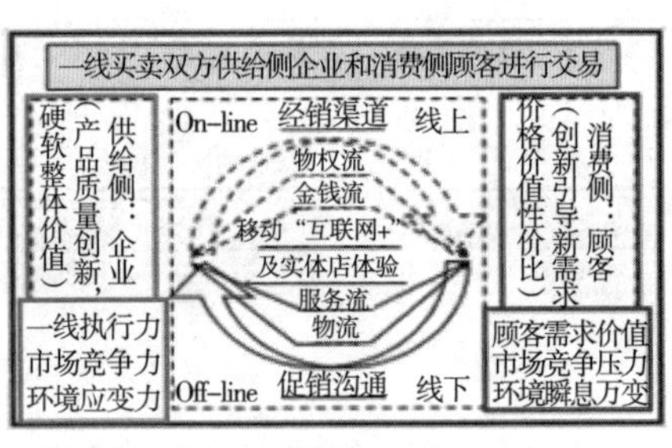

What is our business/product?
我们是做什么生意？买卖的东西有什么价值？
What does the customer consider value?
顾客在乎什么价值？顾客需要什么？
Who is our target customer?
谁是我们的目标顾客？目标客户的差异化定位？
Why? What? Where? When? How to?
NLP、领导力、有效人士七个习惯、九型人格
商业心理、顾客心理、雇员心理、为人软技能

时代：新常态PEST全局彻底大变化Change

市场：经济发展模式转型互联网+新模式割喉买方市场Competition

顾客：货比三家异常挑剔需要心理感觉满足Customer Value

公司：创新差异产品与经营模式及核心价值竞争力Company Innovation

马斯洛人性需求层级
硬软物质、心理整体需求价值

七大经营销售管理致命伤
人性毛病、误失、问题

人文软科学、自然硬科学

理念、心态、责任、看法、想法、格局、信仰、使命感
企业家精神、工匠精神、精益求精精神、士气、风气
执着、坚持、乐此不疲

图3　供给侧改革企业所需的知识及各种营销管理系统性能力

德鲁克说：“一个企业只能在企业家的思维空间之内成长，一个企业的成长被其经营者所能达到的思维空间所限制。”因此，供给侧改革首先要从企业的一把手观念开始改起，不可盲目复制跟风，一定要会创新差异，做出核心竞争力。

企业在人文业务经营管理上要练好传统商业客户价值的基本功，不然会像21世纪初互联网网站泡沫一样破裂（只不过现在是更普及的一对一移动“互联网+”经济）。在产品研发和经营模式上要创新科技、产品、模式和思路，比如新产品、新科技、新模式、新业态和创新差异并符合新常态市场的创新经营管理思路。

供给侧改革治理了外部环境和市场机会（O）及企业内部优势（S）的管理过程如图4所示。

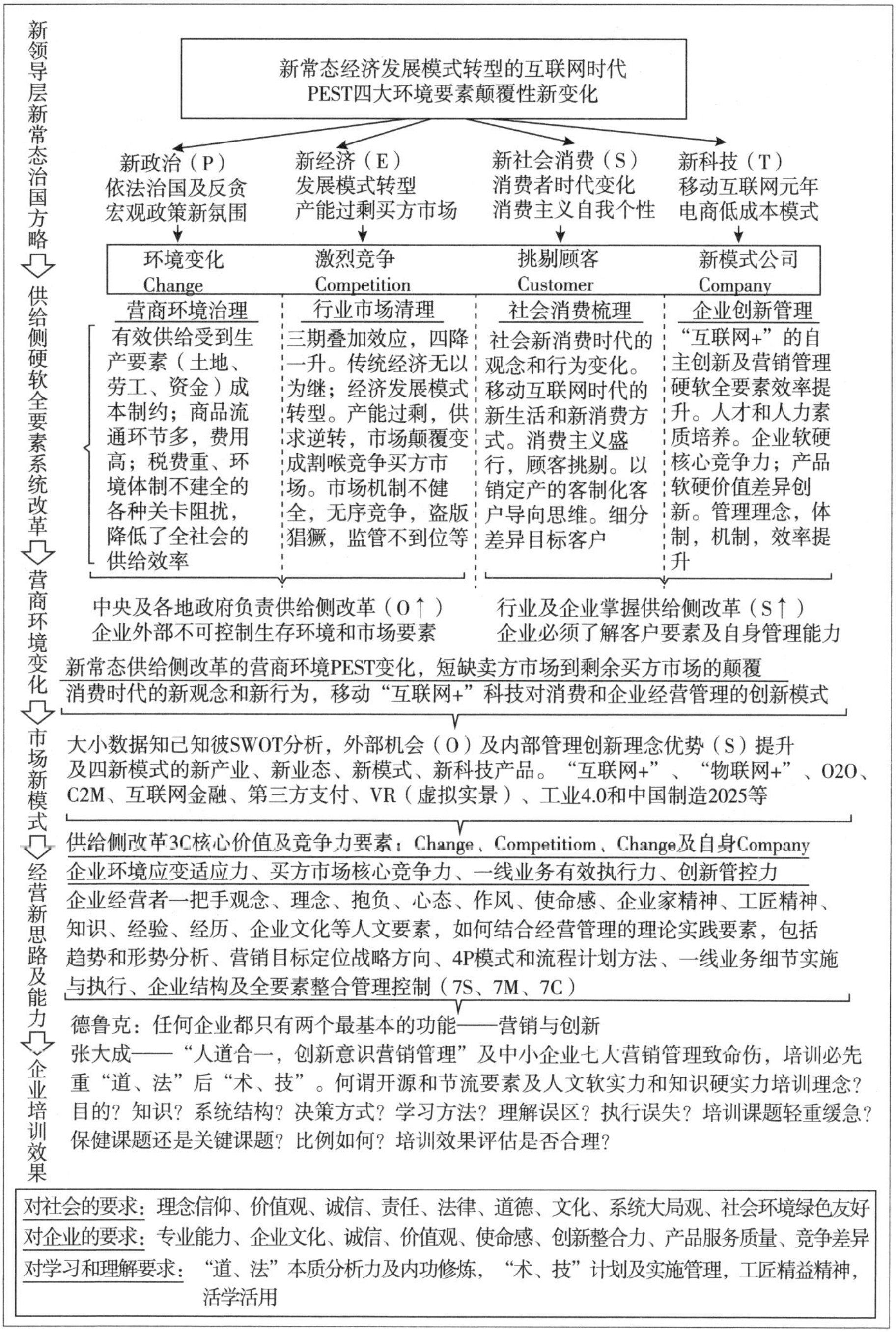

新领导层新常态治国方略 ⇩ 供给侧硬软全要素系统改革 ⇩ 营商环境变化 ⇩ 市场新模式 ⇩ 经营新思路及能力 ⇩ 企业培训效果

新常态经济发展模式转型的互联网时代
PEST四大环境要素颠覆性新变化

新政治（P） 依法治国及反贪 宏观政策新氛围	新经济（E） 发展模式转型 产能过剩买方市场	新社会消费（S） 消费者时代变化 消费主义自我个性	新科技（T） 移动互联网元年 电商低成本模式
环境变化 Change	激烈竞争 Competition	挑剔顾客 Customer	新模式公司 Company
营商环境治理	行业市场清理	社会消费梳理	企业创新管理
有效供给受到生产要素（土地、劳工、资金）成本制约；商品流通环节多，费用高；税费重、环境体制不建全的各种关卡阻扰，降低了全社会的供给效率	三期叠加效应，四降一升。传统经济无以为继；经济发展模式转型。产能过剩，供求逆转，市场颠覆变成割喉竞争买方市场。市场机制不健全，无序竞争，盗版猖獗，监管不到位等	社会新消费时代的观念和行为变化。移动互联网时代的新生活和新消费方式。消费主义盛行，顾客挑剔。以销定产的客制化客户导向思维。细分差异目标客户	“互联网+”的自主创新及营销管理硬软全要素效率提升。人才和人力素质培养。企业软硬核心竞争力；产品软硬价值差异创新。管理理念，体制，机制，效率提升

中央及各地政府负责供给侧改革（O↑）
企业外部不可控制生存环境和市场要素

行业及企业掌握供给侧改革（S↑）
企业必须了解客户要素及自身管理能力

新常态供给侧改革的营商环境PEST变化，短缺卖方市场到剩余买方市场的颠覆
消费时代的新观念和新行为，移动“互联网+”科技对消费和企业经营管理的创新模式

大小数据知己知彼SWOT分析，外部机会（O）及内部管理创新理念优势（S）提升及四新模式的新产业、新业态、新模式、新科技产品。“互联网+”、“物联网+”、O2O、C2M、互联网金融、第三方支付、VR（虚拟实景）、工业4.0和中国制造2025等

供给侧改革3C核心价值及竞争力要素：Change、Competitiom、Change及自身Company
企业环境应变适应力、买方市场核心竞争力、一线业务有效执行力、创新管控力
企业经营者一把手观念、理念、抱负、心态、作风、使命感、企业家精神、工匠精神、知识、经验、经历、企业文化等人文要素，如何结合经营管理的理论实践要素，包括趋势和形势分析、营销目标定位战略方向、4P模式和流程计划方法、一线业务细节实施与执行、企业结构及全要素整合管理控制（7S、7M、7C）

德鲁克：任何企业都只有两个最基本的功能——营销与创新
张大成——“人道合一，创新意识营销管理”及中小企业七大营销管理致命伤，培训必先重“道、法”后“术、技”。何谓开源和节流要素及人文软实力和知识硬实力培训理念？目的？知识？系统结构？决策方式？学习方法？理解误区？执行误失？培训课题轻重缓急？保健课题还是关键课题？比例如何？培训效果评估是否合理？

对社会的要求：理念信仰、价值观、诚信、责任、法律、道德、文化、系统大局观、社会环境绿色友好
对企业的要求：专业能力、企业文化、诚信、价值观、使命感、创新整合力、产品服务质量、竞争差异
对学习和理解要求：“道、法”本质分析力及内功修炼，“术、技”计划及实施管理，工匠精益精神，活学活用

图4　供给侧改革的管理过程

移动“互联网+”泡沫下企业快速发展理由路线如图5所示。

有效营销管理+产业链大整合+资本力量运作+国势、趋势、形势=企业快速发展

营销及资本运作的快速发展过程

新常态移动“互联网+”割喉竞争买方市场企业融资、投资：A股上市IPO/一级市场和二级市场、新三板、上海股交中心、挂牌定向增发、GP（普通合伙人）、LP（有限合伙人）、AI（天使投资）、PE（私募基金）、VC（风险投资）、IB（投资银行），FOF（母基金）和TOT（信托中的信托）！

企业资产、债券、股权、众筹等融资发展必须先做好盈利模式及练好营销管理基本功
在企业营销管理基本功及创新业务模式盈利后可进行产业链大整合及资本力量运作

业务创新模式（盈利模式）要先重『道、法』，后做『术、技』

新常态移动互联网+割喉竞争买方市场企业经销促销创新模式及市场营销四大基本能力

『互联网+』时代的创新经营模式

移动“互联网+”、移动支付、物联网+、大数据分析、云端、工业4.0及中国制造2025、新平台渠道、O2O、C2M、众筹、微商社群营销、网红自媒体、四新经济、实体经营

企业顾客满足执行力、买方市场竞争力、环境变化应变力、营销管理创新力

业务创新基本模式是否有效及有利润取决于经营管理核心价值及基本功是否做到位
雷军：要练好基本功。任正非：我每天都在研究失败！马云：如履薄冰！张勇：都是最基本的东西

经营销售管理核心价值基本面营销道法基本功决定『术、技』成败

影响一线成交各种因素以及原因商业人文核心价值及企业基本功

供给侧的企业经营：	新常态“互联网+”买方市场：	消费侧的顾客价值：
经营者理念心态与价值观影响企业经营三大要素（环境、市场、企业） 影响企业经营的PEST要素 营销四大基本功与价值创新产品卖点，CIS，目标定位4P混合策略及口碑品牌 企业战略，执行与文化 有效组织的7S及7M结构	产能过剩供求逆转的买方市场 影响新常态互联网的三大要素（环境、市场、社会消费者） 供给侧改革的PEST各要素变化 市场数量需求到质量需求为主 新常态移动“互联网+”的瞬息万变 新常态买方市场3C难题： 顾客挑剔、割喉竞争、PLC快速变化新业态、新模式、新产品、新科技	消费者生活习惯与价值观影响消费购买三大要素（环境、市场、个人） 影响消费的PEST各要素 马斯洛硬软整体需求价值 消费者个性化人性化需求 顾客物理需求及心理需求 高价值性价比的顾客决策 客户服务、体验、感觉、价值

图5　移动“互联网+”泡沫下企业快速发展理由路线图

以上供给侧改革资料仅供参考，欲知详情请电话或邮件联系两位作者。

后　记

没有最有效，只有更加有效，期待让企业培训更加有效的2.0

一、新常态下企业培训核心要求和逻辑结构

业务培训的成功是要令“全要素”在“动态变化和激烈竞争市场和环境中”能持续的具备克服3C难题的三大能力。图1是新常态竞争激烈变化剧烈的买方市场下影响企业成交系统及企业竞争能力细节。

图1解释了企业培训及业务成交效果，是来自企业经营管理必备基本能力：首先是要了解和分析影响经营战略的要素，以及企业全局管控的能力及理念和文化。这是业务成交系统和竞争细节的传统商业“本质”基本功部分。雷军说：“新常态互联网的本质，实际上是把传统商业做到极致，就是这样。”其主要内容有：

（1）必须了解及满足一线客户（因人而异）需求价值以解决客户挑剔的问题。企业必须培训好满足客户的“执行力”。马云也说过：“在我眼里客户永远第一，员工第二，股东第三。”

（2）必须了解及具备目标市场（因地制宜）竞争实力，以面对市场激烈竞争的问题。企业必须培训好和对手比较下的“竞争力”。新常态的产能过剩及“互联网+”的无边界性，会产生一种赢家通吃的现象。市场竞争会前所未有的激烈及残酷。

（3）必须了解及正确分析环境要素（因时而变）变化，以应对环境剧烈变化的问题。企业必须培训好应付情况变化的“应变力”。雷军说：“我觉得，机遇才是成功最关键的问题，所以要顺势。”

（4）以上是经营管理的外部要素，根据外部要素的情况，企业内部的经营管理要做到知己知彼的SWOT优劣势分析，具备优秀的企业文化和价值观，

消费需求形成要素及消费者购买原因

客户需求价值：Customer Value（外部不可控顾客价值）——（满足客户需求执行力）

环境，市场，顾客和竞争调研。马斯洛人性需求硬软整体需求和价值。产品卖点和软硬价值，细分市场，目标定位。客户沟通和服务。企业和产品价值，品质，品位，诚信，口碑，品牌

市场竞争实力：Competitive Edge（外部不可控市场竞争）——（货比三家市场竞争力）

麦克波特的独特差异化创新，全面高效率低成本，焦点集中优势竞争战略。企业硬软竞争实力，企业家精神，工匠精神：精益求精理念，经营管理极致努力和谐作风，员工心态，用心，耐心

环境要素变数：Changing Envuroment（外部不可控环境变化）——（环境变化应变力）

新常态经济理解，PEST政治政策，经济收入，社会消费，科技教育变化。各阶段生命周期变化。互联网+，物联网+，4新模式（新模式/新产态/新产品/新技术），O2O，大数据，云端，工业4.0

知己知彼，SWOT优劣分析，客户需求价值，核心竞争优势，环境情况应变，经营管理创新

企业经营管理：经营管理创新力 Company Management（内部相对可控制要素）

经营管理一把手理念，思路，使命感，价值观，眼光，经验，洞察判断分析能力，互联网思维？人/道合一，意识创新营销管理，“人”文精神心态和经营管理之“道”结合。企业文化和运营风气。创造并满足一线顾客需求执行力，竞争买方市场的核心竞争力，环境和市场瞬息万变的应变力。营商全要素SWOT优劣分析，细分市场和目标定位，创新和差异化营销4P和服务及盈利模式？营销管理过程—环境趋势战略分析，市场形势战术计划，一线事业业务执行，全局系统整合管控。企业有效7S，7M，7P等硬软组织结构和经营管理实力，HR人力和人才资源，企业培训和学习。

新常态竞争和变化剧烈买方市场企业经营管理的如何（How）做法（术和技），必须要先准确分析为何（Why）要如此做的原因和道理（道和法）才会有效。

一线业务：细分目标定位，营销混合的4P产品研发，产品价值，目标定位，价格制定战略，渠道建设战略，渠道管理和效益提升，促销宣传战略，客服服务和沟通，销售及谈判技巧。互联网+，大数据分析，云端资料，工业4.0，O2O模式，电商，微商，商务平台

图 1　影响业务成交系统和企业竞争能力细节

了解根据客户需求的价值，培育好自身核心竞争优势，快速应对外部环境情况变化，以及经营管理必须具备“巧实力”（生产技术硬实力的结合人文精神软实力的形成的巧实力），来创新差异地去经营企业和解决各种业务难题。

企业培训及经营管理者，如果无法做到以上的经营之“道”来满足顾客需求，面对市场竞争及应对环境变化，和管控之“法”的经营管理创新力，那企业又如何能成功经营下去呢？

图 2 是以上四大基本要素关系结构图。尤其在以后“新常态产能过剩的买方市场”，企业培训和经营管理如果不能按照及做到以下关系结构图的各种能力要求，将无法生存下去。

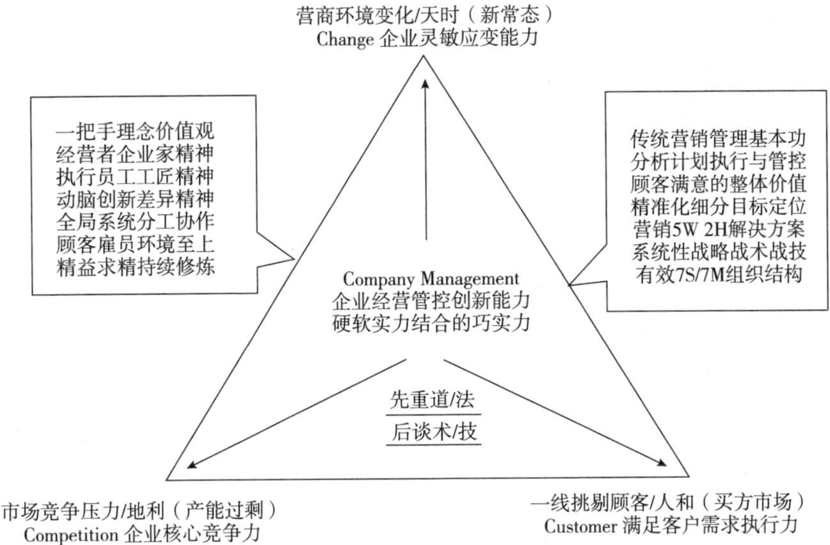

图2　3C 关系结构图

二、全球著名跨国企业的培训效果都来自上述的培训内容

1. 如何培训企业的执行力

德鲁克有三句营销管理名言：

What is your business or product? Who is your customer? Why does customer buy from you?

（1）What is your business or product? 那就要培训了解生意及产品真正的内在深度价值所在，包括产品科技硬价值和人文软价值结合的软硬整体价值。

（2）Who is your customer? 那就要培训如何调研分析营销管理精准细分目标顾客和市场定位战略。

（3）Why does customer buy from you? 那就要培训学习企业及产品具有竞争力的软硬卖点及吸引客户购买原因。

2. 如何培训企业竞争力

这就必须培训迈克·波特的三大竞争战略。

（1）创新差异战略。

（2）全面低成本战略。

（3）专业焦点战略。

企业经营管理必须先具备相应创新管控的生产技术硬实力及人文精神软实力，比如企业家精神、工匠精神、精益求精精神等，结合形成的巧实力。

3. 如何培训企业应变力

这就必须培训以下三点：

（1）对各种生命周期的精准分析和掌握。

（2）对客户、市场及环境见微知著的洞察分析力。

（3）调动企业硬软实力全要素的灵敏应变力。

以上是企业培训效果在以后的“新常态”竞争市场下，必须克服的3C难题及企业培训核心能力要求和逻辑结构。企业培训如果不按照上述逻辑结构和内容及能力要求去培训，那培训效果很难产生。

这些企业培训要求的内容和能力，都是经过成熟经济国家和世界著名跨国企业所验证过的。以后企业培训能否出效果，就看它是否能做到上述的内容和要求。

三、“新常态”下，业务培训必须按照“道、法、术、技”逻辑来进行

《道德经》曰“以道驭术”。图3是经营管理“道、法、术、技（或曰器）”各层面的结构内容及前后逻辑系统关系。

《大学》有曰：“物有本末，事有始终，知所先后，则近道亦。”图3也要从“道的客户为王”为前提做起，最后做到一线销售技巧及工具，业务才会产生效果。

“道”是客户为王之道及影响营商环境全局好坏的天时、地利、人和3C要素等。要了解这个成败的关键前提是老板和投资人的眼光和看法。

“法”是企业经营制胜之法，是管理的内功心法修炼及营销创新竞争力的能力高低。

以上是“人道合一”营销管理的核心要素以及企业制胜之道的“兵法，心法和理论”。凡是不懂兵法、没有心法、不讲理论的企业都是低水平，没有核心竞争力的。之后的“术”是营销管理计划及办法制订，以及最后动手去做的一线业务做法和销售执行“技巧”等。

四、“新常态”下，培训决不可只学业务的“术、技”而不学经营的“道、法”

“新常态”下培训不可只重视学习“术、技”的计划、办法、做法和技

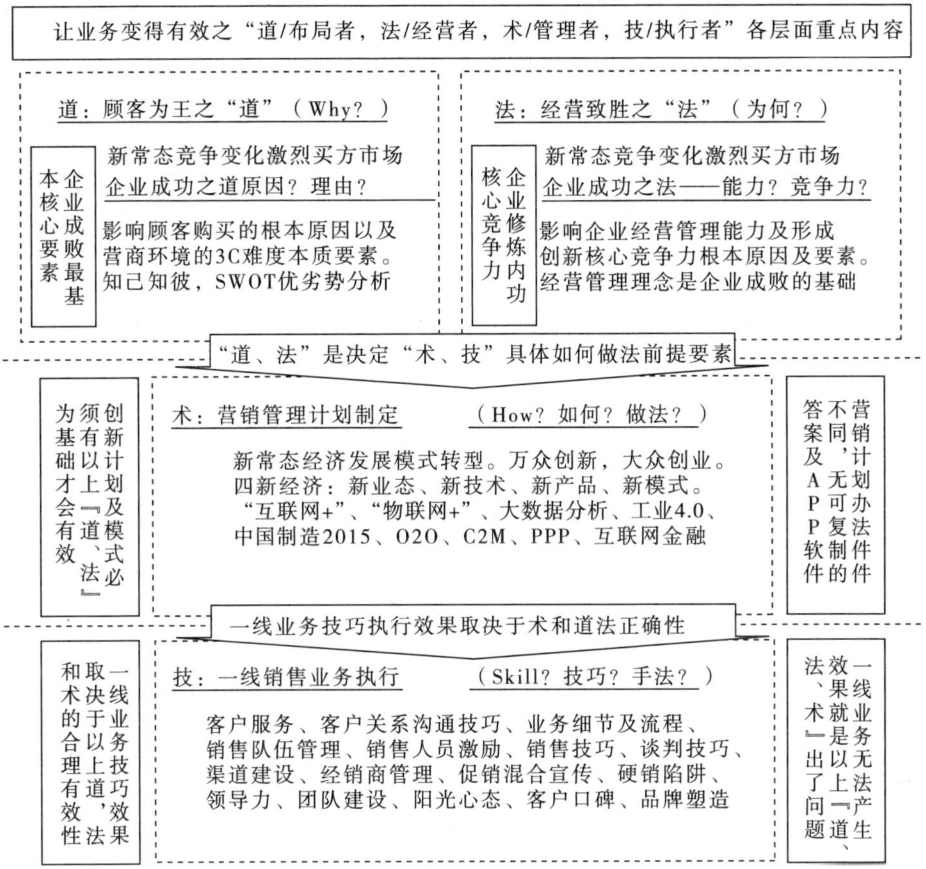

让业务变得有效之“道/布局者，法/经营者，术/管理者，技/执行者”各层面重点内容

道：顾客为王之“道”（Why？）

企业成败最基本核心要素

新常态竞争变化激烈买方市场

企业成功之道原因？理由？

影响顾客购买的根本原因以及营商环境的3C难度本质要素。知己知彼，SWOT优劣势分析

法：经营致胜之“法”（为何？）

企业修炼内功核心竞争力

新常态竞争变化激烈买方市场

企业成功之法——能力？竞争力？

影响企业经营管理能力及形成创新核心竞争力根本原因及要素。经营管理理念是企业成败的基础

“道、法”是决定“术、技”具体如何做法前提要素

创新计划及模式必须有以上『道、法』为基础才会有效

术：营销管理计划制定 （How？如何？做法？）

新常态经济发展模式转型。万众创新，大众创业。
四新经济：新业态、新技术、新产品、新模式。
“互联网+”、“物联网+”、大数据分析、工业4.0、
中国制造2015、O2O、C2M、PPP、互联网金融

营销计划办法件件不同，无可复制的答案及APP软件

一线业务技巧执行效果取决于术和道法正确性

一线业务技巧效果取决于以上道，法和术的合理有效性

技：一线销售业务执行 （Skill？技巧？手法？）

客户服务、客户关系沟通技巧、业务细节及流程、
销售队伍管理、销售人员激励、销售技巧、谈判技巧、
渠道建设、经销商管理、促销混合宣传、硬销陷阱、
领导力、团队建设、阳光心态、客户口碑、品牌塑造

一线业务无法产生效果就是以上『道、法、术』出了问题

图3 业务培训各层面的结构内容及前后逻辑系统关系

巧，而忽视“道、法”的前提看法和经营管理的内功心法。因为“术、技”只能告诉你“怎么做”。但更高层次的到底“为什么”如何才能做得更好及怎么才能标本兼治做到最好的有效竞争水平，就需要“道、法”的内功心法和眼光境界。

“道、法”也是培训创新差异思路和做法的源头。能从“道、法”本质境界去创新差异的，就能从根本上做到真正的创新差异。不然做出来的创新差异只是哗众取宠，没有价值和竞争力的创新差异。

培训界流行的BSC、ERP、CRM等软件，也是一种“术、技”的管理模式。它同样需要“道、法”来指导它如何使用。道、法是劳心“正确的事”，术、技是劳力“把事做正确”。要先有确定事情的正确性，而后才有把事做正

确的可能。

不少企业都误以为学会业务落地就一定会有结果，其实不然。因为落地只是会做的术、技，但做的是否正确？是否高明？管理是否有内涵功力？是否有创新差异的核心竞争力？是否能应付瞬息万变的市场变化？是否能因人而异、因地制宜地活学活用？还要看“道、法”的内功心法修炼到什么程度才行。

在知识和培训泛滥的今天，没有买不到的技术、科技、软件或办法（术、技）。所以现在培训出问题，80%以上是“道、法”出了错。企业凡是业务不好就想到培训销售技巧，只重视一线劳力业务技巧培训，轻视高层领导劳心大局思路培训的大都是重“术、技”轻“道、法”的企业。

究其原意是因为当下中国企业的业务培训学习，大多是用记忆和复制的方法来教容易学的“术、技”，包括很多通用管理技能类的课，几乎不学“道、法”的启发引导及内功沉淀修炼。这些都是被“只传道不授业解惑，只授之以鱼不授之以渔”治标不治本、急功近利的学习方式所误。

五、“新常态”下，亏损最大的原因及成本是理解和学习错误产生的误失成本

培训“道、法”是理论心法的治本应变之道，虽然需要花一段时间自我“授业解惑”的感悟修炼，但它可以受用无穷及不怕新的变化。培训“术、技”只是模仿复制的“传道”，虽然短期就可以学会，但有效期非常短暂且无法应付新的变化。巴菲特说：“人们都希望寻找容易的方式来学习成功，但容易的方式往往是错误的。”

培训做品牌讲究的也是“道、法”动脑的本质软要素，做贴牌是“术、技”动手的硬办法。中国有几千万家企业，可进入世界百大品牌的很少。但世界百大品牌有一大部分都是中国制造的，可见中国企业大都忽视“道、法”，但都精于“术、技”。所以中国是贴牌数量复制的“制造大国”，品牌创造口碑质量的“智造小国”。

近来提倡的“新技术、新产业、新业态、新模式”四新经济，它是具有渗透性、轻资产、动态变化等特性，是更加注重无形资产、核心团队、智慧发展，核心竞争力和营商生态环境的。就像品牌建设一样，这些都是“道、法”的范畴，所以要把四新经济做好，工商企业界要先重视“道、法”的提倡和修炼。

六、练武不练功，到老一场空

近代战争最强大的武器应该算是航空母舰了。那航空母舰上什么最重要呢？相信航空母舰的攻击力再强大，炮火再猛烈，武器设备再先进，都没有舰长的作战思路和价值观理念以及罗盘的方向定位重要。企业培训管理也是同样道理，培训再多的“术、技”的课题，都没有“道、法”的商业信仰、战略布局、理念价值观、企业文化、士气精神、意识形态等重要。所以马云从来不讲“术、技”的东西，只讲“道、法”的东西。

世界知名丰田式“精益”营销和生产管理，其培训核心要素也是“道、法”的“丰田精神和理念”，而非教你如何去做的具体办法的“术、技”。

所有业务管理技能类（术、技）的培训课程，都是在培训和懂得“道、法”的前提下，比如如何做好客户服务和关系管理？如何提升客户满意度？如何做好4P相关管理？如何塑造品牌和管理？如何做好团队建设和组织执行力？如何提升领导力或时间管理？如何制定有效激励机制及绩效考核？如何执行销售技巧及谈判技巧？否则是无法产生效果的。就像再绝妙的招式和套路，没有内功支持都是花拳绣腿。

图4是营销管理的“道、法”是如何影响业务“术、技”赚亏效果的解释。

在“新常态”客户为王，市场变化极快速的“3C特性买方市场”中，业务培训要学习提升的是“学思路、学想法、学找问题、学怀疑、学批判、学挑战、学本质、学理由、学为何、学创新、学差异、学个性化、学知其然更要知其所以然、学不断探讨研究的精益精神”等。

“授业解惑”的水平及企业“竞争力”是无法教出来的，必须是自己感悟后修炼出来的。世上没有保证成功的办法，要先考虑到市场风险才有成功的可能性。

七、对懂培训效果的企业这是个最好的时代，对不懂的企业也是最坏的时代

正如《双城记》中说的：“这是一个最好的时代，也是一个最坏的时代。”对有培训思路、有培训办法的人，“新常态”业务是一个最好的时代。

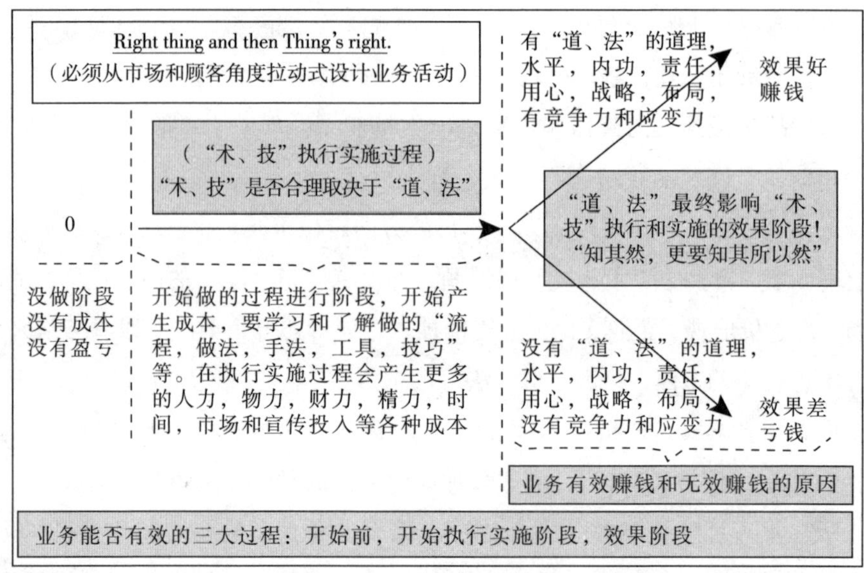

图4　营销管理的“道、法”如何影响业务“术、技”的赚亏

对没培训思路、没培训办法的人，则是一个最坏的时代。

德鲁克说：“经营管理（包括培训管理）是一种实践，其本质不在于知，更在于行。其验证不只在于逻辑，更在于成就。”所以企业培训也不能光说不练，光知道但做不到。同样验证企业培训的效果不在于逻辑，更在于成就。企业培训的成就应该就是帮企业解决经营管理和业务管理的问题。

比尔·盖茨曾说过：“在学校，老师会帮助你学习，到公司却不会。如果你认为学校的老师要求你很严格，那是你还没有进入公司打工。因为，如果公司对你不严厉，你就要失业了。”我们必须清醒地认识到公司的培训学习比学校要更重要、更严格，不然企业是会被淘汰的，员工是会失业的。

未来的企业培训，尤其是业务培训肯定是项艰巨而且非常重要的企业任务。看看现在国际知名跨国企业有多重视企业培训就知道了。“培训兴业”，不重视培训的企业是没有前途的。

最后，我们想说的是：

没有最有效，只有更加有效，期待让企业培训更加有效的2.0。